# 鉄道高速化物語

## ——最速から最適へ

小島英俊



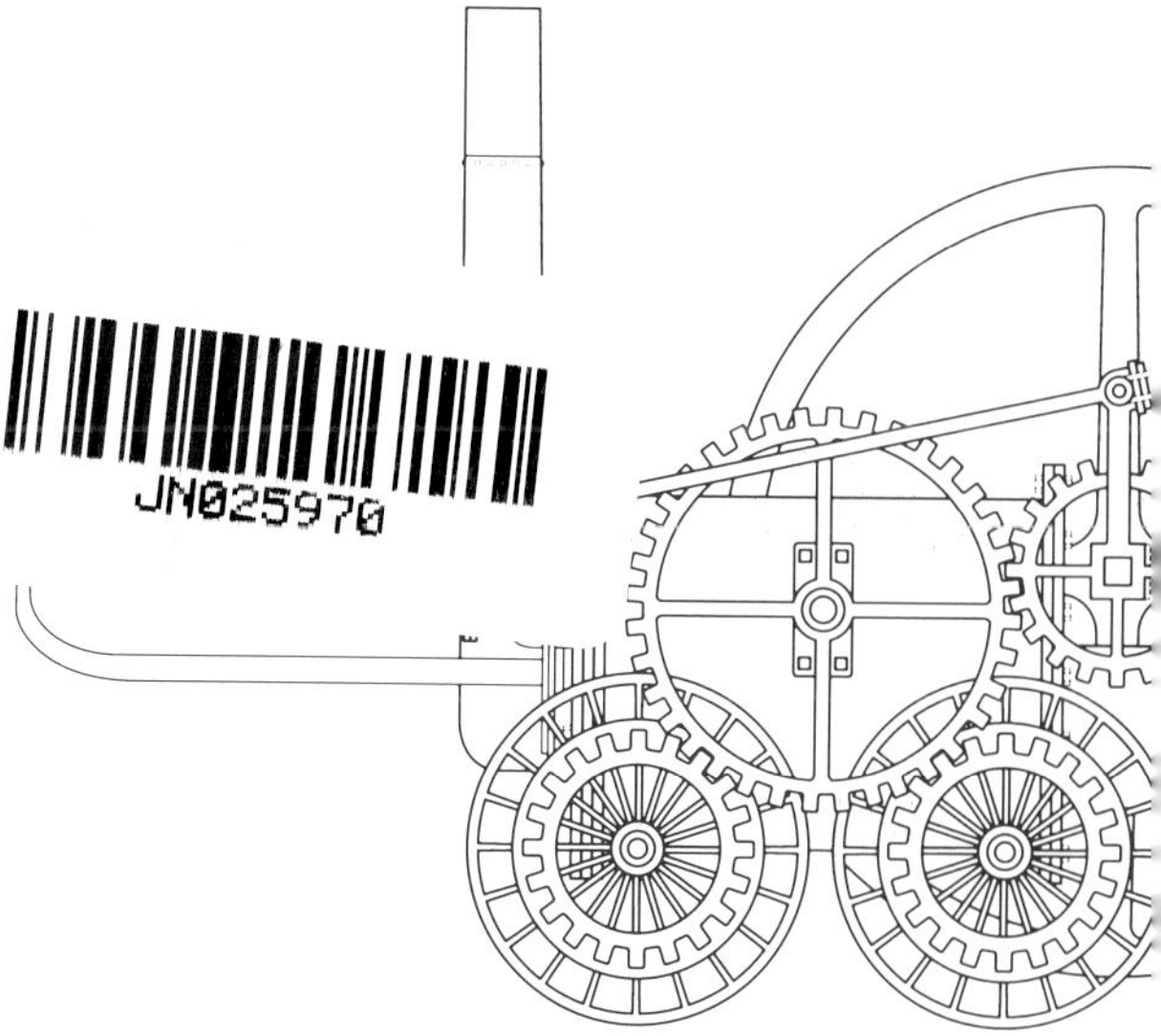

創元社

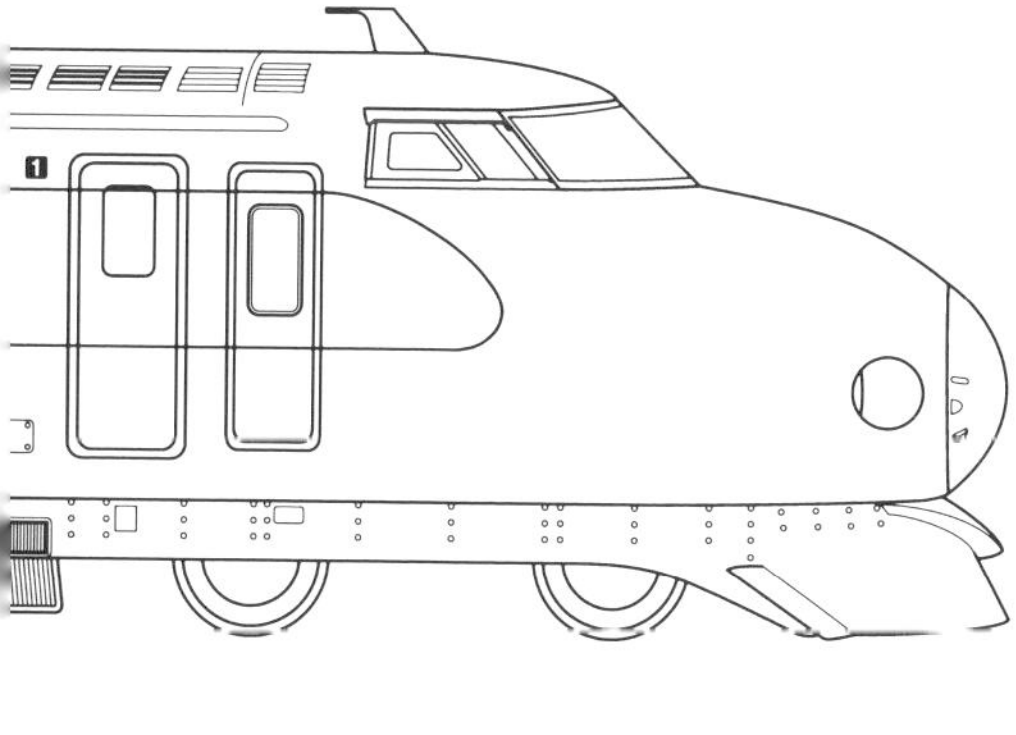

# はしがき

前著『鉄道快適化物語』(二〇一八年、創元社刊)では「快適化」をテーマとして、諸外国と比較しながら、日本の鉄道の快適性向上のあゆみをたどった。安全性や乗り心地の向上、サービスの改善、そして高速化にも多少触れつつ、さまざまな観点から「快適化」の歴史を振り返り、日本の鉄道の到達点を示そうと試みたもので、幸いにして一定の評価を得、交通図書賞を頂戴した。大変ありがたいことであるが、一方で私の長年のテーマのひとつ「鉄道の高速化」については、いずれあらためて書きたいと創元社にご相談してきた。

幸いその意を汲んでいただけたので、本書では鉄道の高速化に的を絞って、スピードアップの歴史はもとより、それを可能にした技術的発達や列車運用の工夫、鉄道旅の変遷など、できるだけ多角的な観点から論じさせていただくことにした。

また、本書の対象は日本の鉄道をメインとするが、諸外国の歴史や事例もいろいろ関係してくる。いわゆる「高速鉄道」(高速車両と専用軌道を用いて時速二〇〇キロ以上で走行可能な鉄道)において先陣を切ったのは日本の新幹線であるが、鉄道の高速化は何も日本の専売特許ではない。当たり前のことであるが、新幹線以前にも各国で高速化が試みられており、そうした技術的な積み重ねが日本の鉄道の高速化に与えた影響はけっして小さくない。他方、新幹線に刺激を受けて新たな高速鉄道も開発されている。そもそも諸外国における高速化との比較は、日本の高速化の特徴を知るうえで欠かせない視点である。

このように本書の高速化の論点は多岐にわたるが、あまり堅苦しい話をするつもりはなく、気楽に読んでいただければ幸いである。

ところで、私の主な鉄道旅行体験といえば、東海道線の東京〜大阪間が主舞台である。最初の思い出は五歳の頃で、戦時中の一九四四年、夜八時に大阪を出た列車で夜陰に乗じて東京に向かったことを覚えている。空襲警報のたびに停まるものだから、東京駅に着いたのは翌日の午後で、二〇時間近くかかった勘定になる。

中学生になって、一九五二年に乗った特急「つばめ」はようやく戦前並みの八時間運転に復していた。大学生の頃、一九六二年に乗った電車特急「こだま」は六時間半、社会人になって一九六五年に初めて乗った新幹線は三時間一〇分。それが最近は二時間半になっている。ヨーロッパではTGVやタリスにも乗ったが、日本と同じく高速化が進んでいる。

大量輸送と高速化は鉄道の宿命であり、もうすっかり当たり前のこととなっている。昔日《せきじつ》ののんびりとした鉄道旅行を知る者としては、あの大仰《おおぎょう》な非日常的な感興がなくなってしまい、一抹の寂しさも覚えないではないが……。

話を戻そう。鉄道のスピードといってもいろいろな切り口と見方がある。最も簡明直截《ちょくせつ》なのは、時速という数値であろう。ただし時速には、日常的な営業列車の表定速度もあれば、非日常的、ギネスブック的な高速度挑戦記録もある。また、時代による違いもある。一九世紀の時速一〇〇キロは二〇世紀後半の二〇〇キロ、現在の三〇〇キロ以上に相当する重みがある。絶対値だけを見るのではなく、相対的な見方も必要となる。

高速化を支えたものといえば、動力の発達がまず思い浮かぶ。蒸気からディーゼル、電車へと発展し、鉄道のスピードは飛躍的に向上した。しかし、鉄道の高速化には動力だけでは不十分で、足回り、ブレーキ、信号、空力問題、騒音問題、そして究極は粘着力の限界などなど、さまざまな要素が関係している。こうした鉄道高速化の技術原理は重要である。

一方、目的地への所要時間の短縮という観点に立てば、単に列車の速さだけでなく、運行本数や接続方法なども大きく関係してくる。さらには、われわれが生活のなかで鉄道のスピードをどう感じてきたか、いわば相対的な感覚もけっして無視できないであろう。

こういう次第で、本書ではできるだけ多角的な観点から「鉄道の高速化」を論じることにしたい。論じるべき領域は多いが、読者諸氏の鉄道高速化の見方に何らかの刺激と新味を提供できたならば、これに勝る幸せはない。

二〇二〇年十二月

著者しるす

# 目次

## 第11章　リニア新時代をどう見るか　265



装丁　濱崎実幸

第1章

# 鉄道の魅力はスピードで始まった

# 1 いよいよ鉄道が開業した

## 鉄道開業以前

鉄道が開通すると、どこの国であれ、人々はまずそのスピードに驚愕《きょうがく》した。当時の人々が持っていたスピード感覚の物差しに合わなかったのである。鉄道発祥の国イギリスをはじめ、鉄道が登場するまでのヨーロッパでは、速い乗り物といえば馬車であった。したがってその驚きぶりは想像に難くないが、より実感をともなった想像をするために、まずは馬車の時代から説き起こしてみたい。

イギリスの長距離馬車

中世は自給自足の農業社会であり、物や人の移動は地域社会内で行われるのがふつうで、長距離の旅行はきわめてまれであった。近世になって都市が形成されるようになると、農村と都市の往来が増え、農村からは農産物が、都市からは手工業製品がもたらされた。その運搬手段は主に馬車であり、馬車が走るために道路も整備された。

馬車が一般大衆の交通機関として登場するのは一六二五年のことで、ロンドン市内の乗合路線馬車が嚆矢《こうし》である。まもなく長距離駅馬車も登場し、一六七八年にはエディンバラ〜

グラスゴー間に六頭立ての駅馬車が開通し、片道約七〇キロを一日で走ったという。郵便制度が発達するにつれて馬車のスピードアップが求められ、一七八五年にはロンドン〜エディンバラ間に、一七八八年にはロンドン〜グラスゴー間にメール・コーチと呼ばれる速達の郵便馬車が開通した。馬車のスピードは道路条件や馬車のスプリングの改善につれて向上し、一八世紀には、四頭立ての馬車でロンドンと主要都市間を時速九〜一〇マイル（一五キロ前後）でむすぶまでになった。

ヨーロッパ大陸のフランス、プロイセン、イタリアなどでも馬車輸送は発展し、馬車の性能、道路、駅舎の質、そしてスピードはイギリスには及ばないものの、かなりの水準に達していた。イギリスも含めたヨーロッパの駅馬車のスピードは、遅い馬車で時速六〜七キロ、速い馬車であれば一五〜一六キロあたりに達していた。

イギリスのスチーム・バス

一八二三年には、本格的鉄道の登場に先んじて、蒸気動力で走るスチーム・バスがイギリスに登場している。ただ、平均時速は二〇キロ、最高時速は三〇キロと馬車より速かったものの、なにぶん煙を吐きながらガタガタと喧《やかま》しく走るので、危ないとか、道路を壊すとか難癖をつけられ、とかく冷遇された。そのためあまり普及せず、日陰《ひかげ》者的な存在であったが、最後の一台は一九二三年まで、ちょうど一世紀間存続している。

石炭貨車を牽引する蒸気機関車

この間、鉄道はその開通に向けてイギリスの炭鉱地帯で静かに胎動していた。一七一二年にトマス・ニューコメンが開発した蒸気機関は、莫大な石炭を消費するわりに単に上下運動するしか能がなかったため、炭坑の排水ポンプや小川の揚水ポンプに使われる程度であったが、一七八〇年にジェームズ・ワットが回転運動をする蒸気エンジンを発明すると、広く一般動力に応用されるようになった。

ワットの蒸気機関はさっそく蒸気機関車にも応用され、炭鉱から最寄りの石炭積出港までのトロッコ列車を牽《ひ》く馬に代わっていった。こうした炭鉱地帯の路線はお互いに接続せず、独立・散在していたが、一九世紀には総延長二四〇〇キロにも達した。

一方、ウェールズでは、一八〇四年にリチャード・トレヴィシックがいち早く蒸気機関車の製造を手がけていた。この機関車は、一〇トンの荷物と七〇名の乗客を乗せた五両の貨車を牽いて、一五キロの行程を時速八キロで二時間近くかけて走りきった。

汽車が馬車よりも物や人を大量に速く運べることが明らかに

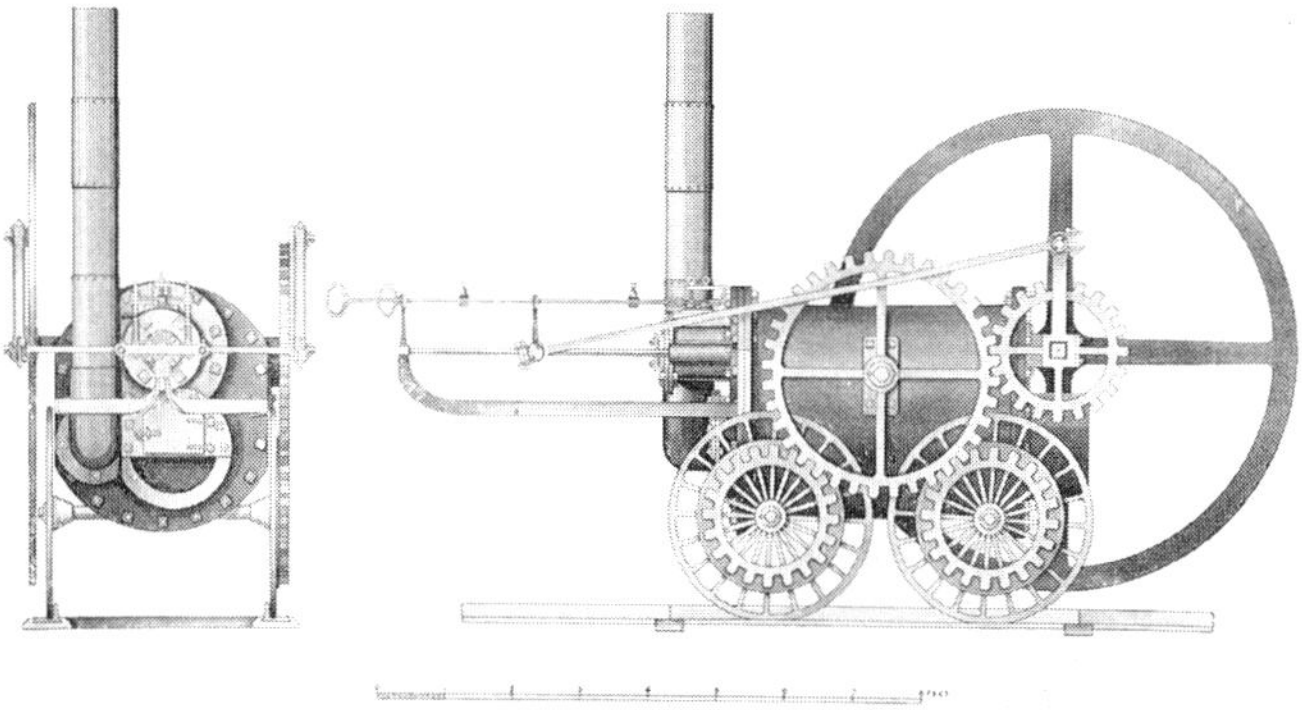
トレヴィシックのペニー・ダレン号

蒸気機関車を発明した
リチャード・トレヴィシック

なると、イギリス各地で鉄道敷設の機運が高まってくる。まだ鉄道が開通する前の一八二〇年、トーマス・グレイが『一般鉄軌道に関する所見』を発刊したところ、たちまちベストセラーになって五版も重ねたというから、イギリスでは鉄道というものがすでに広く知られ、大いに期待されていたことの証左といえよう。

同書においてグレイは「馬一匹は労働者八人分の穀物を消費してしまう。また、馬や人間の走行には上下運動が避けられず、エネルギーのロスが大きいが、蒸気機関は実にスムーズに回転運動を行い、その動きには均一性、規則性、継続性が秘められている。さらに馬車では、御者の不注意、動物虐待、悪路といった要因で、遅延や故障・事故といった危険がともなうが、鉄道には危険は一切ない」と

「鉄道の父」ジョージ・スティーヴンソン

主張し、経済合理性、機械効率、安全性など、鉄道の馬車に対する大なる優位性を声高らかに訴えたのである。

同じ頃、イングランド北部のキリングワース炭鉱では、蒸気機関の技師であったジョージ・スティーヴンソンが機関車を試作していた。トレヴィシックの機関車を手本として実用的な改良を施した機関車を試作し、一八二五年にはストックトン〜ダーリントン間で世界初の列車の運転に漕《こ》ぎつけた。この時は、列車の前方には赤旗を持った人が馬に乗って露払いのごとく走ったが、機関車は五〇〇人もの乗客を乗せた貨車を牽きながら最高時速二四キロにも達したというから大成功であった。なお、この鉄道はさっそく運転を始めたが、運賃を決めて日常運転する商業鉄道には至らなかった。

## リヴァプール・アンド・マンチェスター鉄道の開業

産業革命によりイギリス国内の綿工業が発達すると、原料となる綿花の輸入および綿製品の輸出が劇的に増え、その貿易港となったリヴァプールと工業都市マンチェスターの間では物資と人の往来が激増した。このルートにはすでに運河も道路も通っていたが、やがて鉄道の建設が始まり、一八三〇年に世界初の商業鉄道、リヴァプール・アンド・マンチェスター鉄道が開業する。

同鉄道の建設予定ルートの途中には四キロメートルにわたって平坦な直線区間があり、試運転にはうってつけであった。そこで、全線の完成を待たずにその直線区間で蒸気機関車の競技会を開催して、同路線で用いる機関車を選定する運びとなった。懸賞金を懸けて募集したところ、五台の機関車が応募してきた。

1829年のレインヒルトライアルで優勝したロケット号

一八二九年一〇月六日に行われたトライアルには、世紀の見ものとばかり、科学者や野次馬も交え一万五千人が見物にやってきた。まずノベルティー号が挑戦していきなり時速四五キロを記録して注目を集めた。ベルトの上を馬に歩かせて動力とするサイクロペッド号は早々に脱落、パーシヴァランス号はのろのろ運転でせいぜい時速一〇キロまでしか出せず、やはり早々にリタイアした。サン・パリール号は途中でシリンダーにひびが入って脱落。最初に注目を集めたパーシヴァランス号も、ボイラーの配管が故障してしまった。こうしたなか、スティーヴンソンのロケット号は、最高時速五六キロ、平均時速二二キロで走破し、事前に決められた基準を唯一満たし、即営業運転へ

リヴァプール・アンド・マンチェスター鉄道の開業式

の採用が決まった。

　このコンテストに招かれて試乗した政治家トマス・クリービーは、ロケット号の牽く列車に乗った印象として「それはまさに飛翔である。そして、つまらぬ事故で、同乗者全員が即死する思いを振り切ることができなかった」とそのスピードに驚きつつも、安全性を大いに懸念していた。

　一八三〇年九月一五日、小型の客車二二両を牽いた処女列車がリヴァプール～マンチェスター間四九・五キロを四時間半かけて走った。表定時速は一一キロ程度、最高速度は三〇キロ程度であったが、一八三二年には急行列車が一時間半運転の表定時速三三キロ、普通列車は二時間の表定時速二四キロの運行となった。早くも開通時の二～三倍のスピードアップがなされてダイヤに定着したわけである。

　リヴァプール・アンド・マンチェスター鉄道の開通直後、評論家のトマス・ド・クインシーは「昔、郵便馬車に乗っていた時、われわれは走る速さを五感でじかに感じ取っていた。耳で聞く風の速さや、目に映る景色の移ろいでスピードを感じてスリル満点だと思っていた。その速さは無機質な機械の運動ではなく、馬の燃える眼、ふくらんだ鼻腔、筋肉の躍動に、鳴り渡る蹄《ひづめ》の音のなかにあった」とロマンティックな懐古趣味を披瀝《ひれき》する一方、「郵便馬車では、ひどく時間のかかる旅も、汽車に乗ると、あっと言う間に終わっている。旅行者はこの旅の速さに驚嘆し、この旅を全うしたからくりを調べ、そして理解してやりたいとも思う」と汽車という近代文明を歓迎もしている。新しい物への人間の感覚は、大方このように、ない混ぜになるのであろう。

また、当時の著名な研究者であったニコラス・ウッドは「いままで陸上交通で一番速い郵便馬車でスピードアップの努力はされてきたが、毎時一〇マイル以上は出せなかった。気の毒なほどに畜力を酷使することによってやっと出せたスピードである。これに対してリヴァプール～マンチェスター鉄道はいとも簡単に平均時速一五マイルが出せるのである」とスピード効率を称えている。当代きっての詩人たちも独特の感想を残している。

汽車の窓から眺めるこの景色はもの狂わしく走ること
野原も水も麦畑も樹木も空も一切が凄まじい渦巻の底に身を投げる
奇態な花押とも見える電線を張り渡したひょろ長い電柱も後から後から追いかけて

（ヴェルレーヌ『よき歌』）

パリに住んでいたあのドイツの有名な詩人ハイネは次のように述べている。

目下、何という変化が、われわれの物の見方や考え方に起ろうとしていることか！　時間と空間という基本概念すら当てにならなくなった。鉄道により……すべての地方の山や森がパリに押し寄せて来るような気がする。ドイツの菩提樹の香りが、そして門前には北海のどよめく音がすでにしているように思われる。

さてスティーヴンソンは一介の機関車製造の技術者にとどまらず、やがて経営者に就任する。リヴァプール・アンド・マンチェスター鉄道はさらにバーミンガムに接続し、ついにロンドンまで線路がつながり、鉄道の時代の幕が華々しく上がった。

ただ、鉄道がどんどん伸びてゆくのはよいが、好き勝手につくればよいというものではない。軌間（ゲージサイズ）が異なると、せっかく路線が伸びても、継ぎ目のないネットワークにならない。それゆえスティーヴンソンは、彼の関与する鉄道はすべて、のちに標準軌間と呼ばれることになる一四三五ミリの軌間に統一した。ヨーロッパの国々はお互いに近いため、スティーヴンソンの唱える軌間で鉄道を開通させた。一八三二年にはフランスで開通し、一八三五年にはベルギー、ドイツで、一八三九年にはオランダ、イタリア……というぐあいに、踵《きびす》を接して軌間一四三五ミリの鉄道が敷設されていった。

アメリカの場合、イギリスやヨーロッパの大陸諸国とは少し事情が異なっていた。国土の広いアメリカでは、自然の大河や湖沼をつなぐ大運河が掘削され、蒸気船（河蒸気）による輸送が発達していた。ヨーロッパ諸国でも水路は利用されていたが、アメリカのそれはまったくスケールの異なるもので、運河の幅も長さもずっと大きかった。内陸水路だけでなく沿岸航路も発達し、広い意味での国内水路ルートが出来上がっていったのである。アメリカ東部のニューヨークから時計回りに大西洋沿岸をマイアミまで南下し、今度は方向を北西に変えて、メキシコ湾をニューオーリンズに向かう。そこからはミシシッピ河をさかのぼり、セントルイスからは内陸水路でシカゴ、デトロイト、アルバニーへ、今度はハドソン河を下って、ニューヨークに戻るという大環状線（Great Circle Route）が完成している。

アメリカでもイギリスにならって道路網や馬車交通はしだいに発達しつつあったが、むしろこのような河蒸気が交通の主役であった。そのスピードは時速二〇キロに達してかなり速かったが、狭い道路ではなく、滔々《とうとう》とした大河を行くのであるから、視覚的・感覚的にはむしろ遅いゆったりしたものであったであろう。

ともあれ、一八三一年、イギリスに遅れることたった一年で、ヨーロッパ先進国に先駆けて世界で二番目の鉄道がアメリカで開業した。サウス・カロライナ鉄道においてベスト・フレンド・オブ・チャールストン号という蒸気機関車が、五台の客車に五〇人を乗せて時速三二キロで走行している。同年、ニューヨーク州のアルバニー～スケネクタディー間は、それまでの馬車鉄道から蒸気鉄道に切り替わり、列車は最高時速四〇キロ、平均時速二八キロで走破した。その後、国土の広いアメリカでは鉄路が急速に延伸され、一八五二年にニューヨーク～シカゴ間が、一八六九年に大陸横断鉄道が完成した。

## 2 ブルネルの野望——超広軌鉄道

人々が汽車のスピードに驚愕《きょうがく》している間、鉄道側は絶えず高速化をめざして進化していた。一八三〇年に開業したリヴァプール〜マンチェスター間の鉄道が目覚ましい業績を上げたため、資本家たちはこぞって鉄道に投資し、鉄道路線は目覚ましく伸びていった。そのなかで高速化に向けて最も目立ったのはグレート・ウェスタン鉄道（GWR）である。リヴァプールが鉄道の開通でさらに隆盛を迎えたのに対して、同じくイングランド西部にある港町ブリストルは差をつけられたと、その挽回《ばんかい》に躍起《やっき》となった。まずは港湾の整備と首都ロンドンへのアクセスが重要であるとして、GWRが設立され、技師長にイザムバード・キングダム・ブルネルを迎えた。豊かな発想力と行動力に溢《あふ》れたブルネルは「スティーヴンソン流の鉄道は、レールの上に馬車を走らせたに過ぎず、高速安定走行には、もっと広いゲージが必要である」と主張し、なんと軌間七フィート（二一四〇ミリ）でレールの敷設を開始した（スティーヴンソンの軌間は、当時の標準的馬車の車輪幅であった）。

一八三八年にブルネルは「私はスピードの向上を不必要と考えるような輩《やから》と議論するつもりはない。一般公衆は最も完全な乗物を好むであろう。そして理に叶った限度内では、スピードこそ旅行を完全たらしめる物質的要素なのだ」と書いている。ロンドン〜ブリストル間は元来平坦な地形に恵まれていたが、さらに金をかけて、まっすぐに橋梁や掘割を築き、一八四一年に贅沢《ぜいたく》な線路が出来上がった。

この間、スティーヴンソンらが敷設する標準軌の線路も大いに延伸されていったので、おのずと広軌路線と標準軌路線が合わさる地点が出てくる。こうなると乗客の乗り換えや、荷物の積み替えに不便を指摘する声は当然大きくなってきた。政府としてもこうした声を無視できず、一八四五年に王立委員会を設けて「ゲージは統一すべきか？　統一するならどちらに？　ほかによい解決策はあるか？」と、中立の有識者も含めて検討させた。論争は、高速性、安全性、建設コスト、運用コストなど多岐にわたり、そう簡単に結論は出なかった。そこでブルネルは、両方のゲージの列車性能を走行テストによって比較することを提案した。

標準軌側も受けて立ち、熱のこもったコンテストが何回か行われた。その結果は、広軌側が標準軌側を時速で約一〇キロ程度上回ることが多く、ある時にはついに最高時速一〇八キロ、平均時速でも九五キロをマークし、スピードの面では広軌の優位がはっきりした。

グレート・ウェスタン鉄道の技師長として活躍したブルネル

とはいえ、スピードがすべてではない。先にも述べたように、安全性はもとより、建設や運用に関わるコストも重要であるし、すでに運用されている路線網をことごとく統一するとなれば、一大事である。速度以外の比較データが積み上がり、委員会はますます難航した。しかし、一八四六年には一応の決着をみた。すなわち「グレート・ブリテン島における鉄道は基本的に標準軌とする。

広軌、標準軌併用の３線軌道を走るGWRの機関車

史上最大の動輪径を有したGWRの「ピアソン」

ただし、ＧＷＲとそれよりも南の地域においては広軌の存在を例外的に尊重する」というものであった。広軌路線四四一キロに対して標準軌路線は七倍の三〇五九キロも敷設されていた現実が最も重い判断材料になったのである。

それにもめげず、ＧＷＲは路線を広軌で延伸させて、ブリテン島最西端のペンザンスまで達し、一八六六年には広軌の総延長は二二八八キロに達した。その間一八五三年には直径九フィート（二七四五ミリ）という史上最大の動輪をもつ機関車「ピアソン」を製造し、ロンドン～プリマス間に就役させた。当時は、時刻表はあってなきがごときもので、むしろ定時よりもいかに速く走るかが重要であり、会社は運転手にハッパをかけ、運転手は日ごとに腕を競っていた。その結果、平均時

表1-1　イギリスの主要区間における急行列車の所要時間と平均時速

| 区間 | 距離 | 1872年時（平均時速） | 1889年時(平均時速) |
|---|---|---|---|
| ロンドン～リヴァプール | 325km | 6時間（54km/h） | 4時間30分（72km/h） |
| ロンドン～マンチェスター | 182km | 3時間30分（52km/h） | 2時間45分（66km/h） |
| ロンドン～エディンバラ | 645km | 11時間10分（58km/h） | 8時間30分（76km/h） |
| ロンドン～グラスゴー | 643km | 11時間30分（56km/h） | 8時間45分（73km/h） |
| ロンドン～アバディーン | 869km | 14時間50分（59km/h） | 13時間25分（65km/h） |

速は七〇キロほどであったが、瞬間的には時速一〇〇キロ超、時には一三〇キロ程度まで出たらしい。

しかし、標準軌路線も大いに延伸し、GWRの超広軌は標準軌路線に囲まれて、オセロ・ゲームのように孤立していった。やがて巨星ブルネルが逝去し、ついに標準軌が広軌を飲み込んだ。一八九二年をもってGWRもついに全面的に標準軌に転換し、このバトルに終止符が打たれたのである。

ここまで非日常的なスピード競争ばかりを取り上げてきたが、日常的な列車がいかに高速化されたかのほうが重要であろう。ここに格好の資料がある。パリの万国鉄道会議においてイギリス代表から発表されたもので、イギリスの主要区間における急行列車の所要時間と平均時速を比較した資料である。図らずも日本で鉄道が開通した一八七二年時と東海道線が全通した一八八九年時の数字を見ることができる（表1－1参照）。

日本の鉄道開通年である一八七二年の時点で、イギリスの幹線急行は平均時速ですでに五〇～六〇キロに達しているが、日本でこのレベルに達したのは、一九三〇年に登場した超特急「燕《つばめ》」以降である。そして東海道線が全通した一八八九年で見ると、イギリスの主要急行はいずれも「燕」よりも速い。

3

# 競争からルール作りへ

## イギリスにおけるスピード競争

イギリスの幹線鉄道は何といっても、ロンドンから北上してスコットランドのエディンバラやグラスゴーに向かう東西両海岸線ルートである。両線はつねにスピード、設備、サービス、料金などで激しく競争してきたし、二一世紀の今日でもそれは続いている。なかでも、一九世紀の終盤に二回にわたって展開されたスピード競争「北への競争」が有名である。

一回目の競争は一八七九年に起こった。当時、平坦な東海岸ルートの所要時間は九時間で、平均時速は七一キロであった。対して西海岸ルートは勾配《こうばい》やカーブが少なくなく、距離も若干長いため、所要時間は一〇時間で平均時速は六五キロであった。

事の起こりは、東海岸線がその代表的特急「フライング・スコッツマン」に三等車を連結して大衆を集客しようと宣伝しはじめたことにある。急行列車への三等列車の連結はもともと西海岸線がやりだしたことであったが、このままでは所要時間、料金ともに後手に回ってしまうことを恐れた西海岸線が九時間運転を実施したものだから、両者のスピード競争に火がついた。毎日デッドヒートが展開されたあげく、一八八八年には東西両線とも七時間半を切るに至った。しかし、当時の鉄道技術水準でこのようなスピードを日常的に維持するのは両線ともとても無理で、お互いに八時間半運転（平均時速七五～七六キロ）で手を打つことになった。

二回目の競争は七年後の一八九五年に生じた。エディンバラ北方の入り江を大きく跨《また》ぐフォース橋が完成したことにより、それまでのロンドンからエディンバラやグラスゴーまでの競争であったのが、さらに二〇〇キロ先のアバディーンにまで延長されたからである。ここでも東西二社ともに必死にシーソー・ゲームを展開し、西海岸線はついに八六九キロを八時間三二分で走り抜くことに成功した。平均時速は一〇二キロ、最高時速はなんと一四四キロを記録している。

フォース橋

この時は両社とも、記録達成のために列車を極力軽くするべく、たった三両の客車を牽いて走った。いくら速くても、これでは客はいくらも乗れず、営業運転としての経済性・現実性に乏しかったので、ほどなくして両者息切れとなって終息した。二回目の手打ちは、ロンドン〜エディンバラないしグラスゴー間を七時間半（平均時速八五〜八六キロ）運転とすることであった。ただ、東海岸線の急行はこの枠を守りつつも、途中のダーリントン〜ヨーク間七一キロを四三分で結んだため、両駅間の平均時速は九八キロと世界最速となり、瞬間最高時速は一二八キロに達していた。

一方、映画「タイタニック」でもご存じのとおり、大西洋横断航路のイギリスの発着港としてはイングランド南部のサ

初めて最高時速100マイルを超えたGWRのボート・トレイン

ウサンプトンが皮切りであったが、二〇世紀に入るとプリマス港も重要になってきた。そのためプリマス〜ロンドン間には「ボート・トレイン」と称する豪華船に接続する豪華列車が運転され、ここではグレート・ウェスタン鉄道（GWR）とロンドン・アンド・サウス・ウェスタン鉄道（LSWR）が激しい競争を繰り広げた。両者は最初、お互いに紳士協定を結んだかのように静かであったが、そのうちプリマスに豪華船が入港すると、下船した旅客をめぐってロンドンへの競争が始まった。

一九〇四年四月、まずLSWRがプリマスからロンドンの終着駅ウォータールー駅までの所要時間を四時間三分としてGWRを出し抜いた。一週間後、今度はGWRがプリマスからロンドンの終着駅パディントン駅までの所要時間を三時間五四分とした。続いて五月、GWRは4－4－0タイプの機関車に郵便車一両のみを牽かせてスピード記録に挑戦した。結果、平均時速一〇一キロを記録、下り勾配では最高時速一六四キロを出し、鉄道車両としてはじめて時速一〇〇マイル（一六一キロ）を突破したのであった。

心中穏やかならぬLSWRでは、逆転を期して二年間の隠忍自重《いんにんじちょう》の日々を送っていたが、一九〇六年夏、ついに行動を起こす。

ソールズベリー列車衝突事故（1906年）

七月一日、経験豊かなロビンスが運転する4-4-0タイプの機関車が五両の客車を牽いてサウサンプトンを出発。列車はずっと快調に走り、好記録への期待が高まっていた。しかし、列車がソールズベリー駅付近の急カーブに差しかかった時、時速四八キロの制限区間であったのに時速一一三キロで突っ込んでしまった。当然、列車は脱線し、猛烈な勢いで駅の構築物にぶつかり、バウンドして隣の線路に停車していた貨物列車に追突してしまった。機関車は転覆、炭水車もひっくり返り、運転手は即死であった。五両の客車は木端《こっぱ》みじんに砕け、二四名の乗客と四名の乗務員も即死した。機関手以下計三〇名の死者とその他多くの負傷者を出してしまったのである。

この大事故により、さすがに加熱したスピード競争にもようやく終止符が打たれた。悲惨な結末ではあったが、一九世紀末の東西線レースで時速一四四キロまで上がった瞬間最高時速は、ボート・トレイン・レースで時速一六四キロまで上がったことになる。

## アメリカにおけるスピード競争

海を渡ったアメリカでは広い国土に膨大な鉄道網を敷設していったので、イギリスに比べると、線路建設にとてもお金はかけてはいられなかった。そのため、一九世紀後半に至るまで線路状態は粗悪で、鉄道事故はイギリスよりずっと多かった。週刊誌「ハーバーズ・ウィークリー」の一八六五年の記事には次のような記述があった。

現在、死神は旅行者を標的としている。毎日、死亡事故の報道が続いている。昨日は衝突、翌日は機関車の爆発、そして列車全体の堤防からの転落事故、河への墜落事故が続く。安全への不信の念は高まっていて、無事に目的地に到着した乗客はほっとした解放感に包まれる。今年、鉄道事故で失われた生命はいかなる激しい戦場での死者より多いのである。

ちょうど南北戦争（一八六一〜六五年）が終わったかどうかの時期に書かれた記事で、もう戦争はたくさんでごめんだと思っていたら、鉄道事故もすさまじいではないかといった論調で書かれている。統計資料などは眼中にないのであろうが、鉄道事故を戦争での死傷に譬《たと》えるごとく、当時のアメリカの鉄道は安全性に乏しかったのであろう。

しかし、ほとぼりが冷めると、ヤンキー魂は高速化に果敢に挑んだ。というより、開拓魂を過剰に発揮し、アドレナリンを出し過ぎたようである。一九世紀末となると蒸気機関車のメカニズムもぐんと進歩して、2-B-1という前輪二つに大動輪二つを備えた高速機関車が造られるようになった。そうして時速一〇〇マイル（一六一キロ）突破をめざす雰囲気が醸成《じょうせい》され、到底信じられないような逸話がいくつも生まれた。

「フロリダ・メール」という特急列車がジャクソンビル付近で時速一九三キロを記録、一八九三年にはニューヨーク・セントラル鉄道の「エンパイア・ステーツ・エクスプレス」がバッファロー付近で時速一八一キロを記録、カムデン〜アトランティック・シティー間で最高瞬間時速一七一キロを記録、ペンシルベニア鉄道ではクレストライン〜フォート・ウェイン間で最高瞬間時速二〇五キロを記録、といった具合である。しかしながら、当時の機関車性能や保線状態から見て、これらの記録は信じるべきではない。そもそも、速度の測り方からして信用ならない。イギリスでは正式な計測者が乗車してきっちり測っていたが、アメリカの場合、運転手か車掌がマイル・ポスト間の所要時間を懐中時計で計って事後報告したようなケースが多いのである。

## ルールあるスピード競争へ

これほど激しいスピード競争が起きたのはなぜか。端的にいえば、鉄道は儲かると考えられていたからである。ゆえに参入者が多く、優勝劣敗がくり返され、勝ち残った勝者たちはさらに熾烈《しれつ》な競争に挑戦せざるを得なかったのである。むろん客車の設備改善や運賃値引きといったスピード以外の競争もあったが、何といってもスピード競争が一番目立つ。乗客から見ても、企業から見ても、最もわかりやすい指標であり、宣伝効果も大きい。

スピードの追究は洋の東西を問わない。が、限度を知らぬ競争は危険と隣り合わせとなる。明治後半の日本でも、ご多分に漏れずスピード競争が展開された。官営鉄道をライバル視し、一方で瀬戸内航路との競争にさらされていた山陽鉄道（神戸〜下関間。現在の山陽電気鉄道とは何の関係もない）が意気軒高であった。何事につけ一番をねらった山陽鉄道はスピードアップにも熱心だったが、必ずしも線路状態がよくなく、たびたび事故を起こしている。当時、九州鉄道の社長をしていた仙石貢はしばしば上京の必要があったが、「こんな非常識なスピードを出す列車には危なくて乗れない」とこぼし、山陽路はわざわざ汽船を使っていたという。

ともあれ二〇世紀に入ると、無茶なスピード競争を規制するために、日常の営業列車の最高運転速度が規制されるようになる。すでに一九世紀末には、スウェーデン、デンマーク、オーストリア、プロシアでは時速一〇〇キロ、フランスでは時速一二〇キロに規制される区間が増えている。一方、高速走行に挑む場合は、準備万端整えたうえ、安全な時間帯を選んで専用の試験列車を走らせるようになった。いまではごく当たり前のことであるが、こういう体制は苦い経験を経て二〇世紀になってやっと実現したのである。

スピード競争はルールのなかで営々と続けられた。ここでもかのGWRが口火を切った。その特急「チェルトナム・フライヤー」は、一九三一年のダイヤ改正でロンドン〜スウィンドン間一二四キロを平均時速一〇九キロで走破する世界最速列車に踊りでた。これに競争を挑んだのは、なんと

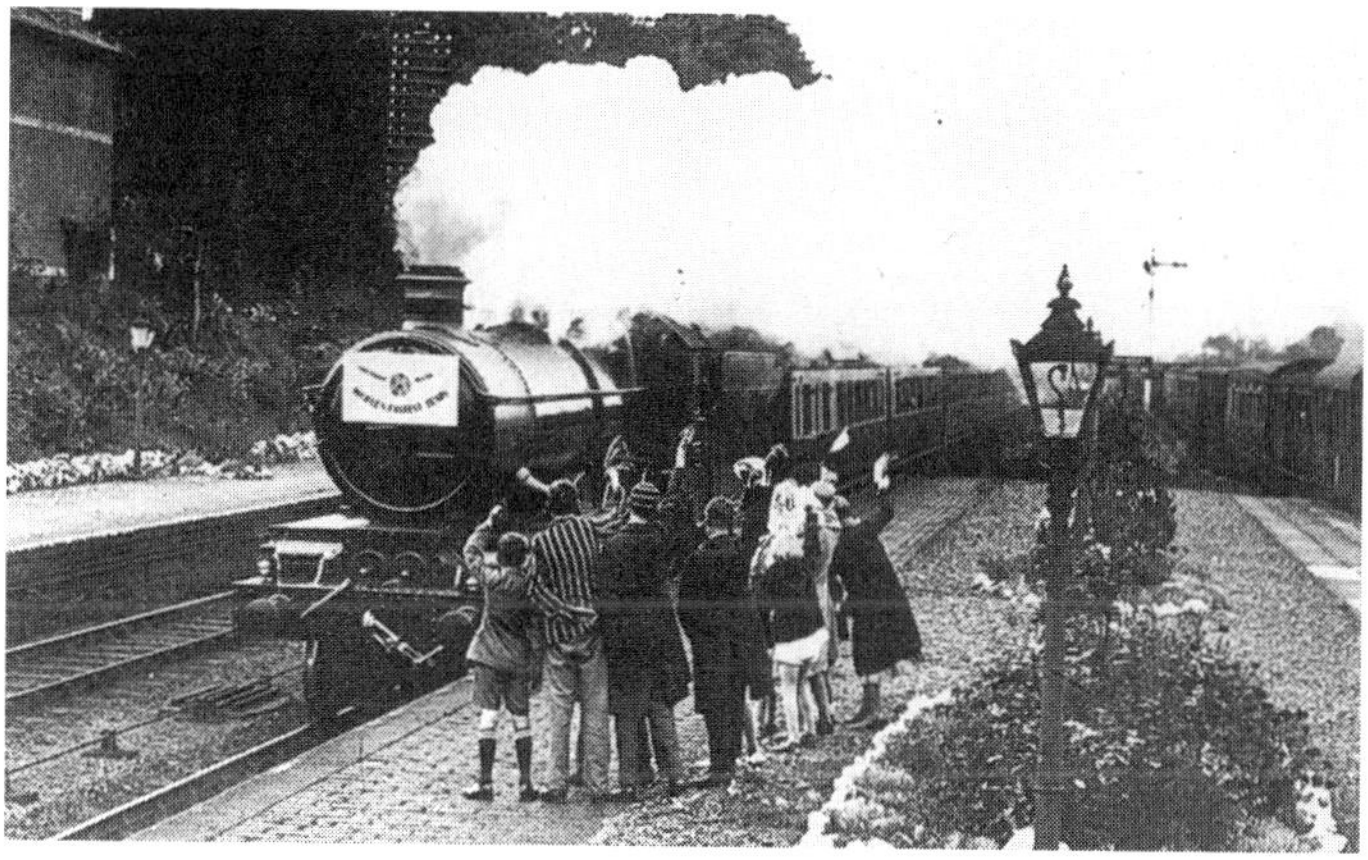

ロンドン〜スウィンドン間を平均109km/hで走った「チェルトナム・フライヤー」

カナダであった。一九三二年、カナディアン・パシフィック鉄道がモントリオール〜スミズフォール間二〇〇キロ区間を平均時速一一一キロで走って抜き去ったのである。

鉄道の本家イギリスとしてはこのまま座視はできない。翌一九三三年、「チェルトナム・フライヤー」は同じ区間で五分縮めて平均時速一一四キロとし、再び世界タイトルを奪回したのである。この列車の牽引機「キング型」は小ぶりで、飾り煙突や真鍮《しんちゅう》製の蒸気溜《だめ》などが、古典的な雰囲気を醸《かも》しだしている。およそ世界記録ホルダーには見えないところが、興味深いし、なかなか憎いではないか。

しかしこの輝かしいタイトルも、同じく一九三三年に登場したドイツのディーゼル特急「フリーゲンダー・ハンブルガー号」によって破られる。ベルリン〜ハンブルク間を平均時速一二四キロ、最高時速一六〇キロで走破してみせたのである（第3章参照）。これ以降、蒸気列車が営業運転で世界最速になることは二度となかった。鉄道史的に見て、この一九三三年こそ、鉄道において蒸気からディーゼルへの動力革命が起こった重要な転換点だったのである。

# 第2章 日本の鉄道開通から国有化まで

1

# 日本人の驚いたのもスピードだった

## 初めて汽車を知った日本人

イギリスで世界最初の商業鉄道が開通したのは一八三〇年のことであるが、日本人が汽車を初めて見たのは一八五四年、ただしそれは実用の汽車ではなく模型であった。ひとつめは佐賀藩士が長崎に来航したロシア艦隊内で見た汽車の模型である。藩士たちは大いに啓発され、自分たちで見よう見まねで模型を造り、翌一八五五年に実際に走らせている。

二つめはペリー艦隊の二度目の来航時に贈呈された大型模型である。将軍、老中以下総出で一行を迎えた折、大統領親書に添えて汽車の大型模型が贈呈され、参加者の目の前でこれを走らせたものだから一同はとても驚いた。その後、フランスも汽車の模型を萩藩に贈っている。幕府や雄藩の一部の人たちは、こうした汽車の模型を通して、鉄道とはどんなものか、うっすらとではあろうが理解したであろう。

ともあれ、先進国である欧米諸国が、後進国に対して彼我の技術の差を最も はっきり見せつけた媒体が「鉄道」であったという事実に注意を払っておきたい。

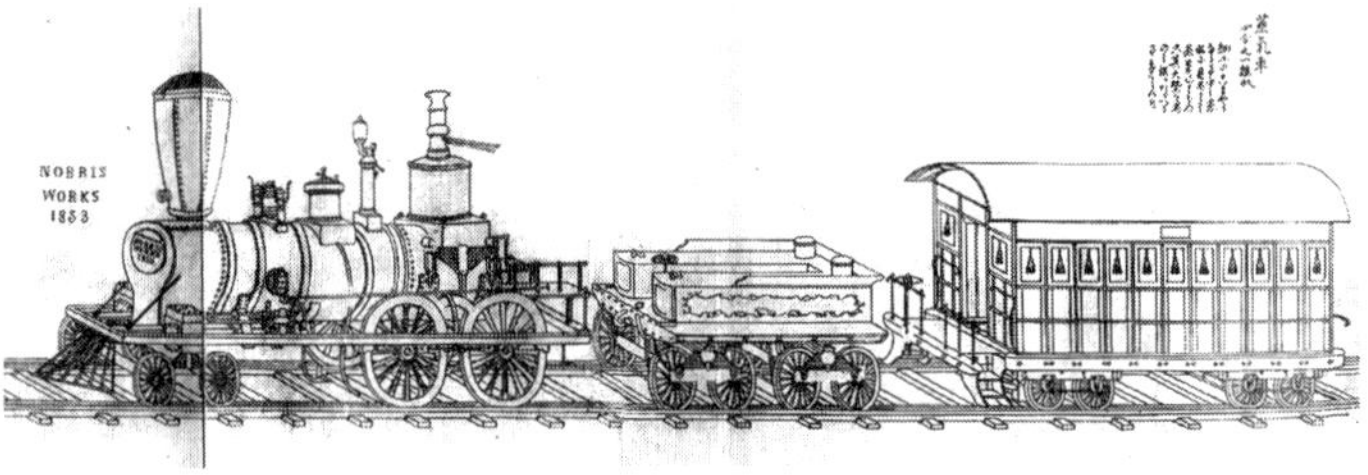

ペリーがもたらした機関車模型の絵図

この黒船来航に刺激された幕府は、積極的に西洋の科学知識を導入するために一八五六年に蕃書調所を設けた。その教授陣の一人であった川本幸民の講述は、その弟子によって一八五九年『遠西奇器述』として出版されている。川本は海外渡航経験のない蘭学者で、その知識はもっぱら西洋の文献に依拠していた。そのなかには蒸気機関車の解剖図も描かれている。

## 遣米・遣欧使節団、汽車に乗る

それから十年余り経った一八六六年以降、イギリス、フランス、アメリカなどが幕府や島津藩に対して京都~大阪間や東京~横浜間の鉄道建設を提言してきた。島津藩や佐賀藩自身も鉄道建設を提議し、また横浜居留地に住む外国人からも東京~横浜間の鉄道建設がいくつか申請されているが、幕府はまだよく鉄道を知らなかったし、政情が不安定だったので、それどころではなかった。しかしその間に一部の日本人は外国に出かけ、現地で汽車に乗車する機会を得た。

さて、明治維新は一見、佐幕開国派と尊王攘夷派の争いのようであるが、実際は佐幕派も尊王派も、本心は開国しかあり得ないとはっきり認識していた。徳川幕府は先進国・欧米との対話や視察が必要だと痛感し、一八六〇年に遣米使節団が、一八六二年には遣欧使節団が派遣された。彼らは欧米で、鉄工場、造船工場、機械工場、繊維工場、電信局、病院などを興味津々に見学しているが、列車、機関車工場、駅など鉄道関係にはとくに関心を抱いた。そして幕末の両使節団が最初に乗った汽車が、奇《く》しくもパナマ地狭とスエズ地狭の横断鉄道であったところが面白い。パナマ運河（一九一二年開通）もスエズ運河（一八六九年開通）も未開通であったが、その代わりに両洋を連絡する汽車がもう地峡を走っていた。パナマ地峡横断の汽車に乗った村垣淡路守は日記に次のように記している。

一番先に立つ車に蒸気をしかけて黒煙を発し、機関運転して車の四輪をめぐらす。御者一人機関をおおいたる上にあり。やがて蒸気もさかんになれば、すさまじき音のして走り出て、直《ただ》ちに人家をはなれて次第に早くなれば、車の轟音《ごうおん》、雷のはためく如く、左右をみれば、三、四尺の間は草木も縞《しま》のように見えて眼とまらず

野も山も 見る眼とまらず いとどしく 響き走る 車なりけり

一行中のもう一人森田岡太郎は、その第一印象を「其の速き事例えるに物なく、六両の車輪一条の鉄路に軋《きし》り、鳴動の響き雷鳴の如く、途中の景物人物は、走馬燈の趣に似たり」と書き残している。その二年後、遣欧使節に加わった医師の高嶋祐啓は、自著『欧西紀行』のなかでスエズ地峡鉄道に乗った時の驚きを「駿足飛鳥より速し。前頭にある一車の蒸気力にて千万里外に電馳《は》せしむ豈驚目駭心《あにきょうもくがいしん》為さざらんや」と表現している。その時見た汽車を高嶋は拙《つたな》い絵で書き残してい

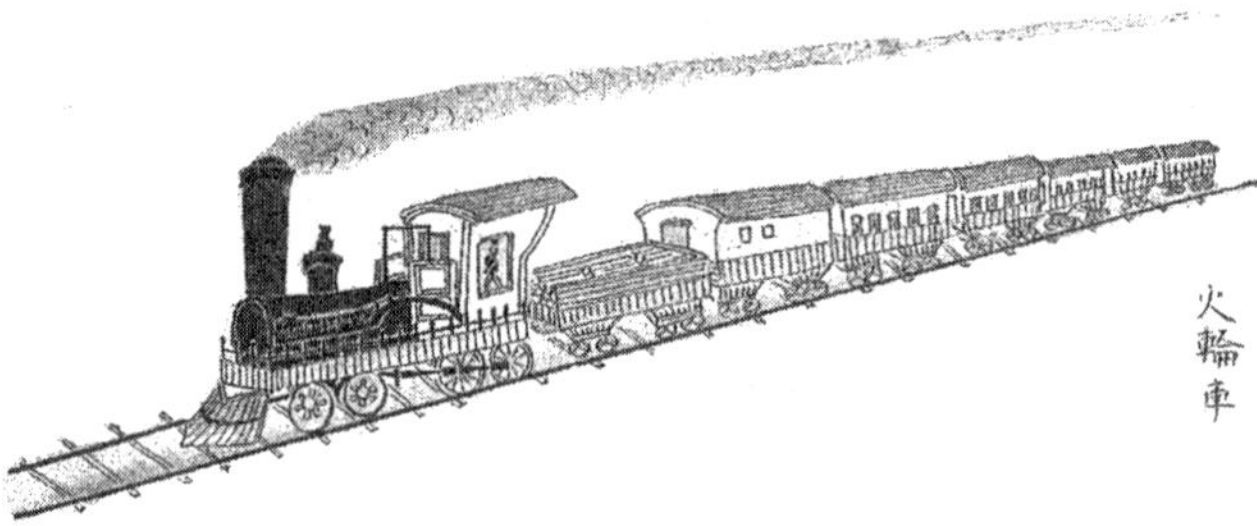


パナマ地峡の汽車（木村鉄太『航米記』より）

る。史実的価値は高いし、そう思って見ると味わい深くも見えてくる。
両使節団ともその後、アメリカ、フランス、イギリス、ドイツなどにおいて頻繁に列車で移動しているから、鉄道の利便さやスピードは十分体得したことであろう。福沢諭吉はこの両方の使節団に参加し、一八六七年にも渡米して計三回の洋行を果たしている。鉄道という文明の利器をつぶさに見学しており、一八七〇年に完成した『西洋事情』には汽車の実態と効用が筋道立てて説明されている。

蒸気車とは蒸気機関の力を借りて走る車なり。車一両に蒸気を仕掛け之を機関車と名《なづ》く。機関車一両を以て他の車二十両乃至《ないし》三四十両を引くべし。（一両の車に人数二十四人を容《い》る）……四個の鉄輪にて走るが……車輪の当る所に幅二寸厚さ四寸ばかりの鉄線二条を填《はめ》て常にこの上を往来す。これを鉄道という。……英国にて最も急行の車は一時に五十里余を走る。〔この場合、日本の里＝約四キロではなく、マイル＝約一・六キロの意味〕……蒸気車の法世に行われてより以来各地産

高嶋祐啓が描き残したスエズ地峡横断鉄道の図

物の有無を交易して物価平均し、都鄙《とひ》の往来を便利にして人情相通じ世間の交際俄《にわ》かに一新せり。

実に誰にでもわかりやすく、社会を一変させた汽車の利便を訴えているではないか。このように明治維新当時、実際に汽車を見たり、汽車に乗ったりした日本人は欧米に渡航した人たちであった。そして一八六八年に明治維新が成立すると、翌一八六九年には明治政府は鉄道最先進国イギリスに東京～横浜間の鉄道建設工事一式を発注した。一方、政府は一八七一年一二月に岩倉具視《ともみ》を団長とする大使節団を欧米に派遣した。その正式報告書にあたる『米欧回覧実記』を読んでも、欧米の文物のなかでも鉄道が大変注目されていたことがよくわかる。

## 陸蒸気のスピードには驚いた

一八三〇年にイギリスで世界最初の商業鉄道が開通して以降、長らく一般の日本人は鉄道や汽車を知らなかったが、維新の指導者はその重要性を認識していたので、ついに一八七二年に日本初の鉄道が新橋～横浜間に開通した。この間、世界の主要国ではすでに鉄道が開通し、一八七二年当時には表2－1のように延伸されていた（表2－1参照）。

一八七二年に日本にははじめてお目見えした汽車は、狭軌上を走るちっぽけなものであったが、民衆はそのスピードに目を瞠《みは》った。品川～横浜間の仮開業時、汽車は両駅を三五分で結び、表定時速は四四キロであったというから、人々が驚くのは無理もない（もっとも、程なくして新橋～横浜間に延長

表2-1　主要国の鉄道開通年と総延長（1872年時点）

| 大陸 | 国名 | 鉄道開通年 | 1872年時の総延長 |
|---|---|---|---|
| ヨーロッパ | イギリス | 1830 | 22,097km |
| | フランス | 1832 | 17,438km |
| | ドイツ | 1835 | 22,926km |
| | ロシア | 1837 | 14,360km |
| 北アメリカ | アメリカ | 1830 | 106,492km |
| | カナダ | 1836 | 4,665km |
| 南アメリカ | アルゼンチン | 1857 | 不明 |
| | ブラジル | 1860 | 不明 |
| アフリカ | エジプト | 1856 | 1,184km |
| | 南アフリカ | 1860 | 102km |
| オセアニア | オーストラリア | 1854 | 1,883km |
| アジア | インド | 1853 | 8,641km |
| | インドネシア | 1868 | 不明 |
| | 中国 | 1876 | 不明 |
| | 日本 | 1872 | 29km |

されると、所要時間は五四分となり、表定時速は三三キロになったが）。実は一八八九年に東海道線が全通した時の東京～神戸間の表定時速三〇キロよりずっと速く、何とそれから三七年後の一九〇九年に登場した最急行と同じ速さなのである。

その頃の日本人のスピード感覚はどの程度のものであったか、想像してほしい。日本では江戸時代まで、道は徒歩を想定して造られており、乗り物が通れるような道路はほとんどなかった。そもそも、西洋の馬車のようなものはなく、路上を車輪で進む乗物を知らなかったのである。

明治に入り、一八六九年に馬車会社「成駒屋」が東京～横浜間で乗合馬車を始めたが、四時間運行であったというから、平均時速は六～七キロである。その後、東京市街地で乗合馬車が開業し、東京～宇都宮～日光ルートでは途中馬を六回も付け替えて一四時間で走ったという。平均時速は一〇キロ程度であるから、なかなか速い。一方、人力車は一八七〇年に浅草界隈から興《おこ》り、三年後の一八七三年には東京府下で三万四〇〇〇台に達した。スピードはわれわれが想像するよりはるかに速く、時速八～一〇キロも出ていたらしい。

こうして比べると、当時の人々がいかに汽車のスピードに驚いたかがよくわかる。その驚嘆ぶりをあらわした文章をいくつかご紹介しよう。

横浜より東京まで行程八里に余れるを僅《わず》か五十四分にして至る。その疾《はや》き事風の如く、雲の如く、従来は巨万の金を放っても羽翼なくして至るに難きを既にかくの如きなれば、この下若干の末その広益幾千なるを知らず。そもそも神武創業以来未だかかる盛行ありしを聞かず（東京日日新聞、一八七二年九月六日）

汽車の速力たる一小時間に約十八里、これを至速のものとす。わが国未だ十八里の鉄路なしといえども、年を期して全国くもの巣の如きを見し。それ横浜の如きわずかに七里余といえども、この車に乗って往来すれば、わずかに五十四分を費やすのみ。痔持ちの人が厠《かわや》を出るより速やかなり。開化知るべし。繁昌想うべし。（『東京開化繁昌誌』）

ここまでの二文は理屈を述べたものであるが、以降の三文ははじめて陸蒸気《おか》を見た／乗った体験なので臨場感がある。

高輪の柳沢伯邸に行く時には、海を見る事と、その岸を走って来る汽車を見る事とが楽しみであった。田舎に育った幼い私には、海も汽車もどんなに珍しく思われた事だろう。……品川の方から煤煙を漲《みなぎ》らしてやって来る小さな汽車、それをどんなに珍しがって見た事か。……私は十間ほど間を隔てて立って、そしてその前を怪物のようにして、凄まじい音響と煤煙とを漲らして通って行く汽車を眺めた。（田山花袋『東京の三十年』）

汽車を見物に行くには、弁当ごしらえで前夜のうちに場所をとっておかねばならないありさまでございました。そのころ「陸蒸気というものは魔法の力で走るのだ」と、もっぱらのうわさでございました。私たちも、その前夜から大森在へ出かけて見物いたしましたが、向こうのほうから黒い煙をはき風を切りながらピューと汽車が走ってきますと、目白おしの見物人が耳をふさぎ眼をとじてうつむきになったものでございました。そして汽車が目の前を通りすぎてしまってから、おそるおそる顔をあげ

高輪の海上堤防を行く京浜間の汽車

て「魂消《きえ》た」と口々に申しましたのを今でもおぼえております。（木村毅『ラグーザお玉自叙伝』恒文社、一九八三年）

其の走ることの快速なるが故に、電信柱の飛んで来るやうに見え、線路に沿へる砂利や草原の、縞に見えるのに狂喜雀躍した（『原田二郎伝 下巻 為人と日常』財団法人原田積善会、一九三八年）

なお、関西でも一八七四年に大阪〜神戸間が開通している。一時間一〇分をかけて走ったというから表定時速は二八キロである。一八七六年に開通した京都〜大阪間は一時間二四分で結んだので表定時速は二六キロとやや落ちる。いずれにしても、新橋〜横浜間の列車よりやや遅かった。

## ② 幹線の敷設とそのスピード

### 最重要幹線の建設――中山道か、東海道か

日本の鉄道は、まず新橋〜横浜間と神戸〜大阪〜京都間に開通した以降が本番で、幹線鉄道をどんどん敷かなければならなかった。政府の財政は苦しかったが、京浜間や京阪神間の既存路線の収益は順調であり、機を見るに敏な民間人は「鉄道は儲かるもの」と鉄道建設の申請の手があちこちで挙がった。その結果、鉄道建設は官営と民営の二本立てで進めることになり、一八八〇年代になって日

本鉄道、山陽鉄道、関西鉄道、九州鉄道の四大私鉄のほか、多くの私鉄が誕生した（表2－2参照）。

それと同時に全国に敷設予定の幹線鉄道の官民の仕分けも行われた（表2－3参照）。

なかでも最重要幹線である東京～神戸間の敷設は官営で行うことになり、建設が急がれたが、そのルート選定でひと悶着《もんちゃく》があった。軍部は国防上、内陸を通る中山道ルートを推し、商工業者は大都市の連なる東海道ルートを推したため、長らく決着がつかなかったのである。しかし、その間も敷設工事は着工可能な区間から間断なく続けられ、東海道線の名古屋以西、信越線、北陸線、奥羽線などを多くの区間が部分開業していった。

これら部分開業した区間の列車のスピードについてもいくつか記録がある。一八八七年に開通した名古屋～長浜間は所要時間三時間一五分で、平均時速は二五キロ。信越線の高崎～横川間は一時間二〇分で平均時速二二キロ。直江津～長野間は三時間三〇分で平均時速二一キロ。長野～軽井沢間は三時間一〇分で平均時速二四キロであった。すべて時速二〇キロ台であり、新橋～横浜間開通時の平均時速三三キロよりも一段と遅かった。

最重要幹線のルートは、結局、東海道ルートに決まった。中山道ルートの碓氷《うすい》峠で難工事に直面し、所要資金も予想以上にかさんだうえ、完成したと

表2-2　明治期の四大私鉄

| | 設立年 | 資本金 | 代表線区（完成年） | 最終路線延長 |
|---|---|---|---|---|
| 日本鉄道 | 1881年 | 2000万円 | 東北線（1891年） | 1,376km |
| 山陽鉄道 | 1888年 | 1300万円 | 山陽線（1901年） | 693km |
| 関西鉄道 | 1887年 | 300万円 | 関西線（1898年） | 414km |
| 九州鉄道 | 1888年 | 750万円 | 鹿児島線（1909年） | 792km |

しても、交通量やスピードの点で碓氷峠が大きなネックになることがはっきりしてきたのである。その結果、東京～大阪間の幹線は、一八八七年になってようやく東海道ルートに決着した。

一八七二年に横浜まで開通していた鉄道工事が、横浜から西に向けて再開されるまで一五年間もの中断があったわけで、戸塚や大船にはレールがまったく敷かれていなかったが、いったん決まると早いもので、東海道線は一八八九年に全通する。

## 民鉄の両極端――日本鉄道と山陽鉄道

一方、民営となると、各社の方針によって随分と各々の特徴が顕著に出てきた。路線で最大規模を誇った日本鉄道は、建設工事・機材の購入など一切を官鉄に委託していた。しかし何でも官鉄流というわけでもなく、スピードやサービスについては官鉄の東海道線に倣《なら》うどころか倹約に努めていた。しかも、過疎地への鉄道敷設

表2-3　幹線鉄道の官民仕分け（1880年代）

| 幹線名 | 建設母体 | 区間 | 距離 | 全通年 |
|---|---|---|---|---|
| 東海道線 | 官営 | 新橋～神戸 | 590km | 1889年 |
| 東北線 | 民営（日本鉄道） | 上野～青森 | 739km | 1891年 |
| 信越線 | 官営 | 上野～新潟 | 434km | 1893年 |
| 常磐線 | 民営（日本鉄道） | 日暮里～岩沼 | 343km | 1898年 |
| 北陸線 | 官営 | 米原～直江津 | 354km | 1899年 |
| 関西線 | 民営（関西鉄道） | 湊町～名古屋 | 175km | 1899年 |
| 山陽線 | 民営（山陽鉄道） | 神戸～下関 | 530km | 1901年 |
| 奥羽線 | 官営 | 福島～青森 | 485km | 1905年 |
| 函館線 | 官営 | 函館～旭川 | 458km | 1905年 |
| 鹿児島線 | 民営＋官営 | 門司～鹿児島 | 378km | 1909年 |
| 中央線 | 民営＋官営 | 東京～名古屋 | 399km | 1911年 |
| 羽越線 | 官営 | 新津～秋田 | 272km | 1924年 |
| 上越線 | 官営 | 高崎～長岡 | 163km | 1931年 |
| 山陰線 | 民営＋官営 | 京都～下関 | 674km | 1933年 |

ということで国庫から手厚い保護を受けたので、四大私鉄のなかでも最も収益性が高かった。ボギー客車の導入は遅れて単車王国であったし、寒冷地でありながら列車暖房の導入は一九〇二年と一番遅れた。そうした日本鉄道の経営姿勢を東京朝日新聞が痛切に批判している。

本州の北半部に於いて交通機関の八九分を占有せる日本鉄道はその設立最も早く、その線路最も長きに係わらず旧態依然毫《ごう》も改良の実なく、その列車の不潔旧式なるは勿論、発着時間常に齟齬《そご》して乗客に不便を与える事甚《はなは》だしく……数日間上野停車場には発着時間の変更を知らずして茫然たりし者毎日毎時間幾何《いくばく》なるを知らざりし状況なり。……日本鉄道会社が単に自己の利益のみを謀りて一般乗客の公益を眼中に置かず発着時間変更に関する広告の手段宜しきを得ざりしは吾人の断言するを憚《はばか》らざるところなり。……山陽鉄道に乗車したるものにして日本鉄道に乗車せば、恰《あたか》も文明なる都府よりして俄《にわ》かに半開国の片田舎に旅行したる感あるべし。実に然るのみならずこれを山陽鉄道よりも不行届きなる官線を比するにその及ばざることなお遠し。

日本鉄道と対極にあったのが山陽鉄道である。競争者のいない日本鉄道と違い、運賃の安い瀬戸内海運と競合していたし、福澤諭吉の甥で洋行帰りの初代社長・中上川《なかみがわ》彦次郎は革新的な性分であったから、官鉄に比して積極的な経営を展開している。スピードの向上も意識しており、線路の敷設にも金をかけて、勾配《こうばい》は一〇パーミル以下、カーブの半径は三〇〇メートル以下に抑えている（地形上やむを得ず、セノハチこと八本松～瀬野間の九・四キロ区間には二二・五パーミルの勾配があるが）。また、

山陽鉄道の急行列車

山陽鉄道を率いた中上川彦次郎

食堂車、寝台車、電灯照明、赤帽などは官鉄の東海道線よりも早く日本で初めて導入した。

関西鉄道は四大私鉄のなかでは最も小粒であったが、山陽鉄道同様、斬新かつ積極的な経営を行った。客車の室内照明がランプから電灯に切り替わる過渡期、欧米の鉄道ではガス灯を用いたが、日本でガス灯を用いていたのは、唯一この関西鉄道のみである。しかしこの鉄道の最大の話題は名古屋〜大阪間において官鉄の東海道線と真っ向勝負したことで、同社はスピード、サービス、運賃で官鉄と競い合った。

## ささやかながらスピード競争が始まった――官鉄と私鉄の戦い

このように日本の鉄路が伸展して行くなかで、列車のスピードはどの程度のものだったのか。官営の東海道本線は一八八九年に東京～神戸間が全通したが、それ以降、幹線が国有化される一九〇六年までの最速列車の表定時速の変遷は表２－４のとおりである（表２－４参照）。

一方、山陽鉄道が部分開通して西漸《せいぜん》していく時の表定時速を調べると、表２－５のとおりである（表２－５参照）。

官営の北陸線や信越線の部分開通時に比べると山陽鉄道はぐんと速く、時期ごとに東海道線と比べてもたしかに速い。一九〇一年の神戸～下関間全通時の表定時速は四二キロと、東海道線の新橋～神戸間急行の三八キロを一割上回っている。一九〇三年一月に登場した急行列車はさらにスピードアップして神戸～下関間を一二時間二〇分、表定時速四五キロで走破している。

この時、山陽鉄道の出した広告が振るっている。「今や山陽鉄道、神戸馬関〔下関〕間全線開通し、本邦縦貫鉄道ここに完成を告げたれば、上方九州間の交通に芳《かんば》しき利便を与えたるは勿論、内外の交通上又まさに一彩生面を開かんとす」と自信満々の態度を示し、続いてその自慢の急行列車については「全線三百五十マイル最急行列車はわずか十二時間半、他もことごとく十五、六時間にて達す。快速無比、而《しこう》してその回数は毎日上下各四回、神戸、馬関双方にて朝午夕夜に発車す。もっともこれらは大阪又は京都を発着なる官線内戸直通運転するが故に神戸にての乗替の煩《はん》ない」と、そのスピードを殊更《ことさら》に宣伝している。

表2-4　東海道本線の表定時速の推移

| 年 | 距離 | 所要時間 | 列車種別 | 表定時速 |
|---|---|---|---|---|
| 1889年 | 590km | 18時間52分 | 直行 | 30km/h |
| 1896年 | 590km | 17時間09分 | 急行 | 35km/h |
| 1898年 | 590km | 16時間27分 | 急行 | 36km/h |
| 1901年 | 590km | 15時間57分 | 急行 | 38km/h |
| 1903年 | 590km | 15時間00分 | 急行 | 40km/h |
| 1906年 | 590km | 13時間40分 | 最急行 | 44km/h |

表2-5　山陽鉄道の表定時速の推移

| 開通年月 | 区間 | 距離 | 所要時間 | 表定時速 |
|---|---|---|---|---|
| 1888年11月 | 兵庫～明石 | 17km | 42分 | 25km/h |
| 1888年12月 | 兵庫～姫路 | 53km | 2時間10分 | 25km/h |
| 1891年3月 | 神戸～岡山 | 143km | 4時間17分 | 34km/h |
| 1891年11月 | 神戸～尾道 | 222km | 8時間06分 | 27km/h |
| 1892年7月 | 神戸～三原 | 231km | 8時間07分 | 29km/h |
| 1894年6月 | 神戸～広島 | 306km | 9時間40分 | 32km/h |
| 1898年3月 | 神戸～三田尻 | 442km | 13時間38分 | 32km/h |
| 1901年5月 | 神戸～下関 | 530km | 12時間35分 | 42km/h |
| 1903年1月 | 神戸～下関 | 530km | 12時間20分 | 45km/h |

山陽鉄道の列車の快速ぶりは巷間《こうかん》にも「スピードの山陽」として有名であった。「社の幹部が率先して機関車に乗り込み、機関士を叱咤《しった》してスピードを上げさせた」とか「山陽の機関士はいつも腹にさらし木綿一反をぐるぐる巻きつけ、しっかりと結んでいた。さもないと身体がふらふらしてもたないし、機関車から降りてから参ってしまうのだ」といったエピソードがあるくらいである（交通新聞編集局編『特急物語』）。

表2－6は日本鉄道の部分開通時ごとの表定時速の表である（表2－6参照）。山陽鉄道や東海道線に比べると一割から二割方遅い。ちなみに一九〇三年、山陽鉄道の最急行と同じ年に登場した上野～青森間の直通列車は二〇時間三

表2-6　日本鉄道の表定時速の変遷

| 開通年月 | 区間 | 距離 | 所要時間 | 表定時速 |
| --- | --- | --- | --- | --- |
| 1883年４月 | 上野～熊谷 | 65km | ２時間24分 | 27km/h |
| 1885年７月 | 上野～宇都宮 | 110km | ３時間34分 | 31km/h |
| 1887年12月 | 上野～仙台 | 352km | 12時間12分 | 29km/h |
| 1890年11月 | 上野～盛岡 | 528km | 18時間05分 | 29km/h |
| 1891年12月 | 上野～青森 | 732km | 26時間25分 | 28km/h |
| 1903年 | 上野～青森 | 732km | 20時間30分 | 35km/h |

〇分を要し、表定時速は三五キロと約一〇キロも遅かった。

名古屋～大阪間を走る関西鉄道は、東海道線より距離の短いことを利して、急行列車の表定時速は三五キロであったが、所要時間は官鉄の五時間二〇分に対して四時間五八分であった。

一八八九年に東海道線が全通して以来、日本鉄道の旅客列車用蒸気機関車の動輪径は一三七二ミリであったが、山陽鉄道は一八九七年に一五二四ミリの５９００形（のちの鉄道院における呼称。山陽鉄道では12形）を導入した。官鉄もすかさず同じ一五二四ミリの６２００形を導入して対抗したが、翌一八九八年に関西鉄道はさらに大きな一五七五ミリの動輪を履いた６５００形「早風号」を導入した。当時、蒸気機関車列車でスピードアップをねらうには、動輪径を大きくして一回転ごとのストライドで稼ぐしか方法がないと考えられていたからである。これは前述したイギリスの影響を大いに受けていた証左である。

## 3 幹線国有化と新たな飛躍

日本ではこのように鉄道敷設が官民二本立てで進んだが、鉄道頭《てつどうのかみ》だった井上勝らは、まあ立場上当然ではあるが、最初から鉄道国有論を主張していたし、軍部は円滑な軍事輸送のために国有鉄道による全国統一的な鉄道運営を主張した。

一方、鉄道は儲かりそうだと色気を出した民間資本も十分腰が据《す》わっておらず、不景気になると資金繰りが苦しくなって建設が遅滞したり、資産売却益をねらって、国が自分たちの鉄道をよい値で買い上げてくれないかと打診したりするケースも頻発した。

一九〇四年に日露戦争が始まると、日本列島の背骨を成す日本鉄道〜官鉄〜山陽鉄道を使って、各地からの兵員や物資を積出し港の広島や下関まで運ぶために臨時直行列車が運転されたが、鉄道経営者が異なるための不便は多々生じた。

そしてまだ日露戦争が終結しない一九〇五年三月の帝国議会で鉄道国有化案が建議され、一九〇六年三月についに「鉄道国有法」が公布された。この時買収の対象になったのは長距離幹線路線を有する私鉄一七社であったが、買収される私鉄のなかには国有化反対のキャンペーンを張った会社もあった。石炭輸送で儲かっていた九州鉄道や、官鉄と死闘を演じて踏ん張ってきた関西鉄道がその双璧である。ただしその買収金額は株主を十分満足させるものであったので、大きな抵抗はなく一九〇七年一〇月までに国有化が成就した。この結果、路線延長では二四五九キロの官鉄が四五〇二キロの私鉄を買収して、当時のわが国の長距離幹線はすべて国有化されたのである。幹線の改善はここがスタートである。

国有化によってまず簡単に始められたことは直通列車の運転で、利用者にとっては大変便利になった。しかしそれ以外の課題は多く、施設面では鉄道建設の続行、複線化、勾配や曲線の改良、軌道強化、駅やヤードの拡充、信号改良などが、車両面では整理統合と標準化が課題であった。

そうしたなか、一九〇九年八月二六～二八日の三日間、国鉄は最大急行を牽引するのと同じ機関車6400形を使って京都～大阪～神戸間で思い切った高速列車試験を行った。試験列車は新式ボギー客車六両の通常編成で、神戸～大阪間三〇分、大阪駅停車三分、大阪～京都間三五分の計六八分を目標とした。当時最速の最大急行でも同区間は一〇〇分かかっており、それを一挙に三分の二に短縮しようとする画期的なテスト・ランであった。

「日本の鉄道の父」井上勝

一抹の不安もあったが、走り出してみるとけっこう余裕があり、神戸を出発してから大阪にも京都にも各一分の早着で、平均時速七一キロ、瞬間最高時速九二キロを記録したのである。車両の動揺は思ったより少なかったが、車窓の隙間から大量の砂埃《すなぼこり》が舞い込んだという。その時の様子を伝える記事を見てみよう。

「日本一の急行車」

西部鉄道管理局が二十六日より三日間、京都・神戸間に試運転を行うという最大急行車試乗とはどんなものかと二十七日の試運転に試乗してみた。……機関車の牽引力と走程に於いても十分に余力のある事が確かめられた。それから思ったより動揺が少ない。……速力が激しい為に列車はもうもうたる砂塵の裡《うち》に包まれて進行している。お陰で列車の中は車窓の間から舞い込む土煙の為に白服も黒服も瞬間に灰色に化するか、お互いの間の話は皆目聞えぬのは知れた事、時にはずいぶん眼鏡の必要も起る。……普通の最大急行でも一時間の平均走程は三十二マイル（五一キロ）になっているが、……現有の設備でもしこのままに実行するような事があったなら、これは確かに蛮的で到底婦女子や老人には乗れるものではない。（東京朝日新聞、一九〇九年八月二八日）

1909年の高速列車試験に使用された6400形蒸気機関車

当時の国鉄には運転最高速度の規定はなかったが、おそらくこの時記録した時速九二キロが日本の鉄道の最高時速となったはずである。この高速テストは十分成功したのであるが、ただちにこの速度で長距離を日常運転することは難しかった。高速運転をしつつ、増え続ける交通需要を満たすためには、これ以上の新鋭の蒸気機関車も必要であるが、この時点では輸入に頼るしかなかったのである。

最終期の輸入機関車のひとつ8800形蒸気機関車

営業列車では、一九〇六年四月に東京～神戸間に特別料金をとる最急行1・2列車が誕生している。しかし所要時間は一三時間四〇分で、表定時速はまだ四四キロでしかなく、国鉄はさらなる高速化に向けて躍起となっていた。そのため、一九一一年に英独米三国から四機種合計七二両の急行用新鋭機が一挙に輸入された。内訳は8700形一二両（英ノースブリティッシュ社製）、8800形一二両（独シュワルツコフ社製）、8850形一二両（独ボルジッヒ社製）、8900形三六両（米アルコ社製）である。そして国産技術も大分熟してきていたので、国内車両メーカーによりコピー製造も行われた。したがって、これら四機種は合計一〇二両の大勢力となり、東海道・山陽線に重点的に配属された。

線路の整備改良にも地道な努力が続けられ、複線化も進んだ。

一九一三年に東海道線の全線、一九二八年に山陽線の全線、東北線、常磐線、鹿児島線の一部区間などが複線化されている。また、東海道線の箱根越え、伊吹越え、逢坂越えなどの勾配の平坦化工事も行われた。一見地味なインフラ整備であるが、鉄道の高速化にはこうした準備が不可欠であった。

# 第3章

# 高速化は鉄道の本性か

## 1

# ディーゼル列車はスピード・スター

### 新興国ドイツの挑戦

一九世紀中はイギリスやアメリカが鉄道のリーダーであり、無鉄砲な高速トライアルも行われてきたが、二〇世紀に入ると、新興工業国ドイツが蒸気機関車だけでなく、いろいろな動力を用いて鉄道の高速化に挑んだ。

二〇世紀初頭には政府や陸軍による支援のもと、ベルリン郊外に二三キロに及ぶ電化した実験路線が造られ、シーメンス社とＡＥＧ社が二両の高速電車を完成させて競った。木造二重屋根のいかにも古めかしい造形で、いかめしく立った大きなパンタグラフで三相交流の架線から受電した。そして試走を重ねるうちに何回か時速二〇〇キロを超え、一九〇三年にはついに二一〇キロまで最高時速を伸ばしたのである。

シーメンス社の三相交流電車（1903年）

一九二〇年代に入ると、航空技術の導入も試みられた。まず一九二八年には無人ではあったが、オペル製のロケットを積んだトロッコ状の車が時速二五四キロで爆走した。一九三一年には「シーネンツェッペリン（麗しきツェッペリン）」と名づけられた銀色葉巻形のプロペラ駆動の二軸単車が時速二五六キロを記録した。このテスト・ランの当日は沿線には民衆が群がり、新聞社は小型飛行機で追いかけて撮影するフィーバー振りであった。しかし、プロペラをぶん回しながらホームを通過すれば何が起こるか。安全性、騒音、燃費などを考えれば、とても実用化できる代物ではなかった。

それでも、陸上輸送の王者として君臨してきた鉄道から見ると、航空機メーカーや自動車メーカーが鉄道業界に進出してくるのではないかという脅威があった。当時ドイツ国鉄（DRG）総裁であったドルプミュラー博士は、忙しいビジネス客はこのままでは鉄道から飛行機に乗り換えてしまうとの危惧を抱き、少なくともドイツ主要都市間は列車で時速一五〇キロのスピードで移動できなければならないという目標を掲げることになった。

オペルの高速試験車両

プロペラ推進式鉄道車両「シーネンツェッペリン」

## 「フリーゲンダー・ハンブルガー」の投入

DRGは秘策を練った結果、二両連接構造の電気式ディーゼルカーを発注した。高速化のために空気抵抗の極小化と軽量化が施され、ツェッペリン社において風洞実験が幾度もくり返された。その結果が世界初の流線形ディーゼル特急の誕生であった。

この列車はベルリン～ハンブルク間二八六キロを二時間一八分、表定速度一二四キロで走ったので、途中の停車・徐行などを考えると、最高時速は一六〇キロ程度出なければならない計算になる。「フリーゲンダー・ハンブルガー（空飛ぶハンブルク人）」と命名されたこの列車は一九三二年に完成し、試運転を重ね、一九三三年五月、ハンブルク駅からベルリンに向けて処女列車が出発した。ホームは黒山の人だかりであったという。

高速運転には動力だけではなく、安全システムが大事である。高速運転の妨げとなるカーブは緩和され、ポイントも不要なものは撤去された。もし運転手が信号を読み違えて突進しても、自動的に止まる装置も取り付けられた。これを機にドイツ主要幹線のうち約二六〇〇キロにわたってこのようなアクティブ・シグナルが装備された。くわえて、空気ブレーキと電磁ブレー

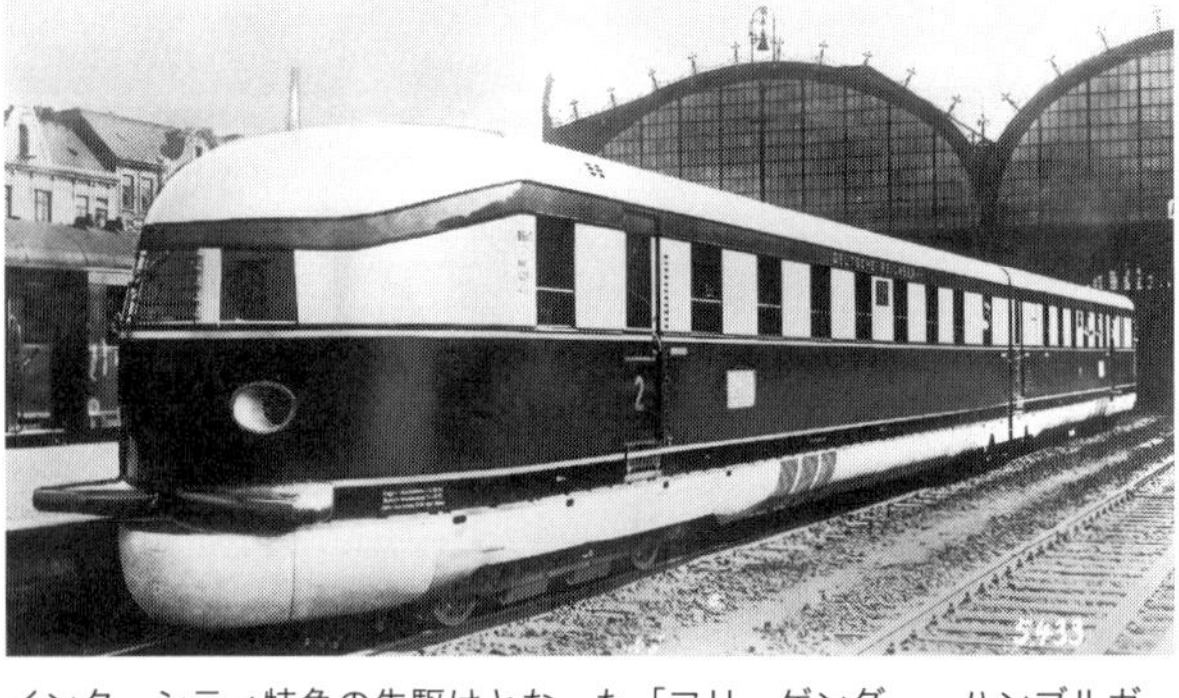

インターシティ特急の先駆けとなった「フリーゲンダー・ハンブルガー」

キの両方を備えたので、時速一六〇キロ走行から止まるまでの制動距離は蒸気列車よりもはるかに短くて済んだ。加速もよく、しかも蒸気機関車列車よりも長時間の高速走行ができた。

ＤＲＧは余勢を駆って、このディーゼルカー編成を増備していった。車両自体の保守点検が大変で、夜間に保守作業を行い、翌朝からの平常運転に備えなければならなかったものの、編成の増加にともない、ベルリンと主要都市間を網羅する、いまでいうインターシティ網が形成されていった。このうち、ベルリン〜ハノーファー間の平均時速は一三四キロと断然の世界最速になった。その間、高速テスト・ランもたびたび行われ、一九三八年にはついに最高時速二一五キロを記録したが、第二次世界大戦に突入してしまった。

## アメリカ中を湧かせた流線形列車

ドイツの流線形高速ディーゼル特急と踵《きびす》を接して、アメリカでも二つの列車が華やかにデビューした。まずユニオン・パシフィック鉄道では六両連接のＭ－１０００１が一九三四年一〇月二二日、スピード記録樹立に挑戦した。ロスアンジェルス〜シカゴ〜ニューヨーク間五二四四キロの大陸横断ルートである。ロスアンジェルス駅を出発した試験列車は、シカゴで四〇分の点検整備をしたのち、飛ばしに飛ばし、ニューヨークに五六時間五五分で到着。平均時速は九二キロであった。平均時速は一〇〇キロに届いていないが、これほどの長距離をトラブルなく、走破したことに意義がある。

もう一方のバーリントン鉄道のパイオニア・ゼファー（９９００）はアメリカ初のステンレス製車両で、デンバー〜シカゴ間一六三四キロで高速度記録に挑んだ。同鉄道では一七〇〇人がこのための特別配置につき、世紀のイベントを見ようと多くの人々が沿線に群がった。一九三四年九月二六日五時五分、満を持してゼファー号はデンバーを出発、途中までは予定どおり順調に走ったが、急に車内に異臭が漂ってきた。どうも電気系統のショートらしい。このままでは万事休すかと思われたが、世紀の使命を帯びた乗務員は、勇ましくも必死に応急の接続作業を行い、何とか復旧できた。この乗務員は、スパークによって大火傷を負ったが、列車はその後順調に走り、二〇時〇九分にシカゴ駅に滑り込んだ。東京~大阪間の三倍の長距離を平均時速一〇八キロで走破する快挙であった。

こうしたディーゼル列車はドイツでは国鉄が企画し、アメリカでは各私鉄主導で造ったが、フランスではメーカーが開発して鉄道会社に売り込んでおり、三者三様であった。しかも開発メーカーは、スポーツカーで有名なブガッティ社、タイヤ・メーカーのミシュラン社、自動車メーカーのルノー社など多士済々であった。

なかでも最も注目すべきはブガッティ社であろう。同社が製造した車両は非常に独特な形状をした流線形で、もともと高性能スポーツカー用に開発された大型ガソリンエンジンを搭載していたのである。一九三五年一一月のテスト・ランでは一〇キロ区間で平均時速一九六キロを記録。東部鉄道のパリ~ストラスブール間五〇四キロのテスト・ランでは三時間五三分で走破し、平均時速一三〇キロをマークしている。その後の営業運転でも同区間を四時間三五分で走りはじめたので、表定速度は一挙に一〇九キロに跳ね上がり、従来の蒸気列車を大きく上回ることになった。

ユニオン・パシフィック鉄道のM-10001

バーリントン鉄道のパイオニア・ゼファー

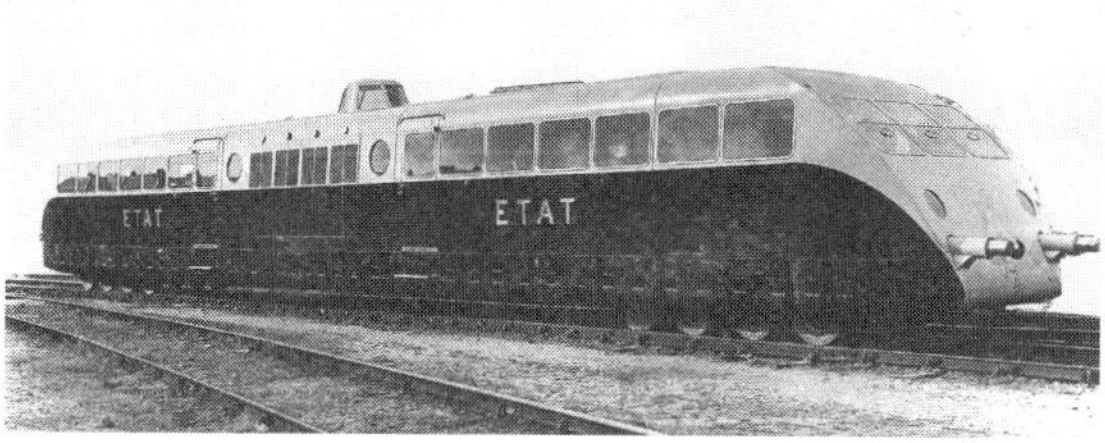


ブガッティ社製造のガソリンエンジン搭載車

## 2

# 蒸気の時代と希少な電化

このように一九三三年以降、独米仏でデビューした高速気動車（ディーゼルカーおよびガソリンカーの内燃動車）が華やかにデビューしたが、これらの列車はごく限られた路線で、運行本数は少なかった。くわえて短編成のため乗車定員も少なく、それを利用できた乗客は鉄道利用者のごく一部でしかなかった。主力の列車はまだほとんどが蒸気機関車（SL）牽引の客車列車であったのである。

### ドイツにおける蒸気機関車の高速化

200km/hを超えたドイツ国鉄05形蒸気機関車

そもそもドイツは石油資源に乏しく、戦争の暗雲も予感されるこの時代にディーゼル列車だけに頼るのは危険であった。したがってドイツでは、蒸気列車の高速化にも大いに力が注がれた。そのあらわれとしてドイツ国鉄（DRG）は一九三五年に流線形の大型SL05形を造り上げている。

05形は二三〇〇ミリという当時世界最大の動輪径を持つ、堂々たるかつスマートなSLであった（ヒトラーも気に入ったらしく、運転台に上ってご満悦で説明を聞く写真もある）。さっそく05形はベルリン〜ハンブルク間の特急列車を牽いて表定時速一一八キロで運行を始めた。翌一九三六年五月にはＤＲＧは周到な準備のもと、05形で高速テストを行っている。運輸大臣のドルプミュラーを乗せた客車四両を牽いた試験列車は、ハンブルク駅を出発してベルリンに向けて疾走し、途中の緩い下り勾配《こうばい》区間でついに時速二〇〇・四キロに達した。当時のＳＬの世界最高速度記録である。

だがこの記録についてイギリスから疑義が投げかけられた。イギリス側の主張は、スピードの計測が速度計ではなくダイナモ・メーターによるものであり、最高速度に達するまでの詳細データも公表されていないというものであった。

これに対してドイツ側は、そこでまで言うのなら実際に見てもらおうと、イギリスから関係者を招待した。三両の客車を牽く05形はベルリンを出発して順調に加速した。客車内の計測機器類は完備しており、これなら計測の信憑性は高いとまずは印象づけられた。そして時速一八〇キロに達した時、イギリスの調査団は05形機関車の運転台に招じ入れられた。ところがこれほどの高速で走っていても、あたかも客車内にいるように静かでスムーズであったことに彼らは驚いている。当日は時速二〇〇キロまでは達しなかったが、これでイギリス側も先日の記録の信憑性に納得し、ドイツの実力を認めざるを得なかった。

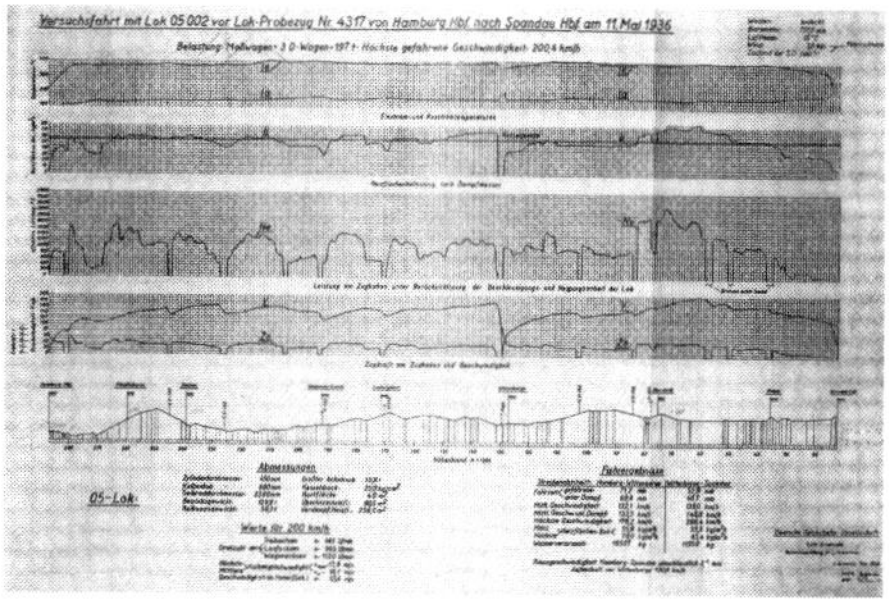

05形機関車テスト・ラン時の速度グラフ

## イギリスにおける蒸気機関車の高速化

同じ頃イギリスでは、東海岸を走るロンドン・アンド・ノース・イースタン鉄道（LNER）の役員会において牽引機関車のディーゼル化が議論の俎上《そじょう》に載せられていた。しかし、主任技師ナイジェル・グレズリーはその提案に断固として反対した。ディーゼルカーでは座席は窮屈で、キッチンや食堂スペースも取れない、やはり豪華列車にはSL牽引方式しかないという主張であった。イギリス人にとって特急列車は速いだけでは駄目で、ゆったりとして豪華でなければならなかったのである。

グレズリーはいまだ迷いのある役員たちを説得するため、手持ちのSLで実証走行テストを行うことにした。一九三五年三月、同鉄道の主力機関車A3形で六両の客車を牽き、ロンドン〜ニューカッスル間往復の走行試験を行った結果、所要時間三時間五二分、平均時速一一二キロでの走破に成功し、最高時速は一七四キロに達した。これによって、経営陣は蒸気機関車での高速化方針にようやく同意した。

その後LNERでは、まず一九三五年九月、ロンドン〜ニューカッスル間に「シルバー・ジュビリー」というSL特急を表定時速一〇六キロでデビューさせた。ライバルの西海岸線のロンドン・ミッドランド・スコティッシュ（LMS）鉄道はロンドン〜グラスゴー間にSL特急「コロネーション・スコット」を投入、表定時速は九九キロであった。LNERはさらにロンドン〜エディンバラ間にSL特急「コロネーション」を表定時速一〇六キロで颯爽《さっそう》とデビューさせた。

これで一九世紀末以来沈静化していた東西海岸線のライバル競争にふたたび火が付いてしまった。両者はSLの限界に挑むような高速テストに向かうことになる。両社にとっての目の上のたんこぶは、前述のドイツの05形ＳＬが作った時速二〇〇・四キロのＳＬ世界記録であった。

まずＬＭＳ鉄道は、一九三七年六月二九日、プレス・リリースのための記者団を招き、コロネーション・スコット型機関車の牽く特別列車を準備した。豪華な食事付きである。ただしＬＭＳ鉄道にはＬＮＥＲのような高速テストに適する長い下り坂線路はなく、クルー近辺の一〇キロ強の下り勾配を使うことにした。

この機関車は四気筒のピストンで、二〇六〇ミリ径の動輪を廻す構造の最新型であった。列車は数キロの上り勾配を登り終え、下り勾配に入った時にはすでに時速一五〇キロに達しており、猛烈な勢いで下って行くと、程なくして時速一八三キロに達した。

しかし、この下り勾配は距離が短く、下り終わるとすぐに駅の構内に突入する。このため駅が近づくと機関車への蒸気を止め、最大限のブレーキをかけることになる。列車はブレーキと車輪の摩擦で火花を飛び散らしつつ減速したが、それでも列車がクルー駅のプラットフォームに差しかかった時の時速は九二キロ。さらにブレーキをキーキー唸らせて減速し、ホームのはずれに何とか止まって事なきを得た。

とはいえ、最高速から距離三・四キロ、一分五三秒で急停車させたのであるから、その衝撃はすさまじかった。同乗者は皆コンパートメントの床に投げ出され、食堂車ではテーブル上の皿や食器が飛び散る惨事となった。乗客らは一瞬、列車が横倒しになって客車が粉々に壊れてしまったかのような錯覚に捉われたという。おかげで列車内での祝賀パーティーは中止せざるを得なかった。線形が不利なＬＭＳ鉄道では、これがスピード挑戦の限界であった。

蒸気機関車の世界最高速を記録したA4形「マラード」

線形で有利といわれていたLNERは満を持して高速度記録に挑戦した。一九三八年七月三日、A4形機関車「マラード」が六両の客車を牽引する試験列車が出発した。客車内に設けられた司令室には、ダイナモ・メーターと電気式スピード・メーターの両方が配置された。試験列車は緩やかな坂を登り、頂上のトンネルに差しかかった時には時速一二〇キロに達していた。そこから下り勾配に入って一〇キロ進んで時速一八七キロ、さらに五キロ進んで時速一九三キロ。ここで蒸気の供給をストップしたが、程なく時速二〇三キロに達した。運転手はさらに加速したかったが、客車にある司令室からは冷静な判断に基づいて減速命令が出された。停車後、機関車からは焼けただれた臭いが立ち込めたというから、この判断は正しかったようだ。これがいまも残り、今後破られる可能性のないSLの最高速度記録である。

## 日本の手本となったイタリアの超特急電車

戦前、主要国で電化が最も進んだのが、イタリアである。南北に長く走るアペニン山脈のおかげで水力発電による電力に余力があったからである。一九三〇年代にはミラノ～ボローニャ～フィレンツェ～ローマ～ナポリ間、すなわちイタリア半島を縦貫する最重要幹線の電化が完成し、そのうちローマ～ナポリ間では高速運転に向いた新線を海側に造り、その他の線区の改良も進められた。

その頃イタリア国鉄（FS）は、自動車の普及に対抗するには蒸気列車では難しいのではないかという懸念から、高速電車編成を造ることになった。一九三六年六月に完成したETR200電車はトリノ工科大学での綿密な風洞実験を経て製造された。その空気抵抗に優れた形状は、八〇年前に造られたとは信じ難いくらいに美しい流線形である。しかも満鉄「あじあ」号のごとく窓ははめ殺しで、空調も完備していた。

イタリアの特急電車ETR200

FS自慢のETR200は一九三七年四月にはボロニア～フィレンツェ～ローマ～ナポリ間で表定時速一〇五キロの営業運転を開始した。従来のSL牽引の最速列車の表定時速は八三キロであったから、相当のスピードアップである。気を良くしたFSは編成をどんどん増備していった。高速テスト・ランも重ねられ、一九三九年七月にはフィレンツェ～ミラノ間で平均時速一六四キロをマーク、瞬間最高時速は二〇三キロに達した。当時のヨーロッパで、これほどの長距離を高速度で走り切った例はほかになく、電気列車の高速優位性を見せつけたといえよう。この時は、記録をつくるために電圧を三〇〇〇ボルトから四〇〇〇ボルトに特別に昇圧したのであるが、そういうことが簡単にできることも含め、電気列車の強みであろう。

幹線の電化は、一九三〇年代にフランスやドイツで一部完成していたが、ミラノ〜ナポリ間のような大幹線の電化を成し遂げたのはイタリアだけであった。そしてその看板列車は、電気機関車の牽引ではなく、電車編成であったことに注目しなければならない。というのは、日本の国鉄技術陣はこのイタリアの電車特急に啓発され、将来の日本の幹線は電車編成が主体になるべきという認識を深めたからである。戦雲急を告げるなか、この構想はすぐには実現できなかったが、戦後になって見事に実りを得たことは周知のとおりである。

# 3 鉄道の夢は流線形から

## 流線形フィーバー

鉄道の高速化の核心は、物理的な列車の高速化にある。目的地への速達性が現実的には最も重要であろうが、列車のスピードは人間のいろいろな感覚にも大きく訴える。人間の視覚、聴覚、体感などによって感じる列車のスピード感は多様であるが、こうした感覚論が鉄道高速化においてはけっこう大事である。忙しいSLの排気音、勇壮な汽笛の音、車輪の響き、高速で通過する列車がホーム上の乗客に与えるスピード感、轟音、風圧、車窓から眺める景色の後方への飛翔などは特別な作為なしに感じられるものである。こういう速達性や列車が自ずと与えるスピード感覚だけでなく、人為的な「高速化イメージアップ」は、実に一世紀以上前から行われてきている。それは自然発生的なものから、しだいに商業的イメージアップへと変遷してきた。

一九世紀から二〇世紀に入る頃、空気を切り裂いて進むイメージを具現化したデザインとしてウインド・スプリッター（風切り形）という造形が流行した。主にアメリカにおいて、そういう列車の図面が引かれたり、特許が申請されたり、試作されたり、一部は実際の鉄道車両として実現した。当時、提唱者にはまったくコマーシャリズムはなかったが、その図面や車両が、列車の高速感に対する人々の関心を昂揚させたことは間違いない。そしてその次にくる流線形こそコマーシャリズムの塊《かたまり》であった。空気の抵抗を減少させる、流れるようなスマートな造形の機関車や列車が、一九三〇年代に入って世界各地で陸続と出現してきた。

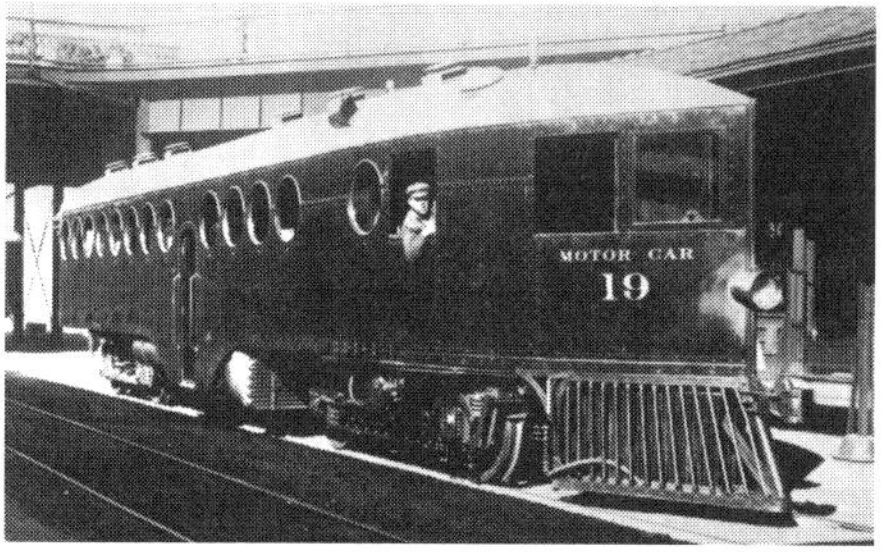

アメリカで開発されたウインドスプリッター形「マッキンカー」

もっとも流線形は鉄道に限ったものではなく、飛行機、自動車、船舶などの移動物体のほか、建造物や電気製品、家具といった静止物体にも採用された。「流線形」と呼ばれる一連の造形は、フランスの「アール・デコ」やアメリカの「工業（インダストリアル）デザイン」というデザインの潮流のなかに位置づけられるものであった。旅客機ではダグラス「ＤＣ－３」、乗用車ではクライスラーの「エアフロー」に象徴され、鉄道列車では前述したディーゼル特急であるドイツの「フリーゲンダー・ハンブルガー（空飛ぶハンブルク人）」、アメリカのゼファー号、Ｍ－１００００形などがその代表である。蒸気機関車ではドイツの05形、イギリスのＡ４形、電車ではイタリアのＥＴＲ２００などが流線形のデザインを誇示しつつ、名実ともに高速車両としてデビューした。アメリカでも多くの蒸気機関車、ディーゼル機関車、電気機関車がこの装いをまとった。

　こういう欧米の流線形フィーバーはたちまち日本にも伝播し、鉄道省と私鉄では流線形列車が数多《あまた》デビューした。なかでも、本格的流線形として秀逸だったのは、省線のモハ52系と名鉄の3400系であろう。しかし、当時の日本での最高時速は省線で九五キロ、一部の関西私鉄で一一〇キロ程度であったから、流線形による空力的な寄与は薄かった。

京阪神地区の急行列車用に投入されたモハ52

我々の時代は全く尻の穴の小さい、島国根性丸出しであった。そんなわけでモハ52が出て来た時は、東京のファンにとっては、全く糞面白くもない出来事であったのであるが、だんだん月日が経つにつれ、やはり好奇心から一度乗りに行ってみようかという妥協性も生まれてきて、昭和一一年の夏休み、大阪へ向った。……京都から神戸まで乗ったように覚えている。先頭と塗装とスカート以外は、モハ43と同じではないかとも言いたくなったが、その三点がやはり大きなポイントとして、我々の眼に沁み込んで来た。……外から見たモハ52は、以上の如く大変好感が持て、敵ながら天晴れだと思った。しかし乗ってみると、……乗心地は京浜間の横須賀線と同じであった。（小山憲三「モハ52誕生のころ」『鉄道ピクトリアル』

一九八四年一月号）

外観はたしかに素晴らしかったが、乗ってみると一九三〇年に登場した横須賀線電車と大差ないと半分溜飲を下げているようだ。

さて、名古屋経済圏は最近活況を呈し、大きく浮上してきたが、戦前の名古屋は京浜地区、京阪神地区に比べて相当に田舎じみていた。そこへ一九三七年、名古屋鉄道からインパクトの強い3400系がデビューしたのであるから、驚嘆せざるを得ない。この3400系について、名鉄で長年にわたり運転手を勤めた清水武氏の述懐がある。

私が入社の希望を固めた頃には、すでに7000系がスターの座を奪い7500系も登場していたが、自分の生まれる以前にできた車のくせに、当時なお斬新さを失っていなかった3400系は憧れの電車であった。……昭和一二年といえば、世を挙げて流線型時代、愛電と名岐が合併して生まれたばかりで、線路は東西に分離されたままの名鉄でも、流線型電車が新造された。……新会社のホープとして、多くの期待を担って登場した3400系は、単に車体形状の斬新を誇るものではなかった。……戦中戦後の酷使に耐え三〇年近く使用されることになる。（清水武「古くて新しい

名鉄3400系

名鉄流線3400系」『鉄道ピクトリアル』一九八一年一月号）

運転経験を積んだ人ゆえ、文章後段はぐんとマニアックになっているが、当時名鉄が造形もメカニックもすべて入れ込んだ車両であることがよくわかる。

ところで、前述の満鉄特急「あじあ」号を牽引したパシナ形は、最初から流線形の採用が決まっていたわけではなかった。流線形流行の波を感じた設計責任者・吉野新太郎とデッサンが得意な若手社員らがアイディアを持ち寄って煮詰めたもので、単に感覚的なものであった。事前の風洞実験は一度も行っていないし、そのスタンスは鉄道省におけるC53 43の造形検討にも及ばない。それにもかかわらず、あの有名なデザイナー、レイモンド・ローウェイも次のように賛辞を惜しまなかった。

「満鉄工場と川崎車両で製造されたこの機関車は、一九三四年という流線形のきわめて初期の作品として、全般的に見て、非常に優れている。前頭の形状は真に興味深く、細部に至るまできめ細かく、かつ洗練されている。炭水車の造形も機関車とよくマッチしている」と絶賛するほどであった。(Locomotive, 1937)

ただし先に述べたように、流線形は決して空気力学などの機能から必然的・理論的にくるものではなく、あくまでイメージ先行の造形のはやりに過ぎなかったのである。

# 第4章 鉄道国有化と新たな進展

# 1 改軌論は政治論争と技術論議

## 広軌改軌論議本番

日本の鉄道がなぜ一〇六七ミリ（三フィート六インチ）の狭軌を採用したかについては諸説あるが、ここでは割愛する。ともかく、高速化と輸送力の増大を目的とする広軌への改軌論議は、鉄道開通から一六年後の一八八八年からもう出ていた。まずは陸軍が主張し、その後は山陽鉄道からも意見が出され、議会でも折に触れて取り上げられた。

ここで、日本が採用したゲージ一〇六七ミリと欧米の一四三五ミリとの差をあらためて比べてみよう。単純にゲージサイズから三次元の立方体の体積を比較すると、（一四三五÷一〇六七）×三乗であるから、二・四倍の差があることになる。むろん、実際の車両の大きさは必ずしもゲージサイズに比例しないが、ゲージサイズの差がこれほどの違いを生みだすことがわかる。ゲージが広ければ車両が安定するのでスピードが出しやすくなり、車両の大型化も可能になるのは基本的な原理である。

一九〇七年の鉄道の国有化の翌年、満鉄総裁から初代鉄道院総裁に就任した後藤新平は着任早々、国鉄の広軌改軌論を熱っぽく打ち上げた。広軌の満鉄を運営し、もっとゲージの広い東清鉄道とも長春で接点を持った経験にも触発されてはいたであろうが、生来大陸的性格であった後藤には国内基準などという概念はなく、つねに国際基準を見据えていたのである（ちなみに後藤は広軌論のほか、シベリア鉄道経由の欧亜連絡ルートの確立にも熱意を燃やし、一九一〇年には東京～ベルリン間の連絡切符を買えるようにしている）。

さっそく鉄道院内に鉄道調査所が設けられ、政府も「広軌改築取調委員会」を設置して検討を開始した。後藤は議会に対して「東海道・山陽線はもう飽和状態であるから、そこに一億円をかけて現行の狭軌路線を改良してお茶を濁すよりは、この際思いきって二億三千万円をかけて広軌複線に改築したい」と提案したのである（改主建従）。一方、反対派は、金のあまりかからない狭軌のままでよく、むしろ新たな線路を築くべきであると主張した（建主改従）。「改主建従」か「建主改従」か、十年近く喧々囂々《けんけんごうごう》の議論が続き、容易に決着しなかった。鉄道院総裁を見ても、後藤の次の原敬は狭軌派、その後の仙石貢は改軌派、一九一八年に再び返り咲いた後藤新平はさらに改軌に執着した。この間、議論は左右に揺れながら進んだが、改軌に対して貴族院は賛成、衆議院では憲政会は賛成、政友会は反対、経済学者連は反対であった。

初代鉄道院総裁、後藤新平

いろいろあった激しいやり取りの経緯は省略するが、十年かかって一九一八年の原敬内閣の時に「財政の乏しい日本では改軌に金を使うよりも狭軌のまま地方の新線建設に廻した方がよい」との「建主改従」の方針がついに確認され、決着したのである。

そうなると各地方出身の政治家は地元に鉄道を引っ張ろうと競争を始める。いつの間にかそんな政治家の姿勢を「我田引水」をもじって「我田引鉄」と呼ぶようになった。

鉄道が国有化されるとどこの国でも新線建設は政争の具として使われる傾向はあったが、日本の場合「我田引鉄」が広軌への改軌論議と裏腹に起こり、戦後に至るまで長年の政争の具に使われた。

## 技術者たちの改軌論議

こういう政争の間、鉄道院内の技術者間でも活発な論戦が展開されていた。院内の改軌派は後藤新平、仙石貢、白石直治、古川阪次郎、島安二郎らで、狭軌派は床次竹二郎、石丸重美、大村鍋太朗、山口準之助らであった。ほとんどが東京帝国大学工学部土木科の出身である。本書では政治的な議論、決着よりも、鉄道院および鉄道省内部で行われた技術者を中心とした改軌論議を追ってみたい。

狭軌維持派の山口準之助は「狭軌でも線路に強度補強を施し、機関車・車両を最大限・最強にすれば欧州と同程度にできる。現に南アフリカにはその好例があり、最大時速も六〇マイル（一〇〇キロ弱）ま

表4-1　広軌推進派・古川阪次による軌間の比較

| 大項目 | 小項目 | 現行狭軌 | 改良狭軌 | 広軌 |
|---|---|---|---|---|
| 旅客用SL | 動輪径 | 1524mm | 1524mm | 1829mm |
| | 動輪上重量 | 19.7トン | 27.0トン | 33.0トン |
| | 運転整備重量 | 53.8トン | 66.0トン | 80.0トン |
| ボギー客車 | 長×幅 | — | 18.3×2.6 | 18.3×3.0 |
| | 自重 | 18.7トン | 27.0トン | 29.5トン |
| | 定員 | 57人 | 78人 | 92人 |
| 新橋〜大阪間 極度急行 | 牽引客車重量 | 140トン | 140トン | 250トン |
| | 牽引客車定員 | 120人 | — | 180人 |
| | 所要時間 | 10時間50分 | 10時間11分 | 08時間05分 |
| | 表定時速 | 52.8km/h | 55.0km/h | 69.3km/h |
| 新橋〜大阪間 普通直行 | 牽引客車重量 | 180トン | 250トン | 420トン |
| | 牽引客車定員 | 420人 | 420人 | 670人 |
| | 所要時間 | 18時間02分 | 17時間08分 | 16時間21分 |
| | 表定時速 | 30.7km/h | 32.7km/h | 46.5km/h |

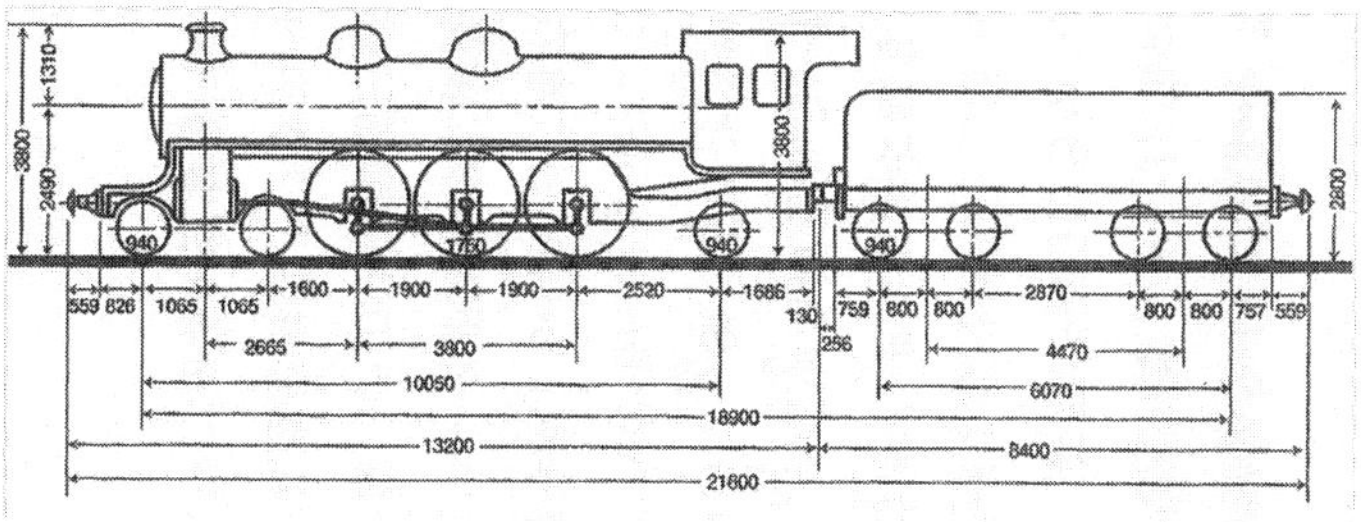


島安次郎が描いた限界的強化狭軌蒸気機関車

で向上できる」と主張した。すなわち「強化狭軌論」である。

これに対して古川阪次郎は「そんなことをいうなら、広軌をさらに強化すれば、また差は開いて縮まらない。広軌は狭軌よりも基本的に物理的に優れている。単純な原則を曲げてはいけない」と単純明快に反論した。そして広軌改築推進の根拠を現行狭軌、改良狭軌、広軌の三つのケースに分けて推定数値を表４－１のように示している（表４－１参照）。こういう比較は前提条件によって大きく変動する。ここでは現行狭軌と改良狭軌の前提条件は僅差に採られており、これでは広軌が断然光る。

大村鍋太郎は狭軌論者ではあったが、鉄道建設局長という立場から現実論者でもあった。一九二〇年時点では、日本で建設されたトンネルの総延長はもう一九〇キロに達していた。「その車両限界寸法内では広軌車両の採用は困難で、速度も牽引力も増したいならば、多年の懸案である電化が焦点である」と述べている。

議論だけでなく実地のテストも行われた。一九一七年の五月から八月にかけて横浜線の原町田～橋本間に広軌路線が併設され、広狭両機関車の性能比較テストが行われた。この区間はほぼ直線で、勾配《こうばい》も橋本に向かって一〇パーミルの傾斜があるだけなので、純粋に走行比較

広狭の性能比較に用いられた2120形蒸気機関車

ができたのである。

ここで2120形タンク機関車と、それを広軌用に改造した機関車（単に車軸を拡幅しただけでなく、ボイラーのサイズ、圧力、シリンダーの寸法なども比例して増大させた）を用意して、三軸ボギー客車、二軸ボギー客車、二軸客車の各一両および二軸貨車三両を牽引する比較走行試験が何度も行われた。始動してから時速四〇キロに達するまでの間でも、一〇〇分の一の勾配においても、二〇〇分の一の勾配においても、広軌改造列車のほうがずっと牽引力が強かった。また、実際一〇パーミル上り勾配で時速三二キロで走行する場合、狭軌だと二〇〇トンしか牽《ひ》けなかったが、広軌では三五〇トンを牽引することができた。実験では、広軌の優位が明らかであった。

## 閑話休題——日本初の急行乗車券

一九〇六年四月、東海道線の東京～神戸間に「最大急行」が誕生し、日本では初めて急行料金を徴収するようになった。一九一二年には最速列車の「特別急行列車」と、これより若干遅い「普通急行列車」が分離され、「特別急行券」と「普通急行券」ができた。

東海道鉄道は本月十六日より最大急行及び三等急行列車を発するに付此《この》急行列車に乗るものは普通の乗車券の外に「急行列車券」といふものを買はなければならぬ事にしたり。其料金左の如し。

| | 百五十哩《マイル》未満 | 百五十哩以上 |
|---|---|---|
| 一等 | 金一円 | 金一円五十銭 |
| 二等 | 金六十銭 | 金一円 |
| 三等 | 金三十銭 | 金五十銭 |

此急行列車券は途中の停車場にて下りたるときはそれから先き無効となるものにて……此外は一旦乗車したる上は総《すべ》て払戻さぬものなり。（東京朝日新聞、一九〇六年四月三日）

こういう対価は列車の「高速性」に対して払う面はもちろんあるが、日本でも海外でも、速達列車は概して設備の整った客車が用意されるので、その「快適性」に対する対価も込められていた。実際、一九〇六年登場の最大急行にも、一九一二年登場の特別急行にも、最後尾にはデッキの付いた一等展望車が連結され、二等車、三等車の設備もグレードアップされている。

大正から昭和初期にかけては急行列車の黄金時代で、日本の多くの幹線で急行列車が設定された。

特急「燕」の展望車両

## 2 電車・蒸気・ディーゼルの共演

### 東海道電車計画――一九〇七～一九二八年

二〇世紀に入ると世界でも日本でも「鉄道の電化と高速化」という夢の計画が急速に盛り上がった。たとえば東京朝日新聞の一九〇六年九月二三日付を見ると、世界の鉄道は革命期にあるようだとして、アメリカの夢のような計画を伝えている。

いわく、蒸気列車だと速力は遅いうえに煤煙《ばいえん》が舞い込んで、不便かつ不愉快である。そのために電気鉄道へ変換しようというのが世界の趨勢である。その最も大げさなものは米国に現れ、シカゴ～ニューヨーク～ボストン間の千マイル余の間に最新式の複線の電気鉄道を敷設して、最高時速一二五マイルで走破しようというものである。この鉄道線路は距離もできるだけ短絡しようと、山といわず河といわず市街、田園に頓着なく一直線に線路を敷設しようとしている。その結果、この区間を従来の鉄道は一二〇〇マイルに及ぶのを一〇〇〇マイル余に短縮できる。道路やほかの鉄道とは立体交差にするべく高架区間もたっぷり採る。最高時速一二五マイルが可能なら、最低時速六〇マイル、平均時速八〇マイルで走行可能であり、これを日本の国の東京～大阪間に持ってくれば、最急行列車はわずか三時間、普通列車でも六時間で到達できるはずだとする。

記事はさらに続く。こういう大規模な電気鉄道には一時に巨額の固定資本がかかるが、長期的な経済性は蒸気鉄道より高いという。第一に営業費は蒸気鉄道より二割安い。第二は高速のため列車をたくさん回転させられるので、収入は一割五分〜五割増収となる。第三は煤煙が出ない快適な列車に乗客は大いに増加するであろう。このように蒸気鉄道から電気鉄道への転換は進み、これから二〇年後には蒸気鉄道は陳腐化し、四〇年後には古物化し、五〇年後には忘れ去られると予想される。アメリカの鉄道はすべて民有制、日本は幹線国有化が決まったが、あらためて官民共有出資の方法も必要になるであろうと見立てている。

この記事に刺激されたのか、それから五ヵ月経って、電気鉄道で東京〜大阪間を六時間で結ぶ計画が発表された。ただし、これは官鉄の東海道線ともろに競合し、官鉄が一千万円の年間収益をあげるドル箱に打撃を与えるものであったから、政府の財政当局がこの新電気鉄道の認可を拒否する懸念があった。しかし利用者の立場から見れば、歓迎すべきことである。官鉄の東海道線では東京〜大阪間を最急行に乗っても一三、四時間かかり、しかも列車本数が少ないために混雑し、さらに煤煙と臭気に苦しまされていたのである。

政府にしてみれば、電気鉄道を皆が歓迎することは間違いないが、東海道線からの実入りが激減するのは痛い。そもそも政府自身がやるとしても、所要資金一億円の調達は並大抵ではない。一般幹線鉄道の国有化はそのまま進めるとして、東京〜大阪間の高速電気鉄道のような大型計画には半官半民の特例を設けて推進すべきという意見もあった。

さて、ここまでは「夢の計画」の話であったが、今度は実際の動向を見てみよう。鉄道開業以来、東海道線の交通量は順調に増加し、開業から三〇年ほど経った二〇世紀初頭、すでに飽和状態にあるといわれ、近い将来に第二の東海道線が必要であるという議論がにわかに起こった（もっとも路線

藤岡市助

の飽和量とは、列車の定員、列車のスピード、列車の運行密度、列車の運行の正確性などの要素が大きく関係し、動力性能、ブレーキ性能、信号性能など時代ごとの技術水準によって大きな幅がある)。

一九〇六年秋、欧米の電気鉄道の視察を終えて帰国した技師・藤岡市助を中心に、笠井愛次郎、立川勇次の三人は、東京〜大阪間を日帰りで往復できる高速鉄道が必要であると意気投合した。藤岡は「日本のエジソン」といわれ、電力会社、東京市電、電球製造など電力に係わることは何でも日本で先鞭をつけた技術者である。笠井は藤岡の学友で仕事もよく共にしていた。立川は弁護士出身で、大師電鉄や揖斐川電工の社長も歴任していたが、藤岡と懇意であった。

この三人が集まれば、技術・立案・会社手続までは自分たちで十分できるが、先立つものを集めることができない。そこで彼らは財界の大立者・安田善次郎に相談して、資金的支援と賛同者の募集を依頼した。その結果は上々で、雨宮敬次郎、馬越恭平ら財界から計二〇〇名以上の発起人が集まり、一九〇七年二月に「日本電気鉄道株式会社」として、所轄大臣（最初は逓信《ていしん》大臣、のちにそこから鉄道大臣が分離独立）に対して認可申請を行った。骨格は次のとおりである。

・資本総額：一億円
・ルート：東京市（渋谷）〜神奈川県（松田村）〜静岡市〜名古屋市〜三重県（亀山町）〜大阪市

（野田）の計六駅

- 距離延長：四六三キロ（東海道線は五五六キロ）
- 軌間：一四三五ミリ（標準軌）
- 曲線最小半径：四〇〇メートル
- 最急勾配：二〇分の一
- 車両：二〇〜二五メートル長の電車の三〜四両編成。全電動車方式とし、二〇〇馬力モーターを二個搭載、第三軌条より集電。総括制御
- 運行：三〇分ごとに発車、平均時速は停車時間を入れて八〇キロ、将来は一〇〇キロ。東京〜大阪間所要時間は六時間

当時、東海道線の東京〜大阪間では、日に二本しか出ない最急行でも一二時間かかり、平均時速が四五キロであったのに対して、こちらは平均時速でまずは八〇キロ、その後段階的にスピードアップして究極平均時速一〇〇キロで走ろうというのだから段違いである。絶対スピードでは戦後一九五八年にデビューした在来線こだま型特急電車を上回る想定であるし、相対スピードでは既存最速列車の二倍となる。次元が異なるといってもいいくらいである。

東京〜大阪間の最短コースを取ったので、距離は何と在来線より一〇〇キロ近く短く、のちの新幹線に比べても五〇キロ近く短い。藤岡らは、多少の急勾配も強力なモーターで直線的に踏破できること、蒸気列車にはもう技術的な伸び代は望めず、長距離高速列車はもう電気列車にせざるを得

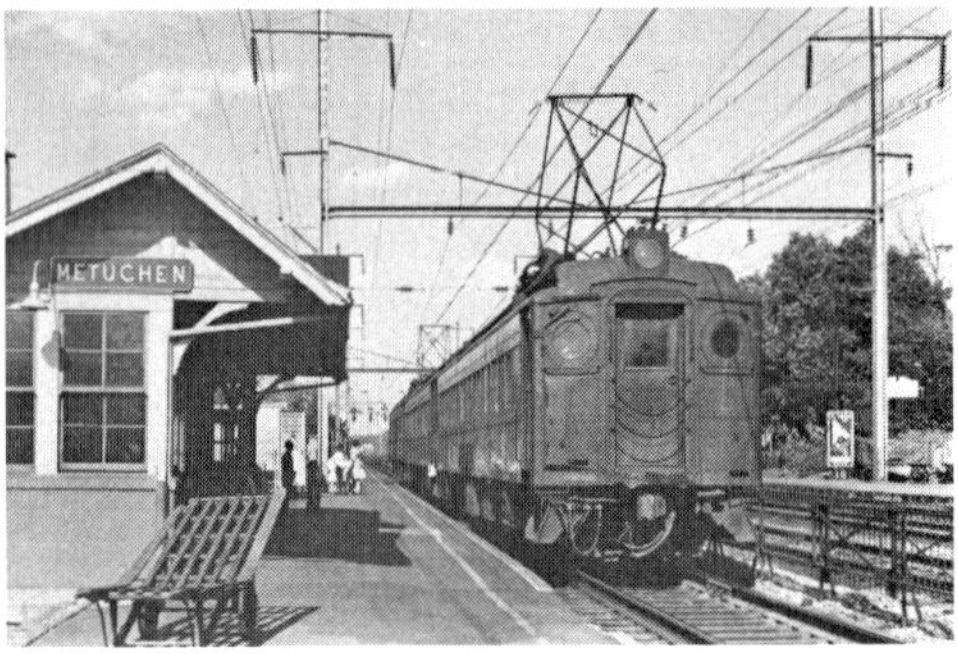

アメリカのインターアーバン列車

ないこと、シカゴ〜ニューヨーク〜ボストン間など欧米では高速電車計画が目白押しであること、旅客は電気鉄道、貨物は蒸気鉄道と使い分けるのが合理的であることなどを力説した。ただし欧米でもこの当時、幹線電化はほとんど画餅に終わっている。ずっとあとの一九三〇年代になってパリ〜ボルドー間、ミラノ〜ローマ〜ナポリ間、シュトゥットガルト〜ミュンヘン間、ニューヨーク〜ワシントン間あたりがようやく電化された程度であったから、藤岡らの構想はまさに時代を先取りしたものであった。

　しかし、藤岡らの入れ込みようにもかかわらず、政府からはなんとも呆気なく却下されてしまった。政府としても全国の幹線国有化を終えたばかりであるから、建前と面子があったのであろう。その後一九二八年まで、なんと二〇年にわたって粘り強く内閣や所轄大臣が代わる節目ごとに手を換え品を換えて七回も申請を重ねた。運輸大臣が後藤新平や小川鉄平の時、総理大臣が清浦奎吾の時は認可寸前まで行ったのであるが、結局却下されてしまった。その間、発起人のうち、藤岡、立川、安田らは亡くなり、新たに根津嘉一郎、大倉喜七郎らが加わって強力なメンバーが最後まで名を連ねた。

　この動きがあった一九〇八〜二八年という二〇年間は、アメリカでインターアーバンが興亡した三〇年間のど真ん中にぴったりと当てはまる。藤岡が夢見たのはその日本版だったのである。「インターアーバン」とは直訳すれば「都市間」という意味にしかならないが、アメリカにおいては、そのほとんどが一九〇〇年から一九三〇年にかけて興廃し、ピーク時三万キロにも達した電車のネットワークのことであり、経済史や産業考古学の題材としてきわめて興味深い対象でもある。

インターアーバンは東海道電車計画には継承されなかったが、その代わりにわが国の郊外電車の下敷きになっていることが重要である。日本は郊外電車の勃興期に、当時国産できなかった電車のモーター、電装部品、台車などはアメリカから調達したが、これらは本来インターアーバン向けの規格品であった。一九二八年に京阪電鉄にデビューした車両はご丁寧にも車体側面にKYOTO OSAKA LINE, KEIHAN ELECTRIC RAILWAY COMPANYと横文字を入れ、そのスタイルまで輸入していた。

## 待望の超特急「燕」

前述した一九〇九年の6400形蒸気機関車による京阪神間の高速テストの成功、その直後の一九一一年に一連輸入された8700形、8800形、8850形、8900形という米英独製の新鋭機の登場、さらに一九一九年の国産技術の結晶であるC51

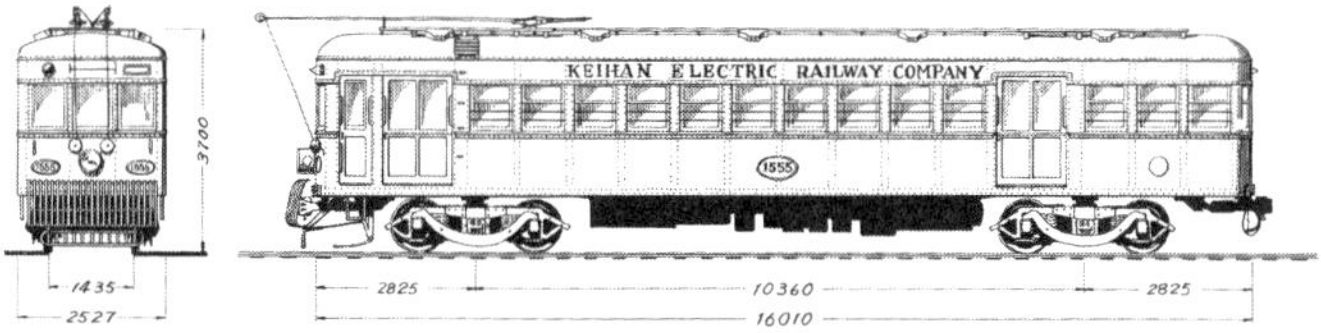


1928年にデビューした京阪のインターアーバン風電車

形のデビューにより、鉄道省では高速列車出現の下地が十分に整った。その果実は、東京〜神戸間を一挙に九時間に短縮してしまおうという超特急「燕」であった。

国鉄肝煎《きもい》りの列車であったため、列車名を国民から公募し、事前に報道関係者を招いてテスト・ランを行った。一九三〇年七月三日、松竹の東栄子、藤田房子とカメラマンの一行、江木鉄道大臣が三十分前から東京駅ホームに現れて笑顔を振りまく。試乗者は応募一万二〇〇〇名から抽選で選ばれた幸運者。見送り人でホームは満員であるが、発車と同時に万歳三唱が起こる。各駅付近の沿道にも見物人が詰めかけて羨《うらや》ましげに列車を見送る。食堂車は新聞社の編集室と化し、駅々で原稿を投下してゆく。ついに大阪の三大新聞は夕刊の締切を四時半に延ばす異例の措置をとる。幸運な乗客たちから鉄道省旅客課事務官・三輪眞吉が貴重なアンケートを取っているので、注目すべきものを摘出してみる。

いかにも心持よく乗せて頂きました。動揺の程度その他老人をして聊《いささ》かの疲労をも感じせしめざるは線路と汽車の構造相俟《あいま》って進歩したる事を雄弁に語りたるものと存じ候。何卒この上とも三等本位としてかような列車をご供用願い上げ候。煤煙を予防するの方法は無きかな。網戸のご工夫はいかん。（桶畑正太郎、交通研究家、七三歳、東京→神戸乗車）

名古屋より沼津迄無停車には一寸閉口します。浜松駅位で停車を希望致します。……三等車のモダン腰掛は結構、道路敷板の油ぬりも結構、煤煙には閉口致します、なんとかできませんか。

機関車は無煙炭か電化にでもすれば黒助のような顔が助かります。私の一番尖端的な希望は一日も早く電化にして下さい。

(中西竹山、大阪旅行クラブ幹事、七五歳、神戸→東京試乗)

筆者は一九五二年の夏、中学一年の時、復活して間もない特急「つばめ」で東京から大阪に向かった。この一九三〇年創設の「燕」とは所要時間、走行速度などぴったり同じである。ただスピード体感は特別なものはなく、通過駅が多く、退避する普通列車に対して多少優越感を抱けたくらいであろうか。私の乗った「つばめ」は丹《たん》那《な》トンネルを通過し、牽引機はEF57からC62に浜松で付け替えであったが、大阪駅到着時には白い開襟シャツが真っ黒になっていた。一九三〇年当時、丹那トンネルはなくて山北廻り、牽引機も終始C51形で頑張ったのであるから、当時の鉄道省が何にも優先して走らせた超特急であったことが逆に偲《しの》ばれるのである。ちなみに一九〇六年から一九四五年まで戦前の約四〇年間における東海道線の最速列車の表定速度は表4-2のように推移している(表4-2参照)。

表4-2　東海道本線最速列車の表定時速の推移

| 年 | 所要時間 | 表定時速 | 列車 |
|---|---|---|---|
| 1906年 | 13時間40分 | 44km/h | 東京〜神戸間：最急行・御殿場回り |
| 1909年 | 12時間50分 | 47km/h | 東京〜神戸間：最急行・御殿場回り |
| 1912年 | 12時間00分 | 50km/h | 東京〜神戸間：特急・御殿場回り |
| 1925年 | 11時間27分 | 52km/h | 東京〜神戸間：特急・御殿場回り |
| 1929年 | 10時間52分 | 55km/h | 東京〜神戸間：特急「富士」・御殿場回り |
| 1930年 | 9時間00分 | 67km/h | 東京〜神戸間：超特急「つばめ」・御殿場回り |
| 1934年 | 8時間00分 | 70km/h | 東京〜大阪間：特急「つばめ」・丹那トンネル開通 |
| 1945年 | 10時間49分 | 51km/h | |

## 日本も内燃機関は無視できなかった

欧米で流線形高速ディーゼルカー群がスピード記録を塗り替えていた頃、日本でもガソリン機関、ディーゼル機関という内燃機関の鉄道車両への活用が真剣に研究・検討された。日本でも船舶用の大型内燃機関はかなりの完成度を見せていたが、鉄道車両用の小型エンジンは欧米に比べて一歩遅れていた。それでも鉄道省主導のもと、一九三三年にGMF13形ガソリン・エンジン（六気筒、一万三〇〇〇cc、一〇〇馬力）が開発された。これを載せたキハ41000形は一九三三〜一九三五年にわたって造られ、次いで八気筒、一五〇馬力に増強したGMH17形を積んだ42000形ガソリンカーが一九三五〜一九三七年にかけて製造された。国鉄はこの42000形の二両編成で一九三五年七月一六日に東京〜静岡間のテスト・ランを行ったのである。

「新進に燕参る」

国鉄の動力機関に革命的進歩を期待されている三十五年型ガソリンカーの試運転は十六日、本省首脳部立会の下に東京・静岡間で行われ、記者もこれに試乗してみた。朝倉工作局長以下鉄運の幹部が乗り込み、……二両連結のガソリンカーは物見高い群集に見守られて午前九時十三分超特急つばめより十三分遅れて東京駅を発車した。……はるか前方を全速力で走る省電を軽く追い抜く。……いよいよ直線平坦コースの辻堂・茅ヶ崎間へ出た。快速車はぐんぐんと速力を増して九十四キロ、九十六キロと記録を示す。そして遂に百キロを突破した。流星さながらの高速度、東京発車後一時間で悠々《ゆうゆう》七十七キロを突破して国府津を通過した。現在超特急つばめめは東京・大阪間を八時間半で走っているが、この快速ガソリンカーでは七時間位で東京・大阪間を結べる訳だ。……小田原を矢のように通過した瞬間、信号が出た。危険信号だ。一同ははっと緊張する。見れば約一キロ前方に超特急つばめが走っている。東京発の際、つばめとは十三分を置いて発車したが、快速ガソリンカーはたった一時間余で国鉄自慢のつばめに追いついたのだ。（東京朝日新聞、一九三五年七月一七日）

両形式ともドイツやアメリカのような電気式ではなく、エンジン動力でギアを介して車軸を駆動する機械式であったので総括制御はできず、二両各々に乗った運転士二人の協調運転ではあったが、最高時速は一〇八キロに達した。なお満鉄でも一九四三年にジテ型ディーゼルカーを奉天〜新京間三〇五キロ間で走らせたところ、平均時速一〇二キロ、瞬間時速で一〇八キロを示したので、この42000形よりはちょっと実力は上だった。それにしても予想以上の結果に気をよくした鉄道省は、ドイツやアメリカのようにガソリンカーの幹線高速列車の構想を抱いて準備に入った。その新聞記事を読んでみよう。

快速ガソリンカーの試運転で予期以上の好成績にすっかり自信を得た国鉄では今度、関節式ガソリンカーという流線形快速車

キハ42000形

を計画する事になった。……この関節式ガソリンカーは一個列車がはじめからむかでようにくっついていて、その継目々に車輪が付いているのだ。……この列車の乗客定員はざっと四百名だというから、この快速車の出現は蒸気列車にはかなり脅威だ。……この快速ガソリンカーができれば、東京〜静岡、東京〜名古屋、大阪〜名古屋等々の大都市間を流星の如く、メーンライン短距離超特急とする計画で、中間駅は悉《ことごと》く無停車。東京・静岡間は現在の超特急つばめより三十分短縮して二時間二十分位。東京・名古屋間はつばめより一時間短縮して四時間十七分程度の超高速列車として運転しようというのだ。（東京朝日新聞、一九三五年七月一八日）

超特急用として五両連結、新聞はガソリンとディーゼルを取り違えているが、ディーゼル・エンジン二台の計六〇〇馬力で発電、四台のモーター計六〇〇キロワットで駆動し、最高時速一二〇キロで走る電気式流線形列車が計画されていたのである。４２０００形では米独仏の内燃動車と比べると車両重量一トン当たりのエンジン出力がずっと低いので、これを欧米並みに引き上げようという計画だった。しかも４２０００形の機械式と異なり、欧米流にディーゼル・エンジンで発電し、その電力

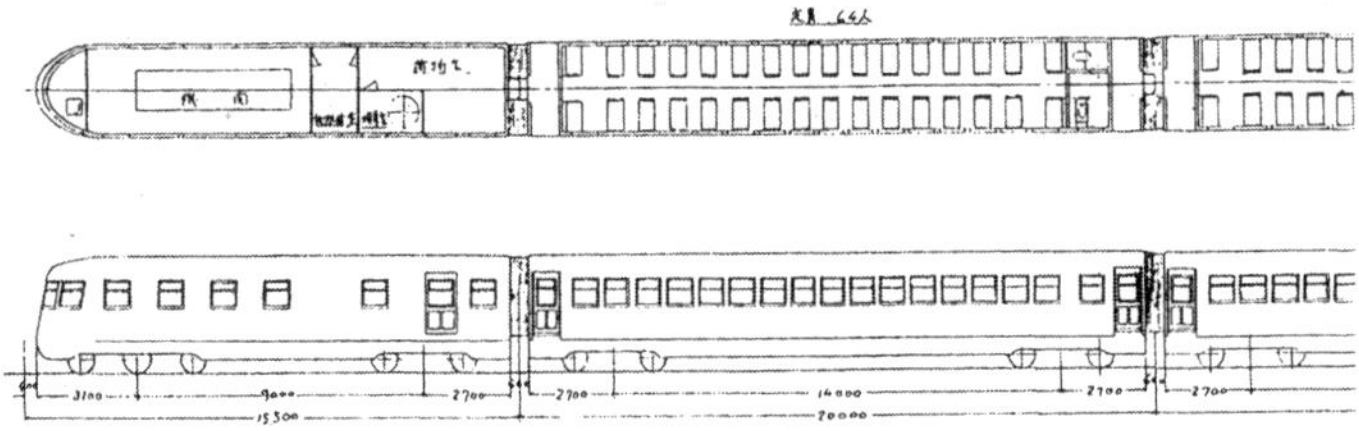

長距離ディーゼル特急の図面（鉄道省工作局車両課1936年）

でモーターを回す電気式であった。しかし一九三七年の日支事変勃発以降、日本ではとみに戦時体制が強まっていた。一滴たりとも無駄にできないガソリンや軽油を消費するような列車の夢は真っ先に摘み取られてしまったのである。

## 3 満鉄と弾丸列車

### 大陸へ雄飛した「あじあ」号

一九〇六年にロシアから満鉄の運営を引き継いだ日本は、最初はアメリカから機材や車両を輸入していたが、国内同様に一九二〇年代から国産の機材や車両で賄《まかな》えるようになった。一九二〇年代末以来、満洲の政治体制は不安定になり満鉄も苦慮するが、一九三二年の満洲国設立でようやく安定し、一九三三年には「当時、欧米で運行されている豪華高速列車に負けない特急列車を走らせる」ことが満鉄役員会で決議された。設計と製作を急いだ結果、なんと一九三四年一一月一日には大連～新京間に世界に誇る流線形特急列車「あじあ」号の運転が開始されたのである。

両都市間七〇一キロを八時間半、表定時速八三キロで走破するもので、当時の日本の最速列車・特急つばめの表定時速六九キロよりずっと速かった。ブルーに塗られた流線形パシナ形蒸気機関車が、これまたスカートまで履いた濃緑色の流線形客車六両を牽く雄姿が国内に紹介された時は、大人から子供まで思わず快哉《かいさい》を叫んだであろう。

満鉄では高速運転に備えて全区間の複線化、カーブや勾配の緩和、カントの調整など事前の並々ならぬ準備があった。パシナ形においても高速走行のため、日本では前例のないニッケル合金、潤滑油装置、ローラー・ベアリングなど当時としては贅沢《ぜいたく》な素材や部品が使われたが、メカニズムは単式二気筒と新機軸は盛り込まれていない。ただ、広い大地の広軌上を走るので機関車のサイズには余裕があって、国内ではあり得ない大型ボイラーと二〇〇〇ミリの大動輪を採用したことが高速化の最大の要因であった。しかし当時ヨーロッパの高速蒸機の動輪径は例外なく二〇〇〇ミリ超だったので、全体が大ぶりなパシナ形のプロポーションとして二〇〇〇ミリの動輪はむしろ小さく短足にさえ見えてしまう。

当時の欧米には、表定時速八〇～九〇キロ代で走る列車が数多《あまた》あり、「あじあ」号のスピードは実は世界的には月並みであった。この時代、蒸機牽引列車で表定時速一〇〇キロ超はきわめてまれであり、高速列車はほとんどディーゼル・エンジンかガソリンエンジンを積んだ内燃エンジン列車であった。これに対し満鉄では、線路の改良補修を行って大連～新京間をまず八時間に短縮して表定時速八八キロに、さらに究極七時間に縮めて時速一〇〇キロを目標としたが、戦雲により見果てぬ夢となってしまった。

「あじあ」号の誇りは、スピードよりもむしろ美しい流線形のシルエットと全客車に付いた空調設備であった。当時、日本やヨーロッパでは空調付き客車は皆無であり、アメリカでも食堂車など一部の車両に限られていたから、かなり先進的であったといえよう。しかし戦時体制が急迫すると、一九四三年二月末をもって「あじあ」号は運休となり、二度と復活することはなかった。花の命は十年未満の短いものであった。

それはさておき、本書で注目するのは「あじあ」号の日常運転よりも高速走行テストである。後述する日本の弾丸列車計画を進めるため、鉄道省は満鉄の協力を得て、これを満洲の広野で行ったのである。一九四〇年四月にパシナ形に四両の客車を牽かせて大連〜奉天間三九七キロ区間でノンストップの試運転を行った結果、三時間五分で走破し、平均時速は一二九キロに達した。これは蒸気機関車の長距離平均時速としては大変な記録であった。しかし瞬間最高時速に関しては、時速一四〇キロあたりで機関車の横揺れが急にひどくなり、時速一四五キロあたりからの加速は断念せざるを得ず、めざした時速一五〇キロ寸前で涙を呑んだのであった。

「あじあ」号

なお、この少し前にドイツで二三〇〇ミリの大動輪を履いた05形蒸気機関車が瞬間時速二〇〇キロを達成したが、この時は時速一八〇キロに達しても運転台に乗った人たちはまったくスムーズであったと述懐している（65ページ参照）。機械精度・工作精度などにおいて、日独間にはまだ大きな差があったのである。

## 弾丸列車計画——一九三七〜四三年

日本電気鉄道の計画が流れてから一〇年後の一九三七年、日支事変が始まり、日本はいよいよ戦時色が強まった。こういうときはいつも鉄道の輸送量は増加する。とくに大陸交通の一翼を担う東海道・山陽本線の輸送量が顕著に増え、飽和状態に達してしまったのである。

これに対応するため、東京〜下関間に狭軌単線を増設して特急を一四時間運転までスピードアップするといった案が出された。が、日進月歩の世界の鉄道情勢にも刺激されてか、省内ではいつの間にか「東京〜下関間を広軌複線で九時間」が合言葉になっていった。これが「弾丸列車構想」の出発点である。

一九三八年に鉄道省内に「鉄道幹線調査分科会」が設置され、一九三九年に「鉄道幹線調査会」に格上げされると、会議の回数が増し、議論は白熱した。そして一九四〇年一月に予算案が通り、いよいよプロジェクトが正式にスタートする。東京〜大阪間を四時間半、東京〜下関間を九時間で結ぶためには、最高時速二〇〇キロ、平均時速一二〇キロあたりが目標であった。

総工費は五億五千万円。その二四パーセントが新丹那トンネル、日本坂トンネル、新東山トンネルなどのトンネル工事費に充当され、難工事が予想された新丹那トンネルの完成には七年半かかると見積もられていた。土地収用費用は総予算の一三パーセントと計上された。

このようにプロジェクトが具体化しつつある時、肥大化した軍部がこのプロジェクトに介入してきた。鉄道マンは当時すでに蒸気機関車の性能の限界や、電気列車の大いなる可能性を十分に理解していたので、この構想はあくまで電気列車によるべきとしていたのに対し、軍部は戦争時に変電所や架線が攻撃された場合の国防を考え、頑《かたく》なに蒸機列車を主張した。結局、強硬な軍部に大分押し切られるかたちで、過半の区間は蒸気機関車牽引とするも、東京〜静岡間および名古屋〜姫路間は電気機関車牽引ということで何とか落着したのであった（静岡〜名古屋間、姫路〜下関間は敵艦の海からの艦砲射撃にさらされる懸念があるからとの理由らしい）。このあたりの事情も含め、当時この計画の責任者であった島秀雄にも語ってもらおう。

弾丸列車計画の超特急用蒸気機関車は「HC51」と呼んでいたが、直径二三〇〇ミリ、軸重二三トンの動輪が三本、全重量一六〇トン、六軸の炭水車を牽いた全長二八メートル弱の流線形大型機関車であった。……表定速度は一一〇キロ程度であるので、超特急の途中停車駅をできるだけ少なく限定すれば、曲線半径最小一五〇〇メートル、最急勾配一パーセント以下と非常に高度で、しかも全線立体交差で保安度がすこぶるよいといったことから最高速度の表定速度に対する比率に於いて一般鉄道に於けるよりも相当低い数値が期待できるので、……十分達成できるものと考えた。……技術的には電機機関車牽引の方がより困難少なく、特に電車による実現が有利である事も知っていた。ただ当時は軍部の発言力が強く、防衛作戦上鉄道の電化には反対という事で長大トンネルの多い区間を除き当面は蒸気機関車運転を取り上げていたのである。しかしながら我々は、必ずや将来の平和世界に於いて全面電化によってさらに高速な鉄道システムを組み上げる日が来る事を確信して、その研究を続けたのである。（「弾丸列車計画蒸気機関車について」『島秀雄遺稿集』）

設計図が引かれた蒸気機関車は旅客用のＨＣ51をはじめとした数形式、このうちＨＣ51はドイツの05形によく似た流線形で同じく二三〇〇ミリの動輪径を持ち、常用最高速度は一五〇キロであった。しかし理論だけが先走ってもいけないので、満鉄にも随分協力してもらった。パシナ形の常用最高速度一三〇キロをさらに二〇キロ上げるには、動輪直径をパシナの二メートルからドイツ国鉄の05形と同じ二メートル三〇センチにすれば辻褄《つじつま》が合う。

電気機関車もＨＥＦ50をはじめとして数形式、客車は二軸ボギー車と三軸連軸連接車の二案があったことが残されている設計図から確認できる。

しかし戦争で時局は切迫してきた。ついに一九四三年になって「工事は中止するが、構想は継続」と計画を棚上げ中断することになった。それが戦後再燃して新幹線構想として浮上し、一九六四年に東京〜大阪間の開業をみた。したがって東海道新幹線は、東海道電車構想、弾丸列車計画に続く三度目の正直だったのである。

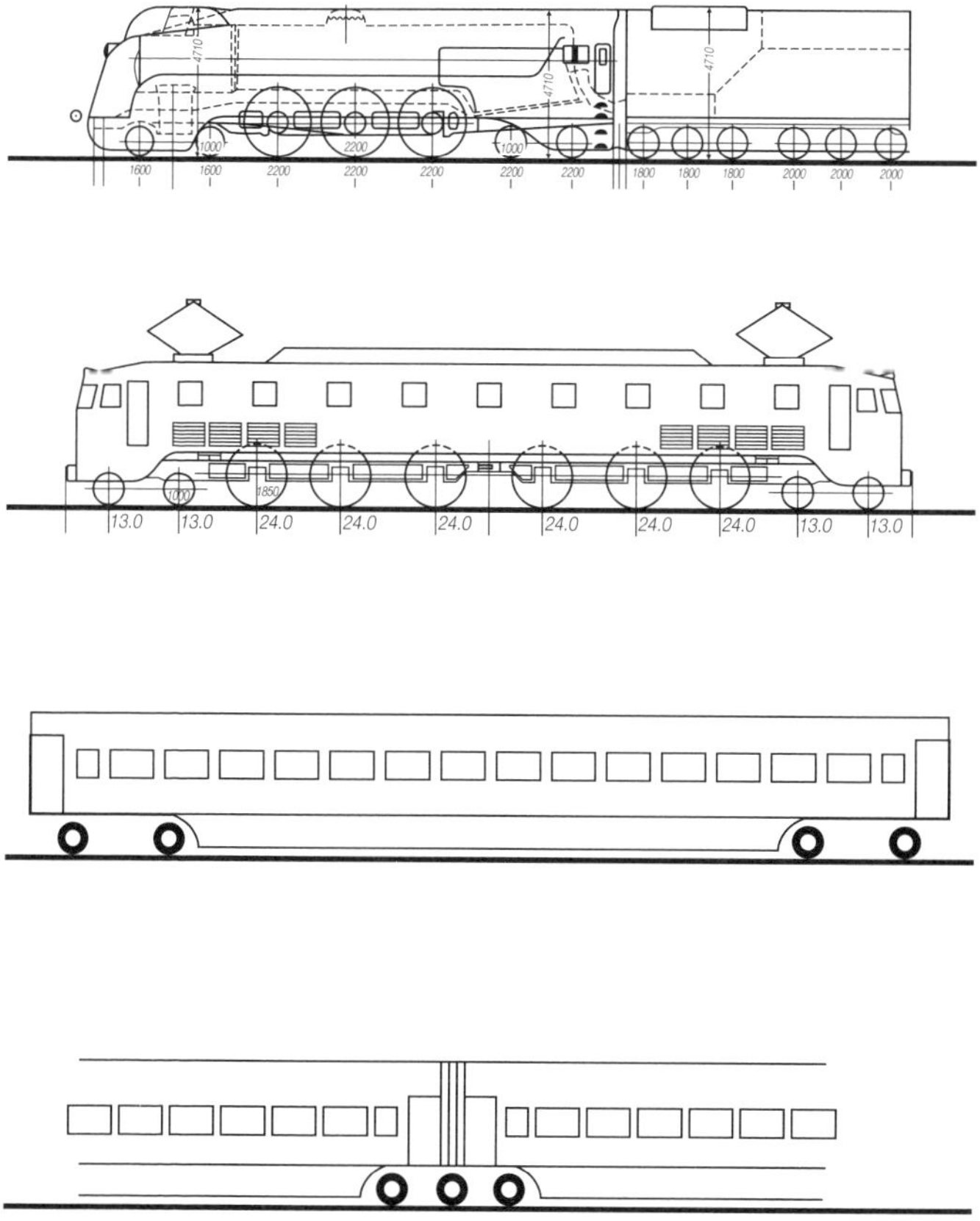


弾丸列車計画の蒸気機関車（HC51）、電気機関車（HEF50）、客車案

# 第5章
# 世界の鉄道の再興

## 1 大陸ヨーロッパにおける高速化の進展

一八三〇年の鉄道開通以来、鉄道技術ひいては鉄道高速化でのリーダーは、しいていえば一九世紀中はイギリス、二〇世紀に入ってドイツとアメリカであった。ところが戦後はフランスがすぐトップに立ち、その後、ドイツや日本が追い上げて、いまや三国の三つ巴といってよいであろう。戦後の鉄道再興政策としてフランス、ドイツ、日本は無煙化政策・電化政策を柱としたのに対して、イギリスは戦後しばらく経つまで蒸気機関車主体政策を固持した。一方、国土の広いアメリカでは、世界の先頭を切る航空機とモータリゼーションが鉄道そのものを斜陽に追い込んだ。

### フランスの挑戦

戦後のフランス国鉄（ＳＮＣＦ）は電化政策に注力し、電気機関車によるテスト・ランを行っている。

まず一九五四年二月、新型のＣＣ７１２１号電気機関車が客車三両を牽いてディジョン近辺で試走を開始した。機関車も客車もなんら改造を加えず、ただ念入りに事前に異常の有無のみチェックされた、いわば普段着の挑戦であった。ただ、試験走行時には対向列車と後続列車ともに運休し、モーターの許す限界まで回した結果、最高瞬間時速二四三キロを記録、あっさり当時の鉄道世界新記録を達成してしまった。

これに気をよくしたＳＮＣＦは翌一九五五年に、大がかりな挑戦を行った。ボルドー付近の平坦な直線を選び、三軸ボギーのＣＣ７１０１号と二軸ボギーのＢＢ９００４の二種の新鋭電気機関車が用意された。両機とも高速用に歯車比を変え、車輪とパンタグラフは特製のものに付け替えられた。牽引する客車は三両であるが、車両の連結部には車体と同じ断面の全周幌を取り付けて車体側面を平滑化し、客車の最後尾に丸く尖らせたダミーをくっつけて空気抵抗の減少をねらい、直流電圧も通常の一五〇〇ボルトから一九〇〇ボルトに昇圧して出力アップを図った。いわば最高のおめかしをしての挑戦であった。

一九五五年三月二六日、ＢＢ型がまず時速二七六キロの世界記録を樹立すると、ニュースで知った住民が沿線に集まって来た。そして翌日、ＣＣ型は爆走して三〇〇キロの壁を突破したが、パンタグラフは焼けて溶けるし、大きな火花で線路脇の松の木が炎上するしで騒動となった。翌三月二八日、ＢＢ型も快走したが、またもパンタグラフは溶解してしまった。

BB9004の試験走行

その後のＳＮＣＦの声明に耳目が集まったが、「両機とも揃《そろ》って見事に無事に時速三三一キロを達成した」と発表されたので、世紀の快挙と大ニュースとなった。もっとも後年一九八一年になって、試験列車通過後のレー

何回かの試走後に曲がった線路

ルがグニャグニャに曲がっている望遠写真が公表され、いかに危険なテスト・ランであったかが判明した。さらに一九八六年になって「実はBB型のみが三三一キロを達成、CC型は三二六キロに留まった。各々のメーカーであるMTE社とアルストム社に対して、もし記録差が五キロ以内なら、高いほうの記録を両者共通の達成記録とする旨の事前申し合わせができていたから」という真実も明かされた。

その後のTGVの世界記録達成時にも共通するが、どうもフランス人の速度記録は地道に少しずつ究めてゆくのではなく、一遍に時速一〇〇キロ近く飛躍するなど、ジャン・ギャバンやジャン＝ポール・ベルモンドーのごときフランス野郎の熱き血が流れているようである。日本にこんな無茶を許す土壌は絶対にない。

## TEE（汎ヨーロッパ急行）の盛衰

ヨーロッパにおいては、スピード新記録だけでなく、営業上の高速列車の復興も図られていた。その象徴がTEE（Trans Europe Express; 汎ヨーロッパ急行）の出現である。ヨーロッパでも戦後はアメリカを追いかけてモータリゼーションが興り、商業航空も隆盛に向った。鉄道はこれに対処しなければならないと、一九五四年にオランダ国鉄総裁によって豪華ビジネス特急構想が提唱され、西ドイツ、フランス、イタリア、オランダ、ベルギー、ルクセンブルク、スイスの七ヵ国の国鉄がこれに参加した。
そこで決められたTEEの基準は、「国際特急／一等車だけの編成／一列車の定員が一〇〇～一二〇名／車体幅員内での一列は三人掛以内／座り心地がよいこと／平坦線では最高時速一四〇キロを出せること／旅客全員が車内で食事が取れること／冷暖房完備」と、当時としてはきわめて贅沢《ぜいたく》で、まさに戦前の豪華列車の再現であった。

ドイツのTEE

一方では「朝立って昼に目的地に着き、一仕事済ませ、夕方に乗れば、その日のうちに家に帰り着く」というビジネス特急的性格も標榜《ひょうぼう》していたので、全列車の平均時速は一〇〇キロ弱とスピードが多分に意識されていた。TEE列車の第一陣として、西ドイツ型、フランス型、イタリア型、スイス・オランダ共同製作型の四種が、すべて固定編成のディーゼル列車として一九五七年にデビューした。一九六一年にはスイス型の五両連結のTEE初の電車編成も加わった。

各国で鉄道の戦後復興が進むと、豪華かつ高速の国内特急列車が陸続と登場してくる。そして電化工事の進捗にともなって、これらの列車の大半は電気列車（電気機関車牽引の客車編成か電車編成）になっていた。代表的な列車としては、フランスのパリ～ニース間の電気機関車列車「ミストラル」や、イタリアのローマ～ミラノ間を走る電車列車「セッテベッロ」などがある（120ページ参照）。これらの列車の設備やスピードは初代TEE列車をしのぎつつあったため、TEEに加えられることになり、一九七五年にはTEE列車は四五本を数えるに至った。TEEのなかでも最速列車のスピードは最高時速一六〇キロ、平均時速一二〇〜一三〇キロに達し、平均時速で一〇〇キロ以下の列車はほとんどなくなっていた。

しかしこの頃から乗客の潮目が変ってきた。ビジネス客などはスピードにはこだわるが、豪華さや高額料金を敬遠するようになったのだ。だから一等車だけの編成にこだわったTEEは不向きとなり、一九八八年にはこの列車カテゴリーは終焉《しゅうえん》してしまう。戦前の階級社会を引きずる、一等車だけの少数定員の豪華特急は、大衆化時代の到来によってその歴史的使命を終えたのである。ちなみに戦前の豪華国際列車の代表だった「オリエント急行」も戦後しばらくは威厳を保っていたが、やがて東欧からの移民列車に成り下がり、ついに一九七七年に終焉《しゅうえん》している。

## IC（インターシティ）の登場

大衆向けの高速列車を提供するシステムはインターシティ（Inter-City: IC）と呼ばれ、その運行は一九六八年にドイツで始まった。

戦後ドイツもフランスと同様、電化による幹線特急列車の高速化に邁進《まいしん》した。一九六〇年代になると、西ドイツ国鉄は新型電気機関車が新型客車を牽引する特急列車群を登場させた。二等車も連結し、一〜二時間間隔で発着し、乗換駅では同じホームの対面で接続列車に乗り換えができる。さらに特急料金を低廉にしたため、ビジネス客や観光客に大いに人気を博すことになった。時代のニーズをうまくキャッチしたICネットワークはスイス、オーストリア、イタリア、フランス、イギリス……などにも広がった。日本の在来線特急の運行形態もまさにＩＣを手本にしている。

西ドイツのＩＣは当初、最高時速一六〇キロ、平均時速一〇〇キロ強で運行を開始したが、一九七三年には新型電気機関車１０３形によって最高時速二〇〇キロ運転も試行された。テスト・ランでは、時速二五三キロをマークしている。

西ドイツ国鉄103形電気機関車

他方フランス国鉄は、戦後に大動脈であるパリ～ディジョン～リヨン～マルセイユ～ニース間の電化を行い、一九六〇年頃には、パリから東西南北に放射状に出て各地方主要都市に向かう特急列車のスピードは他国を圧して世界一となった。この高速化には、信号系統の更新、ブレーキの改良、重いレールへの置き換え、カーブの緩和、鉄橋の補強など高速運転を支えるインフラの整備といった陰の力もあった。
フランスでは一九六七年に一部区間で時速二〇〇キロ運転が許容され、その後二五〇キロ運転まで許容される区間もでてきた。パリから地方都市に行く場合、急行列車に飛び乗れば、どれでも例外なく平均時速一二〇キロ以上で快走する世界一の高速ネットワークが出来上がっていたのである。そもそもＴＧＶ開通以前の一九七〇年代、特急「アキテーヌ」は在来線のパリ～ボルドー間五八一キロを三時間五〇分で走破していたので、表定時速は一五二キロに達して新幹線に胸一つまで迫っていた。いまでも「どの国の鉄道が一番速いか？」と問われれば、文句なくフランスになるであろう。ＴＧＶといった高速新線もさることながら、在来線列車も含めた鉄道全体のスピードでは、いまでも日本ははるかに及ばない。

西欧諸国のＩＣは概して、Ｂ‐Ｂ型で全長一五〜一六メートルの小柄な電気機関車が出力六〇〇〇馬力程度を発揮し、全長二五メートル級の客車一〇両以上を牽いて最高時速一六〇〜二〇〇キロ、表定時速一〇〇〜一五〇キロあたりで疾走するのが典型的なパターンであった。ヨーロッパでは、ＴＧＶ登場以前はＩＣが最高速列車であったのである。

## 2 英米における高速化の進展

### イギリスの必死の巻き返し

イギリスが第二次世界大戦で受けた鉄道の被害は、ドイツやフランスに比べれば軽微であった。戦前の四大私鉄は一九四八年に国有化されてイギリス国鉄（ＢＲ）となったが、復興の第一歩はなんと標準型蒸気機関車の新造から始まった。しかし蒸気機関車の技術はもう戦前にピークを究めていたため、高速化で戦前をしのぐことすら困難であった。まったくの時代錯誤《アナクロニズム》であったのである。

一九五五年、ようやく世界の潮流からの遅れを悟ったイギリス国鉄は、ディーゼル化に大きく方向転換したが、他国より一〇年は遅れてしまった。一刻も早く標準型ディーゼル機関車を完成させ

HST編成に用いられたインターシティ 125

なければならないと、国産も輸入も入り混じって実に多くのディーゼル機関車を比較試験した。その結果、一九六一年に本線急行用にデルティック型ディーゼル電気機関車が就役した。三三〇〇馬力で最高時速一六〇キロまで出せたので、スピードにおいてもようやく戦前の水準を越えて一段飛躍できたのである。

西海岸線では一九六二年にロンドン～エディンバラ間の特急が六三二キロを六時間、表定時速一〇五キロで走り出し、東海岸線では表定時速は一一六キロまで向上した。一九七六年には待望の新型ディーゼル特急列車HST（High Speed Train）編成が走り出した。HSTの編成は両端のディーゼル機関車が客車八両をサンドイッチする固定編成で、東海岸線のほかロンドンから西方に向かう路線などに配備されるとさらにスピードアップされた。イギリスの最重要幹線である西海岸線は一九七四年に全線電化が完成し、最高時速一六〇キロ運転も始まったので、イギリスの列車スピードはいったんフランス、ドイツ、イタリアなどに追いついた。

しかしイギリスの高速化はここで頭打ちとなる。一九六四年に日本で新幹線が開通し、ヨーロッパ諸国でももう一段高い最高時速二〇〇キロ運転が模索されていた頃、イギリス国鉄では時速四〇〇キロをめざすＡＰＴ（Advanced Passenger Train＝先進旅客列車）計画が打ち上げられた。西海岸在来線上を車体傾斜列車で疾走するというもので、動力は最初はガスタービン、その後は電気列車に変更して挑戦したが、しょせん在来線上を走るものなので目標達成は難しく、一九八九年には断念された。

## アメリカの苦境

国土の広いアメリカでは旅客の移動距離が長いので、戦後鉄道はたとえ高速化しても、航空機に太刀打ちできないと判断されたが、大都市が数珠つなぎの北東回廊だけは、高速列車の存在価値があると考えられていた。一九六〇年代半ば、ペンシルベニア鉄道ではニューヨーク～ワシントン間三六四キロを二時間で結ぶ計画を立てたし、ニューヘイブン鉄道のニューヨーク～ボストン間三七〇キロにも別の高速化計画が持ち上がっていた。

ところが、その頃アメリカでは鉄道の経営悪化が著しく、一九六八年には当事者のペンシルベニア鉄道はニューヨーク・セントラル鉄道と合併してペン・セントラル鉄道となり、さらに旅客部門の運営は一九七一年に国営のアムトラックに移管されてしまった。ただ、こんなごたごたはあったが、ペン・セントラル鉄道時代には、架線の強化、溶接によるロングレール化、枕木と道床の交換など路線関係の強化が行われた。

この構想はアムトラックにも引き継がれて、電車方式のメトロライナー五〇両がバッド社に発注

アムトラックの電車特急「メトロライナー」

された。全車とも一二〇〇馬力の電動車で、一九六七年五月、鉄道幹部と新聞記者を乗せた試験列車は時速二五一キロを記録し、さらに時速二六四キロまで記録を伸ばした。万端準備が整った一九六九年一月、メトロライナーはいよいよ営業運転に入り、四月にはニューヨーク～ワシントン間でいきなりノン・ストップの二時間半運転を始めて、表定時速一四四キロと高水準を示した。しかし、この路線は一九世紀に敷設された在来線であり、新幹線のような高速新線に比べれば線路条件は悪かった。しかも長距離急行列車、通勤電車、重量貨物列車などが混在して走っているため、列車密度が高い。そのなかを縫って高速電車を走らすことは至難の技で、やがて三時間運転にスローダウンしてしまった。

非電化区間のニューヨーク～ボストン間にも、同じくメトロライナーと銘打ったガスタービン列車がデビューした。台車ばね装置が簡略化された低重心の列車であったため乗り心地は悪く、車体傾斜装置もよく故障したが、何とかそれに耐えて一九六七年一二月には瞬間最高時速二七五キロを記録した。そしてようやくニューヨーク～ボストン間を三時間三九分、表定速度一〇九キロで走る営業運転が始まったが、一九七三年のオイル・ショックで燃費が一遍に悪化し、ターボ・トレインは引退せざるを得なかった。

## 3 中国における高速化の進展

中国はいまでこそ高速新線のネットワークが世界一に拡大し、現時点では時速三五〇キロという世界最高速運転を行っているが、高速新線ができる前の中国では、鉄道の近代化と地道なスピードアップが営々となされてきた。

中国の鉄道開通は日本より六年遅い一八七八年である。戦前は路線網が東部の沿海地方に限られていたため、共産政権成立時の一九四九年の鉄道路線延長は二万二〇〇〇キロと、国土面積に比して非常にまばらであった。鉄道の質も量も、同じく広大な国土と巨大人口をもつインドよりもずっと遅れていた。

しかし戦後は鉄道建設が急ピッチで進められ、二〇〇七年時点では約七万キロと三倍になった。その内容も近年進歩が著しく、いまや質も量も完全にインドを抜き去った。一三億人の旺盛な輸送需要は大いに鉄道に向かい、中国の交通シェアでは、鉄道が貨客とも過半を占めている。これは主要先進国にはないある種恵まれた状況で、鉄道も飽和状態である。

表5-1　中国の旅客列車の最高速度の推移（「大提速」ごと）

| 「大提速」 | 年月日 | 120km/h 区間 | 140km/h 区間 | 160km/h 区間 | 200km/h 区間 | 250km/h 区間 | 旅客列車 平均時速 |
|---|---|---|---|---|---|---|---|
| 1次 | 1997.04.01 | 1,398km | 1,340km | 752km | — | — | 54.9km/h |
| 2次 | 1998.10.01 | 6,449km | 3,522km | 1,104km | — | — | 55.2km/h |
| 3次 | 2000.10.21 | 9,581km | 6,458km | 1,104km | — | — | 60.3km/h |
| 4次 | 2001.11.21 | 13,166km | 97,79km | 1,104km | — | — | 62.6km/h |
| 5次 | 2004.04.18 | 19.5km | — | 7,700km | 1,960km | — | 65.7km/h |
| 6次 | 2007.04.18 | 22,000km | — | 14,000km | 6,003km | 846km | 70.2km/h |

したがって、新線建設とともに、レールの重量化、ロングレールの採用、枕木のコンクリート化、ATC化、ヤードの機械化、ディーゼル化、電化などを推進し、輸送力の増大とスピードアップに一心不乱である。

中国では大規模時刻改正を「大提速」というが、一九九七年の第一次大提速以降、二〇〇七年の第六次大提速まで表５－１のように目覚ましいダイヤ改正が行われている。最高運転許容速度では、主要幹線において従来の時速一二〇キロから一六〇キロに上がり、二〇〇四年には最高運転時速二〇〇キロの区間が、二〇〇七年には二五〇キロの区間が誕生している（表５－１参照）。

ここまでが基本的に在来線高速化の時代であり、地方ローカル線まで含めた中国全土の旅客列車の平均時速は相当上がり、二〇〇七年には時速七〇キロに達している。このスピードはヨーロッパや日本の水準に比べてけっして遜色ないレベルに達している。

# 第6章 日本も力強く立ち上がった

# 1 湘南電車の登場

## 戦後国鉄の電化と複線化

戦後国鉄の基本政策は、戦災復旧作業は当然として、「動力の近代化」に置かれ、蒸気列車の廃絶＝「無煙化」政策が打ち出された。蒸気に代わって、幹線は電化、地方線はディーゼル化が進められることになったわけである（つなぎとしていったんディーゼル化したうえで、後日電化するケースも多かったが）。

日本では、終戦時の電化率はわずか七パーセントと僅少であったが、一九四七年に上越線の長岡～高崎間、一九四九年に奥羽線の福島～米沢間、同じく東海道線の沼津～浜松間というふうに幹線電化が積極的に進められた。一方、戦前の日本では、東海道・山陽本線のごとき主要幹線こそ複線化されていたが、函館本線、東北本線、中央本線、鹿児島本線のような背骨になる幹線でも複線化は遅れ、一九四

表6-1　国鉄・JR路線における電化率と複線化率の推移

| 年 | 総延長（km） | 電化区間（km） | 電化比率 | 複線区間（km） | 複線比率 |
|---|---|---|---|---|---|
| 1945 | 19,620 | 1,323 | 7％ | 2,310 | 12% |
| 1950 | 19,786 | 1,666 | 8％ | 2,318 | 12% |
| 1955 | 20,093 | 1,969 | 10% | 2,363 | 12% |
| 1960 | 20,482 | 2,619 | 13% | 2,577 | 13% |
| 1965 | 20,754 | 4,239 | 20% | 4,413 | 21% |
| 1970 | 20,890 | 6,020 | 29% | 5,902 | 28% |
| 1975 | 21,272 | 7,593 | 36% | 6,371 | 30% |
| 1980 | 21,322 | 8,425 | 40% | 6,648 | 31% |
| 1985 | 20,479 | 9,099 | 44% | 6,752 | 33% |
| 1990 | 20,175 | 11,618 | 58% | 8,964 | 44% |
| 1995 | 20,013 | 11.876 | 59% | 9,000 | 45% |
| 2000 | 20,050 | 12,080 | 60% | 9,096 | 45% |
| 2005 | 19,999 | 12,283 | 61% | 9,190 | 46% |
| 2010 | 20,000 | 12,256 | 61% | 9,212 | 46% |

表6-2　複線化によるスピードアップの例（東北本線小山～宇都宮間の場合）

| 距離 28.9km | 単線時代 | | 複線時代 | | 差異 | |
|---|---|---|---|---|---|---|
| | 所要時間 | 平均時速 | 所要時分 | 平均時速 | 短縮時分 | 短縮率 |
| 青森行急行 | 40分 | 43km | 35分 | 50km | 5分 | 13% |
| 日光行各停 | 56分 | 31km | 47分 | 37km | 9分 | 16% |

五年時点での全国的複線化率は一二パーセントと低かった。

こうした状態は一九六〇年頃までは手つかずであったが、その後、電化工事を追いかけるように複線化工事も進んでいった。表6－1は、国鉄↓JR路線における戦後の電化率および複線化率の伸長を五年刻みで見たものである（表6－1参照）。

電化工事は一年間で数十キロと進むことが多いが、拡幅用地を必要とする複線化工事は、毎年数キロずつ地道に積み上げてゆくしかない。まず複線化によるスピードアップの効果について具体例を見てみよう。

一九一三年四月に完成した東北本線の小山～宇都宮間の複線化工事により、列車がどの程度スピードアップできたか、工事前後の列車の所要時間を比較してみる（表6－2参照）。古い例で恐縮であるが、複線化による所要時間短縮の原理は現在でも同じである。区間無停車の急行と各駅停車で

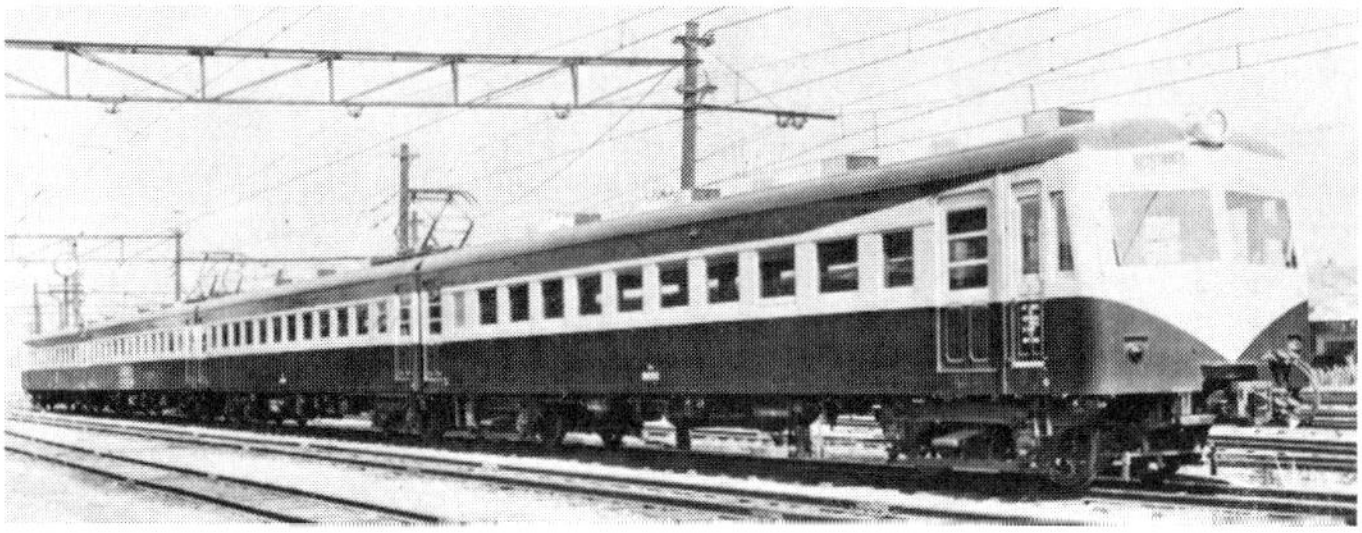

日本の長距離高速電車の祖となった「湘南電車」

は多少異なるが、複線化によっておおよそ一五パーセント内外の短縮効果をもたらすと見てよいようである。

ここから電化問題に戻ろう。電化する場合に必ず出てくる議論は、動力集中方式（電気機関車牽引方式）か動力分散方式（電車方式）かの選択であった。幹線の電化区間を見ると、戦後しばらくは戦前の動力集中方式が踏襲されたが、一九五〇年あたりから湘南電車によって、動力分散方式に移行しはじめ、いまや新幹線、在来線全般に浸透している。

## 「中距離旅客列車の電車化」

一九四七年一〇月に発表された「中距離旅客列車の電車化」というレポートでは、東京から沼津、小山、熊谷、土浦までの電車運転計画が述べられており、これが湘南電車誕生の萌芽であった。急務であった戦災復旧が一息ついた一九四八年九月、まずは湘南電車計画ができ上がった。東京〜沼津間でラッシュ時は一五分、閑散時は一時間間隔で一〇両編成の電車を走らそうというものであった。同じ頃「国鉄電化五ヵ年計画」もできた。そのなかに、東京〜下関間の列車を電気機関車牽引列車にするか電車にするか、線路を格段強化せず最高速度も上げないとした場合の両者の運転スピード（所要時間）を比較した資料がある（表6－3参照）。

このシミュレーションでは、電車の鈍行と電機牽引列車の急行がほぼ同じといった按配になっている。スピードでは加速・減速性能の差で電車が圧倒的に有利であるとの方向付けがなされており、湘南電車計画を後押しするものでもあった。次に東京〜沼津間に一七五両の湘南電車を揃《そろ》える場合

表6-3　電車方式と電気機関車牽引方式の所要時間比較

| 動力方式 | 列車区分 | 東京－沼津 | 東京－大阪 | 東京－下関 |
|---|---|---|---|---|
| 電車 | 急行 | 2時間 | 8時間30分 | 17時間30分 |
| | 各駅停車 | 2時間30分 | 10時間30分 | 21時間30分 |
| 電機牽引列車 | 急行 | 2時間30分 | 10時間 | 21時間30分 |
| | 各駅停車 | 3時間 | 14時間 | 30時間 |

の輸送力に対応した電機列車（電気機関車二二両＋客車二〇〇両＋暖房車五両）の年間経費を比較した結果、所要資金では大差ないが、年間経費では大分電車の方が安いと算出され、結局、湘南電車計画の実施が決定した。一九五〇年三月一日、鮮やかなオレンジとグリーンに塗り分けられた一〇両編成が東京駅ホームに入線して来た時は多くの人々の目を釘付けにした。この反対色の組み合わせは不快感を与えるとけちを付ける人も出たり、運転上の初期トラブルに見舞われて「湘南電車ではなくして遭難電車」と揶揄《やゆ》されたりもしたが、程なく安定した日常運転が定着した。

この湘南電車も視点を変えて乱暴にいえば「当時の標準型客車であったオハ35系に標準型省電モハ63形の電装部品を取り付けただけ」であったが、これがその後の「長距離高速列車は電車編成」という世界基準の出発点になったという点がその何十倍も大事である。すなわち湘南電車は技術的には特段見るべきものはないが、そのコンセプトは実に斬新だったのである。湘南電車が起点になって、その後、小田急３０００形ＳＥ車やこだま型など新性能の長距離用電車が生まれ、さらにその成果を取り入れた新幹線も電車編成となった。

新幹線に触発されてフランスのＴＧＶやドイツのＩＣＥ－１がデビューした当時は、両方とも電気機関車牽引であったのに、いまやそれぞれＡＧＶや

イタリア国鉄ETR300

ＩＣＥ－３という電車編成に転換しつつある。いま最も急ピッチで高速新線を建設している中国が採用した和諧号も復興号もすべて電車編成である。もし新幹線が電気機関車牽引方式で出発していたら、ヨーロッパでも中国でも、時速三五〇～四〇〇キロをこうもスムーズにねらうことはできなかったはずである。

「長距離用電車編成」というコンセプトは実は島秀雄の外遊時に始まっている。一九三七年にロッテルダムのライン河沿いで島が何気なく眺めた、たった三～四両編成のオランダの近郊型電車が将来の日本の長距離用電車のイメージとダブったのである。この出張時、島はイタリアでＥＴＲ２００（69ページ参照）という高速長距離電車が完成寸前というニュースも耳にしているし、戦後一九五四年にイタリアに出張した時はその戦後版ともいえるＥＴＲ３００（セッテベッロ）に乗って、ますます触発されて電車化の構想がまとまった。それは単なる電車編成でなく、動力が編成を通して均一である、すべて電動車のオールＭ編成を理想とし、「ムカデ方式」と呼ばれた。この「ムカデ方式」こそ、現在の鉄道ルネサンスの活力源になっているといったら褒めすぎであろうか。

## 2 軽量特急列車構想

### 旧性能電車による高速度試験

湘南電車の登場以前、戦後間もない国鉄では、高速化を求めてのテスト・ランをもう始めている。ちょうどよい機会なので、戦前から日本の在来線で行われたスピード・テストを一覧しておこう（表6－4参照）。いままではあまり知られておらず興味深いのではないかと思う。

この表のうち、戦前の試走はもう説明済みである。戦後最初の試験走行は一九四八年四月に始まったが、この時は新製車両はなかったので、一九三七年製造ながら多少は高速性能の優れた、流電ことモハ52形二両を関西から東上させ（72ページ参照）、真ん中に旧式木造の車両性能試験車クヤ16形

表6-4　在来線におけるスピードテストの歴史

| 時代区分 | 年 | 会社 | 車両編成 | 区間 | 時速記録 |
|---|---|---|---|---|---|
| 戦前 | 1909 | 鉄道省 | 6400形SL | 京都～神戸 | 92km/h |
| | 1930 | 鉄道省 | EF50形EL | 東京～国府津 | 102km/h |
| | 1935 | 鉄道省 | キハ42000の２両協調運転 | 東京～沼津 | 108km/h |
| 戦後 | 1948 | 国鉄 | モハ52系３両連結 | 三島～沼津 | 119km/h |
| | 1954 | 国鉄 | 湘南電車編成 | 三島～沼津 | 123km/h |
| 旧性能車両 | 1954 | 国鉄 | C62単機 | 木曽川橋梁上 | 129km/h |
| | 1955 | 国鉄 | 湘南電車編成 | 静岡～浜松 | 125km/h |
| | 1955 | 国鉄 | EF58が客車４両牽引 | 静岡～浜松 | 122km/h |
| | 1955 | 国鉄 | EH10がナハ10型５両牽引 | 金谷～浜松 | 124km/h |
| | 1957 | 小田急 | 3000SE編成 | 函南～沼津 | 145km/h |
| | 1957 | 国鉄 | モハ90系通勤電車改造編成 | 函南～沼津 | 135km/h |
| | 1958 | 国鉄 | 151系「こだま」編成 | 大船～平塚 | 135km/h |
| 新性能車両 | 1959 | 国鉄 | 151系「こだま」編成 | 金谷～焼津 | 163km/h |
| | 1959 | 国鉄 | クモヤ93000架線試験電車 | 金谷～焼津 | 163km/h |
| | 1960 | 国鉄 | クモヤ93000架線試験電車 | 宇都宮～岡本 | 165km/h |
| | 1960 | 国鉄 | クモヤ93000架線試験電車 | 金谷～藤枝 | 175km/h |
| | 1984 | 国鉄 | 381系電車編成 | 安曇川～永原 | 180km/h |

を挟んだ三両編成を試験車に仕立てた。この試験走行では三島～沼津間の下り勾配を利用して最高時速一一九キロを記録し、戦前にキハ42000形が記録した時速一〇八キロを超える日本記録を樹立した。それから東海道全線電化が完了する一九五六年までは、戦後新造した湘南電車、C62形蒸気機関車、EF58形電気機関車、EH10形電気機関車によるテスト・ランが相次いで行われ、いずれも一二〇キロ台を記録している。

これらはたしかに戦後の新製車両ではあるが、高速軽量モーターやカルダン駆動方式が導入される以前の、いわゆる「旧性能車両」であるので、性能に足並みが揃ったスピード限界が感じられる。それらよりはC62形が単機運転ながら木曽川橋梁上で出した時速一二九キロがトップである事実が注目される。このうち、いまから見れば平凡な記録ではあるが、一九五五年の湘南電車編成の時速一二五キロへのトライ時の試乗記がここにある。

一口に一二〇キロとはいうものの、……乗り心地もさる事ながら、一応は脱線とか転覆という事も考えて見なければならない。……高速度の運転は曲線半径一〇〇〇メートルの曲線部分と磐田駅構内にあるポイントの部分とで行う事にした。……車に取り付けられた横圧測定機や振動計で測定する他に、地上でも道床振動計や抵抗線歪計などで横圧や前後運動などを測定したのである。……速度は一一〇キロを越えている。しかし車両の振動は比較的少ない。……袋井通過間もなく速度はどんどん上げられて行った。試験委員はいずれも緊張している。デッキ一杯の見学者も目を見張って前方を見ている。同乗の放送局の人が細かく状況を吹き込んでいる。

……ポイント通過時はちょうど一二〇キロであった。速度はさらに上げられて行った。一二二、一二四キロ、ついに一二五キロに達した。一二〇キロでもやはり滑るような感じがしたが、この時は大きな波に乗った横振れが感じられた。（塚越義寿「一二〇キロ運転同乗記」『鉄道ピクトリアル』一九五五年四月号）

いまなら、JRの在来線や私鉄本線の快速や特急など、毎日何十本という列車が日常的に出しているスピードである。これほど大げさに、しかも危険も覚悟で試乗したのであるから、隔世の感がある。

いずれにせよ一九五五年までのテストは、いずれも記録的にはどんぐりの背比べであるが、このなかでとくに重要なのが一九五五年のEH10形によるテストであった。元来は貨物用の電気機関車であるEH10形の歯車比を変えて、ナハ10形軽量客車五両を牽《ひ》かせて東京〜大阪間六時間半運転に挑んだのである。東京〜大阪間全線電化も完了し、とりあえずはEF58形電気機関車が客車編成を牽いた特急列車は、従前より三〇分スピードアップされて七時間半運転になったが、国鉄の目標は六時間半であった。六時間半運転を達成するには電気機関車牽引か、電車編成かを見極める実に重要なテスト・ランだったのである。結果、電気機関車牽引方式でも六時間半運転は可能であるが、重たい電気機関車を高速で走らせるにはさらなる線路補強が必要なことが判明した。これが決め手となって、東海道線の特急として一九五八年にこだま型電車がデビューしたのである。

## 見果てぬ夢——東京〜大阪間四時間四五分

同じ頃、こうした現実の走行試験とはまったく別の夢物語が発表されて大きな話題となった。一九五三年一〇月のことで、東海道在来線を使っての軽量特急列車構想が新聞や雑誌などを賑わせた。東海道線の全線電化の完成を前提としたもので、銀色の軽合金製ボディーをもつ軽量・低重心構造の流線形電気機関車が牽引する流線形列車が、東京〜大阪間を四時間四五分で結ぶという構想である。

東海道線弾丸列車の架空試乗記

「国鉄快速列車の設計成る・軽く小さい流線形・東京〜大阪間四時間四五分」
東京—大阪間を四時間四五分（特急つばめは八時間）でつっ走ろうと言う快適列車の設計が、国鉄鉄道技術研究所（東京都港区海岸通）客貨車研究部長三木忠直氏（四三）の手で完成した。……快速列車の性能は最高時速一六〇キロ、平均一二五キロ（つばめは最高九五キロ、平均六九・二キロ）で東海道線最大の登り勾配の関が原でも一〇〇キロ（つばめ六〇キロ）も出せると言うが、これは飛行機の流線形と身軽な特性を採り入れた為だと言う。……これまでの車体の外側の鋼鉄板を52S、62S（ジュラルミン系）と言う軽合金に、……軽い車が飛ぶような速さで走るからには、横倒しになる恐れも出て来る為、車の重心をぐっと下げた。……車体の大きさも今のよりずっと小さく、……大型バスより少し大きい程度。一〇〇〇キロワット（一三四〇馬力）のエ

ンジンの付いた機関車で普通は七両を連結して引っ張るが、一〇両までは同じ速度で走れる。このエンジンの馬力もつばめの一八〇〇キロワット（二〇〇〇馬力）よりはるかに小型なもので済むと言うのも特色だそうだ。設計者の三木技師は元海軍航空技術班勤務の海軍少佐だった人、特攻兵器『桜花』（親子飛行機）と長距離爆撃機『銀河』の設計者である。三木忠直氏の話『狭軌鉄道でこれほどのスピードは世界中に未だかつてなく、広軌を含めても四、五番目に当たると思う。しかし計算の上で成功したと言うだけで、実現するまでには思わぬ障害が出て来るかも知れない。ドイツ、フランス、スイスの文献も大いに勉強して一日も早く東海道線を走るようにしたいと思う。（毎日新聞、一九五三年一〇月一七日）

この新聞発表から三ヵ月経った一九五四年一月号の『ポピュラ・サイエンス』にも、この列車の架空試乗記が大きく載せられ、私も興奮して読んだことがついこの間のように思い出される。

## 超高速車両委員会の発足

いくら軽量列車とはいえ、一〇〇〇キロワットの出力でこんなスピード運転は不可能であろうし、東海道線が全線電化されて、このような超特急が完成した段階でも、特急「つばめ」は旧態依然の八時間運転のままというのはちょっと現実的でないし、この列車のスピードだけが突出していてはダイヤ編成がきわめて難しかろう……と疑問は尽きないが、当時の国鉄、国民は「もう戦後ではない」との目覚めのなかで、鉄道高速化の夢を安直に求めたのであろう。

三木の研究は大きく取り上げられて国民にときめきを与えたが、国鉄内には必ずしも喜ぶ人ばかりでなく、批判しやっかむ人たちも多かった。国鉄本社には「車両を造るのはわれわれで、研究所はその下請研究をすればよい」という態度もあった。その背景を説明しておこう。

敗戦の年一九四五年に鉄道技術研究所・第一四代所長に就任した中原寿一郎は「わが国の戦後の再建は工業技術を基礎にすべきで、旧陸海軍に蓄積された技術は大いに活用すべきである。敗戦に関係なくそれら技術を取り込めるのは国鉄しかなかろう。だから旧陸海軍の優秀な技術者を一括して国鉄のわが研究所に吸収しよう」という大胆な行動に踏み切り、彼らが国鉄技術の中核に座ることになったのである。彼らには、とかく金に糸目をつけない軍の悪弊もあったが、航空技術などではとことん限界を究めることが追求されるため、当時国鉄が必要とする軽量化や空力化の問題に対して、着眼点、解析シナリオ、計算方法、実験手法などで新風を吹き込んだのはたしかである。

ともあれ、運輸省が三木の画期的な構想に着目し、その研究の継続に補助金を出すことになった。これを受けて日本車両工業協会で研究を受託して「超高速車両委員会」を発足させ、三木ら鉄道技術研究所、国鉄工作局、車両メーカーの面々が集まった。そこでは三木構想をもとに一年がかりで検討し、一九五四年に当時考えうる高速電車案をまとめ上げたのである。

## 3 小田急3000形SE車から「こだま」型電車特急へ

### 高性能電車革命

営団300形のモデルとなったニューヨーク市地下鉄の最新車両

戦後復興に邁進《まいしん》した日本の国鉄、私鉄の関係者も一九四八〜四九年になるとやっとひと息ついて周囲を見渡せる余裕が出てきた。

当時の電車に関する技術を調べてみると、目立つ情報はほとんどアメリカ発であった。戦前はドイツやイギリスも鉄道先進国であり、戦後はフランスも頑張りはじめた。しかし第二次世界大戦で大きな戦禍を受けたヨーロッパには、鉄道技術にも大きなブランクができてしまっていた。その点アメリカは第二次世界大戦に大いに貢献はしたが、広い国土は安泰で、戦時中でも鉄道を含む平和産業分野でそれなりの技術発展を遂げていたのである。電車の技術に焦点を当てると、新型路面電車「PCCカー（Presidents' Conference Committee Streetcar）」やニューヨーク市地下鉄の新型車両などに具現化されていた。

そうした時、日本でも「これからの電車は技術的にどう改良されるべきであるか」という議論が関係者のあいだで活発になっていた。当時発行された電気学会電鉄部門委員会編『今後の電車』を見ると、電車の大きな改良課題として次の四点が挙げられている。
①台車の改良↓乗り心地の改善と脱線防止
②モーターの小型高速回転化↓高速化・高加減速化
③駆動方式の改良↓ばね下重量軽減による乗り心地の向上と
　保守コストの低減
④車体の張殻構造化と材料の変更↓車体の軽量化

この頃アメリカが先行していた電気車の革新技術の内容とまさに合致する。こうした流れを先行して具体化していったのは、実は国鉄ではなく私鉄のほうであった。その先頭バッターは一九五四年に完成した営団地下鉄３００系である。戦後の地下鉄建設のはしりとなった丸の内線の池袋～御茶ノ水間に真っ赤な塗装に白い帯を巻き、そこにピカピカ光るステンレスの波型デザインをあしらった編成がお目見えした時、それはあまりにも日本離れしていて未来的で、鉄道ファンに興奮をもたらしたものである。

しかしその舞台裏はてんやわんやの苦労が多かった。資金は世界銀行からの融資で賄《まかな》い、技術的には一九四七年にニューヨーク地下鉄に登場した新型電車をモデルとした。同車に採用されているウェスティングハウス社製のモーター、制御システム、ブレーキ装置など電装品一式は三菱電機が特許料を払って技術導入し、二年かけて国産化した。一方、台車とカルダン駆動歯車を担当した住

営団地下鉄300系

友金属はアメリカから最新の歯切盤を輸入して工作し、ロコ軸受も最初は輸入した。このように、戦争のブランクもあって、世界の最先端技術にキャッチアップするには、技術導入、工作機械の輸入、一部部品の輸入が避けられなかったのである。

その技術的核心は台車上にモーターを装荷するカルダン方式と小型軽量高速モーターのコラボレーションであった。素材面では、エポキシ樹脂の絶縁材や塩化ビニール被覆電線などが新技術を支えていた。しかし、商業航空網が完備し、モータリゼーションも本格化した一九六〇年あたりを境にアメリカの鉄道は急激に斜陽化していった。日本における一九五〇年代の高性能電車革命はアメリカ最後の輝きが照射されたものだったともいえよう。

国鉄101系（JR時代）

営団地下鉄300系に続いて、同じ一九五四年には東急5000系（初代）、阪急の1000系（初代）、阪神の3000系、南海の11000系、一九五五年には小田急2300形、名鉄5000系（初代）、近鉄700系、一九五六年には東武1700系、京急700系（初代）……と高性能電車群が陸続とデビューした。それらはちょっぴり流線形じみたデザインが施され、カラフルに塗装されていた。

こうなると親方日の丸の国鉄も動かざるを得ない。一九五七年、中央線に茶色塗装の63系主体の編成に交じって、鮮やかなオレンジ色に塗られた101系新編成が登場した。実際乗ってみると、木目調に代わる新感覚の内装、ゴム引きの床、乗り心地はソフトで静か、加速・減速もメリハリが利いていると実感できた。国鉄では早速この新型車を「101系以降の新標準設計に基づく電車群」とくくって「新性能電車」と呼称した。

## 小田急3000形SE車による高速試験

私鉄においても、一九五七年に小田急3000系SE車、近鉄6800系ラビットカー、一九五八年には名鉄5500系などの新性能電車群のデビューが続いた。これらの新性能電車は旧性能電車との比較においてすべて鉄道高速化に寄与するものであったが、とくに貢献が著しかったのは小田急の3000系SE車である。この電車こそ、前述した「東京~大阪間四時間四五分」構想をぶち上げた国鉄・鉄道技術研究所の三木忠直らが抱いた空力的軽量特急列車の概念が色濃く注入されたものである。経緯の詳細は省略するが、小田急電鉄が画期的特急電車をめざして、国鉄との共同開発で完成した連接式電車編成であり、東海道在来線電車特急「こだま型」の開発にも資する車両であった。

果たせるかな、一九五七年九月二六日の夕刊各紙で一斉に「時速一四五キロの世界記録、国鉄け
さ高速試験に成功」とセンセーショナルに報道された。国鉄が小田急からデビュー早々の3000系SE編成を借り、大船~平塚間で行った高速試験の結果である。国鉄は在来線新型特急電車の開発の参考とするため、小田急は自社線区ではその実力を十分に発揮できない3000形SE車の性能を見極めるため、両者が協力して高速試験を実施したのである。この試験では、車上と地上のス

タッフ陣の連絡に無線を用い、また架線の状態を監視するカメラも配備された。

先般の時速一四五キロ運転をして何を感じたかと問われればやはりまず「早いですな」ということである。時速一四五キロといえば現行最高時速九五キロの五割高である。車窓の景色がサッサッと後に飛び去るスピード感は実に爽快だ。動揺、振動の少ないことも予想以上であったし、懸念された二つの点、即ち軌条に対する横圧とパンタグラフの離線は予想外に少なかった。近年の電車技術の躍進を痛切に感じた。……元来小田急のSE車を借りて、国鉄線で試運転することは甚だ異例であり、面子上の問題があった。併《しか》し私は東京～大阪間特急電車の最良の計画を樹《た》てるには、日本中で一番進歩的な車で試験して見るのが一番の早道だと信じ、このSE車とモハ90の改造車の二つの試験をうることに決意し、種々問題もあったが、少々強引に押切った。……ただ時速一四五キロばかり騒がれて、真の目的が存外知られていないようだ。現行特急は一編成で東京～大阪間片道運転だが、これを新型式電車で一日一往復しようというのがねらいである。即ち貧乏な国鉄財政のなかで最小の投資で最大の収益を挙げる計画なのである。

小田急3000系SE車

東海道線・金谷～焼津間における高速度試験で最高163km/hを記録した時の151系

サービスと合理化の一石二鳥、この点のPRがまだたりないようである。(石原米彦、国鉄副技師長)

国鉄もそこからは猛ダッシュをかけて、一九五八年秋に高速長距離用電車151系を完成させると、東海道線の特急に充当して六時間五〇分運転を開始し、一九六〇年には六時間三〇分、表定時速八六キロ運転を開始した

# 第7章 高速化への技術革新

鉄道を自動車や飛行機と比べてその経済性をみる方法はいろいろあるが、単純に出力と速度、重量の関係をみる場合、「出力／速度×重量」という式に当てはめればよい。この値が大きいほど効率が悪いことになる。

鉄道車両の車輪とレールの間の摩擦に比べると、自動車のタイヤと路面の摩擦は約十倍大きいので、こういう効率面では鉄道のほうがはるかに有利である。大宮の鉄道博物館には、この摩擦の力を実感できる展示がある。磨きこまれた木製の床面の上に同じ大きさの木製の直方体が三つ載っている。ひとつは直方体そのままで底面が床にぴったりと接している。もうひとつは直方体の底部に四輪のゴム・タイヤが付いている。三つめの直方体には四輪の鉄車輪が付き、レールの上に載っている。各々を手で押してみると、手にかかる抵抗はひとつめより二つめ、二つめより三つめのほうが、抵抗が小さい。鉄輪式鉄道の車輪とレール間の摩擦力がいかに小さいかが実感できる。

これが高速になると、車輪とレールの間の粘着力が小さくて空転しやすいことと裏腹で、摩擦力と粘着力は同根であることを銘記していただきたい。

さて、このあたりで鉄道高速化を支える技術面を見ておかなくてはならない。鉄道であれ、飛行機、船舶、自動車であれ、高速化の主たる源泉は動力である。鉄道列車の動力として、ガスタービンや原子力が注目されたことはあったが、どちらも安定した動力源とはなり得ず、鉄道列車の動力の基本は蒸気機関→ディーゼル機関

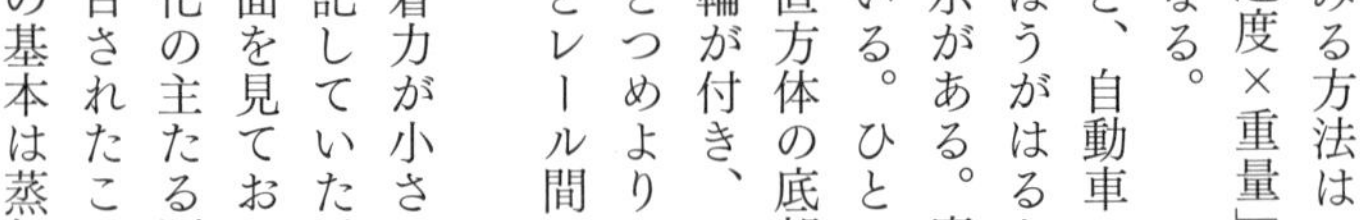

→電気モーターと推移している。

一八三〇年にイギリスで、一八七二年に日本で開通した鉄道は、蒸気機関車（ＳＬ）が牽引する列車に始まり、長らくその時代が続いた。一九三〇年代にディーゼル列車や電気列車が華々しくデビューしたが、第二次世界大戦を跨《また》ぎ、一九五〇年くらいまでは、鉄道はまだＳＬ主体の時代であった。その後、各国ともディーゼル化と電化に努めた結果、いまや高速鉄道や主要幹線は電気列車、支線はディーゼル列車が走り、一方ＳＬは一九六〇年頃から急速に姿を消していった。これは世界的な傾向である。ここで蒸気機関、ディーゼル機関、電気モーターの特徴や長短をあらためて確認しておこう。

# 1 蒸気機関の技術発達

## 蒸気機関の特徴

蒸気機関は、本性的に回転数を上げにくく、そもそも高速運転には向いていないが、低速域からのトルクは結構強い。重量のある大きな動輪も回すことができ、一度回してしまえば、それなりに加速することができる。こういう特性であるから、ＳＬ列車を高速化してゆくのに最も手っ取り早いのは、動輪をできるだけ大きくして一回転ごとの距離を稼ぐことであった。陸上競技のランナーにたとえると、ピッチ（足の回転）を上げるのは苦手なので、ストライド（一歩の距離）で稼ぐということになる。そして動輪を大きくするだけなら、動輪を一つ

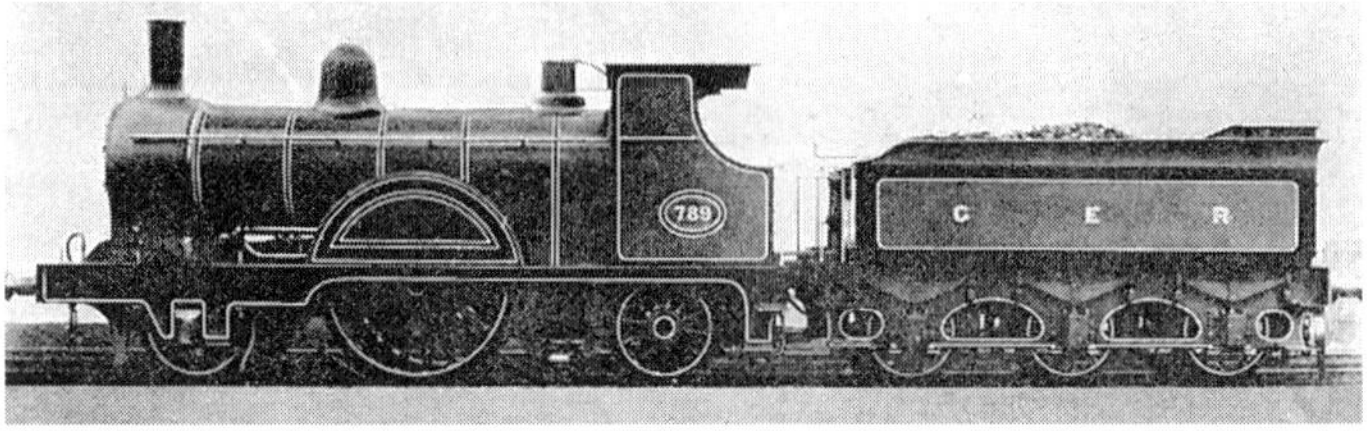
グレート・イースタン鉄道の「シングル・ドライバー」

だけにして、思い切り大口径をねらうのが単純明快である。一九世紀中は「シングル・ドライバー」と称されるこういうＳＬが造られ、実際高速を記録した。

ところが話はそう簡単には済まない。動輪を大きくすると、それに挟まれるボイラーは細くしないと収まらず、これでは蒸気発生量は限られるから出力が出ない。ボイラーを太くすると両動輪の間に収まらず、ボイラーを太くして位置を上げると、重心が高くなり安定性が悪くなる。また動輪一つではレールとの間の粘着力が不足するので軽い列車しか牽引できない。高速性、出力、粘着力のオプティマイゼーション（全体最適化）の結果、三動輪の２－Ｃ－１タイプ（パシフィック型）の台枠の上に安定性を保てる限界一杯の大きなボイラーを乗せたタイプが、幹線急行用のＳＬとして一九一〇年頃から定着した。欧米でも、わが国でも、幹線急行用のＳＬはほとんど例外なくこのタイプになった。わが国のＣ51形以降、Ｃ53形、Ｃ55形、Ｃ57形、Ｃ59形などはすべてこのタイプであった。そして動輪径は、バランス上、標準軌の欧米では二〇〇〇ミリ強、狭軌の日本では一七五〇ミリに収斂《しゅうれん》していった。

さて、いかなる優秀な蒸気エンジンでもその回転数は常用的には毎分二〇〇～三〇〇回転、瞬間的でも五〇〇～六〇〇回転までしか上がらない。二〇〇〇ミリ径の動輪円周に上記エンジン回転数を掛けてみると、常用域では時速七六～一一三キロ、瞬間的でも時速一八八～二二六キロという計算値となる。SL牽引の高速列車「コロネーション」の表定時速は一〇六キロ、また「マラード」がマークしたSLの瞬間最高速度は二〇三キロである。まさに計算どおりである。

SL発達の基本要素は、このようにバランスを取りながら強大化してきたことにあるが、メカニズムの技巧化も見逃せない。それらを一覧でまとめると表7－1のようになる（表7－1参照）。

## 過熱蒸気システム

SLの技巧化の面ではいろいろな技術が試行錯誤されたが、なかでも重要な技術は「過熱蒸気システム」「複式シリンダー」「シリンダーの多気筒化」の三つである。

「過熱蒸気システム」以前の「飽和蒸気システム」では、蒸気溜《だめ》に集められた蒸気をそのままシリンダーに送り込んで使っていた。これに対して「過熱蒸気システム」では、蒸気溜に集められた蒸気をいったん大煙管のなかに設置された細い過熱管に通し、さらに熱してからシリンダーに注入するシステムである。シリンダーに送られ

表7-1　蒸気機関車における強大化と技巧化

| 発達領域 | 発達項目 | 内容 |
|---|---|---|
| 強大化 | ボイラーのサイズアップ | 強大化の大前提 |
| | 火床面積の増大 | 運転室前の燃料を焚く火床面積で、火力の尺度 |
| | 伝熱面積の増大 | ボイラー内の水を熱する煙管表面積の総計 |
| | 蒸気圧の増大 | 高圧が好ましいがボイラー各部強度との兼合が重要 |
| | 動輪径の増大 | 次第に増大して2000ミリ強に収斂した |
| 技巧化 | 過熱蒸気化 | 一旦できた飽和水蒸気を再度過熱して高熱化する |
| | 複式シリンダー化 | 一日使った蒸気を第二シリンダーに送り再度有効利用する |
| | 多気筒化 | 左右２気筒を３ ～ ４気筒化して回転の円滑化を狙う |

る蒸気の温度を高くするほど、凝結に起因するロスやシリンダー内壁が冷えることを防止でき、出力が上がるという理屈を具現化したシステムなのである。

一九世紀末にヴィルヘルム・シュミットらがプロイセン邦有鉄道の機関車をこのシステムを採用して実験したところ、蒸気は最高三〇〇度に達し、出力は二五パーセントも向上した。過熱装置の効果がはっきりと実証されたのである。シュミットが一八九八年にこの特許を申請・取得すると、各国はこの特許を買い、二〇世紀以降に新製されるSLはほとんど例外なく過熱式を採用した。

日本でも一九一一年に最終輸入したSL群の大半、一九一三年に国産した9600形以降の国産機のすべてに過熱蒸気のメカニズムが採用され、そのメリットを享受している。戦前の鉄道省で使われた馬力の換算式では、飽和式SLは火格子面積一平米あたり約三〇〇馬力だが、過熱式SLでは約四〇〇馬力としており、過熱式の効能をきわめて高く評価していたことがわかる。

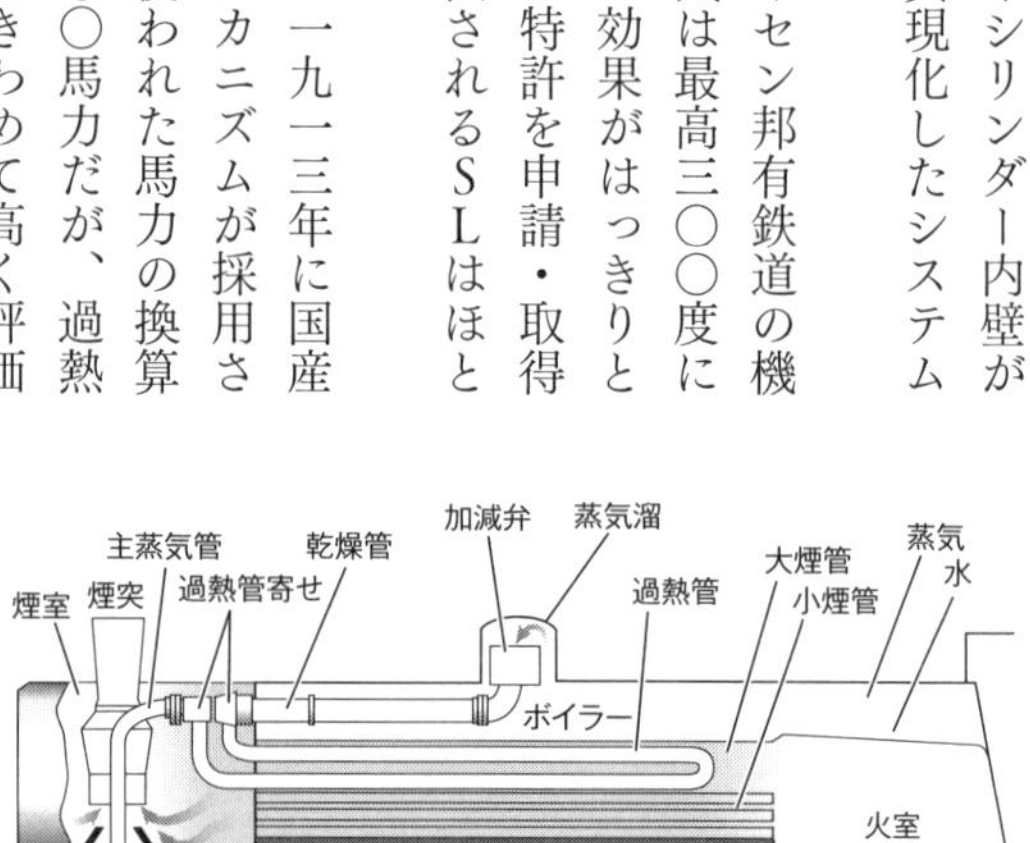

過熱蒸気発生装置

## 複式機構

次は「複式機構」である。通常の単式機構の場合、シリンダーで一回使われた蒸気は排気されてしまうが、複式機構ではそれを排気せずにそのまま第二シリンダーに送り、その残りのエネルギーを再利用して使い切ってしまおうというシステムである。第一高圧シリンダーと第二低圧シリンダーがほぼ同等の仕事ができるように、低圧シリンダーの容積のほうを大きくしている。高低二種のシリンダーの位置関係には、左右、前後、上下、動輪の内外などいろいろな順列組み合わせがあるが、フランスでは動輪の内側に二つの高圧シリンダー、両外側に各々低圧シリンダーを配する方式が多くのSLに採用された。しかし、構造が複雑で保守に手間がかかるわりには明確なメリットが立証されなかったため、「複式機構」はフランス以外にはあまり普及しなかった。

## 多気筒化

もう一つは、シリンダーおよびピストンを通常の左右両側に配する二気筒ではなく、三気筒ないし四気筒にする「多気筒化」である。自動車においても通常の四気筒エンジンより、六気筒、八気筒のほうが静粛性が高く、滑らかに回転する。同じことがSLに当てはまるかどうかという論議である。静粛性や円滑回転という要素は、SLでは自動車ほどは重視されない。それでは多気筒化がSLの出力向上や回転数向上に役立つかと問え

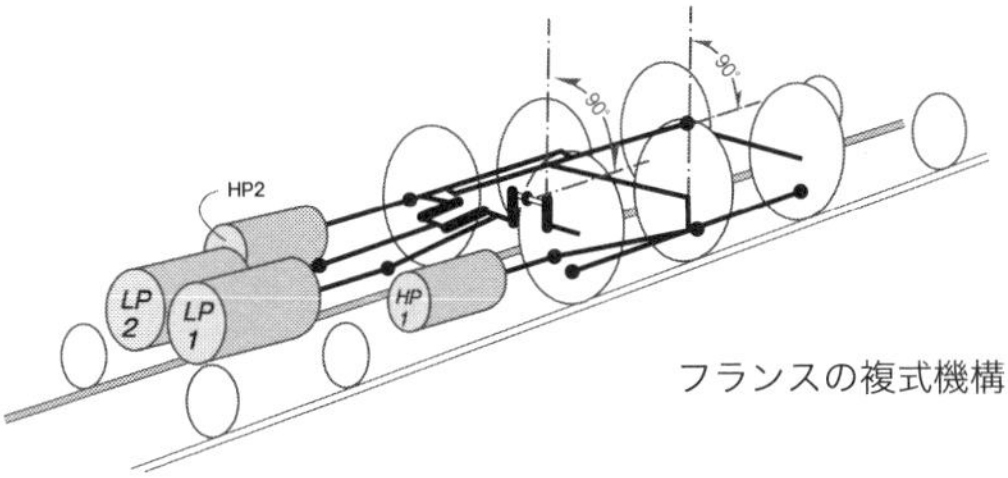

フランスの複式機構

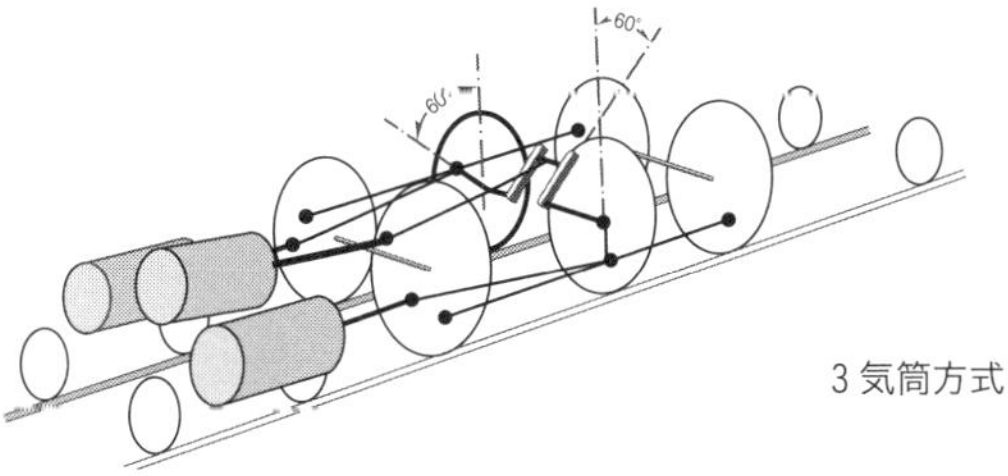

3気筒方式

ば、はっきりした数値的な証明記録は見当たらない。ただしSLの時速二〇〇キロ超えを記録したイギリスやドイツのSLは三気筒方式を採用していた。

このようにSLの技巧化において世界的に認められた「過熱蒸気」は別格として、フランスでは複式の多気筒化が採用され、イギリス、ドイツでは単式の多気筒化が採用された。しかしアメリカや日本ではこれらの機構はほとんど採用されなかった。とくに狭軌を採用する日本のSLは横幅が窮屈で、複式機構や多気筒化は、製造面だけでなく保守面でも困難がともなった。

## 日本の蒸気機関車への岡目八目

蒸気機関でいくら頑張ったところで、ガソリンエンジン、ディーゼルエンジンや電気モーターには本質的に敵わない。とくに蒸気機関は回転数が上がらないことが致命的で、国鉄・JRの代表的車両を例にとってみると表7－2のとおりである（表7－2参照）。

C62の三九一回転毎分（rpm）とは、SLの瞬間速度記録をねらって単機で疾走し、時速一二九キロをマークした時の回転数を逆算して求めた数値である。当時の日本の最高運転時速九五キロの制約下の常用域ではせいぜい三〇〇回転しか回せなかった。

それがガソリンやディーゼルの内燃機関になると、常用でも一五〇〇～二〇〇〇回転毎分まで廻せるので、変速比（減速比）を上げて駆動する車輪（動輪）はSLよりずっと小さい一メートル以下で十分なのである。電気モーターの場合、さらに高回転が期待できるので、動輪は気動車並みながら変速比はずっと大きく採れる。

ＳＬの場合、動輪径を大きくしてスピードを稼ごうという考えだが、鉄道車両としての重心やバランスの制約から欧米の高速用ＳＬの動輪径は二メートル強に収斂《しゅうれん》している。これに対して狭軌（三フィート六インチ）上の日本の主力機は究極一七五〇ミリの動輪が選択されたが、これはバランス比率で見れば標準軌（四フィート・八インチ）上では二三三三ミリに相当し、明らかに腰高であった。

これと対照的だったのが、戦前のオランダ統治時代に活躍したインドネシアの１０００形蒸気機関車である。動輪径一六〇〇ミリとずっと小さくした代わりに複式四気筒という凝ったメカニズムを採用し、ジャカルタ～スラバヤ間で時速一二〇キロまで常用していた。この時のピストンの回転数は三九八に達している。

すなわち、欧米など外国に比べると、わが国の蒸気機関車は相体的に「ピストン回転数が低く、動輪が大きかった」という大まかな傾向が確認できる。マラソン・ランナーにたとえていえば、長身の欧米選手はストライド走法とピッチ走法の両方を採り入れて最適バランスを追求したのに対して、日本の小柄な走者は主にストライド走法を採り入れていたということになろう。ちなみに鉄道省に入省以来、Ｃ53形からＣ62形にわたる国鉄のＳＬの設計に携わり、日本のＳＬを方向づけた代表者である島秀雄は、日本のＳＬの考え方、

表７-２　動力種別による比較

| 動力種別 | 製造年 | 車両形式 | エンジン形式 | 回転数 | 歯車比 | 動輪径 | 最高時速 |
|---|---|---|---|---|---|---|---|
| 蒸気機関車 | 1948 | C62 | 単式２気筒 | 391rpm | 1.00（固定） | 1,750㎜ | 129km/h |
| ガソリンカー | 1935 | 42000 | GMH-17 | 1,500rpm | 1.00（最終） | 860㎜ | 108km/h |
| ディーゼルカー | 1993 | 281系 | DMF-11 | 2,100rpm | 1.00（最終） | 810㎜ | 130km/h |
| 通勤電車 | 1946 | モハ63系 | MT-30 | 2,000rpm | 2.56（固定） | 910㎜ | 100km/h |
| 通勤電車 | 1991 | 207系 | MT-63 | 6,000rpm | 5.22（固定） | 860㎜ | 120km/h |

位置づけを次のように述懐している。

国鉄の機関車は軌間の割にボイラ中心の位置が高い。これは狭軌（一〇六七ミリ）でありながらできるだけ強力な機関車を作ろう、いい換えれば大きなボイラを載せようと苦心し経験を重ねた所産である。……C51形（一九一九年）は動輪直径一七五〇ミリで、軌間との比からいって当時世界一の大動輪として広く注目を集めたものであるが、その動輪の上に缶胴を乗せるためにボイラ中心が際立って高くなっているのである。この機の走行性能もまた抜群であった。このC51の長年の経験からこれに続く急行用大形機関車C53、C59、C61、C62などはみな動輪径一七五〇ミリとしてその上に更に大きなボイラを線路の強化とともに高くすえているのである。

（『島秀雄遺稿集』）

この方向をさらに推し進めるため、鉄道省では狭軌では一八三〇ミリと世界最大の動輪径をもつ南アフリカ連邦の「16E」型に着目し、それをしのぐ一八五〇ミリの動輪径をもつ機関車が企画されたが、試算してみると、軌道強化費など多額の投資を必要とするにもかかわらず、従来の一七五〇ミリ動輪に比して速度が六パーセントしか上がらない。「燕」の時速六八キロ走行が七二キロ程度になるに過ぎず、「狭軌世界最大動輪」という面子だけのために巨費を投じられないと断念されたのである。

こうした流れも踏まえつつ、市井《しせい》のSL研究エキスパートといえる斉藤晃は次のように述べ、鉄道ファンのあいだで大きな波紋を呼んだ。

狭軌のレールの上で富国強兵、軍国日本の基幹輸送手段として常に増強が叫ばれていた日本の鉄道だったが、見本になったヨーロッパ諸国の先進技術に目を奪われ、広軌への憧れの虜《とりこ》になって「狭軌の壁」を過大に意識して、自らの至らなさをゲージの問題の中へぼかしてしまったのではないか。……国産機の時期になっても日本の機関車の開発テンポは非常にゆっくりとしている。……好意的に見れば、極めて着実で効率的な開発姿勢で、間違いのないものを量産する理想的な行き方と取れる。……狭軌が日本の鉄道を縛ったのではなく、日本人の考えを縛ってしまったのだった。（斉藤晃『蒸気機関車の興亡』）

たしかに含蓄のある批評である。ただ視点を変えてみると、日本のＳＬの自国生産は一九一四〜四九年のたった三五年間に過ぎない。だから島たち国鉄技術者はＳＬの日本向け最適化というか現実的な使い勝手を重視しつつも、その先にはもう無煙化、とくに電化、とりわけ電車構想が戦前からちらつき、そちらの方向に思いを馳《は》せていたのではなかろうか。

## 2　ディーゼル機関の技術発達

常用域で二〇〇〜三〇〇回転しか回らない蒸気機関を使ったSLでは、おのずと高速化に限界がある。一九三〇年代になると、ガソリン機関やディーゼル機関では一〇〇〇〜二〇〇〇回転毎分に達し、蒸気機関の何倍も高回転できるようになった。ただし内燃機関は低速トルクが弱いので、そのまま車軸に直結させて車輪を駆動させることはできず、トルクが太くなるまで回転数を上げて、ギア・チェンジやトルク・コンバーターで回転数を落として車軸を駆動することになる。

ディーゼル機関は、高速転で回し続けることによって発電するのにも適している。その電力でモーターを回す電気式ディーゼルカーも出現した。走る原理は電車であり、ディーゼル機関で動く小型発電所を車両に積んでいるようなものである。

SLの技術は戦前にピークに達したが、ディーゼルエンジン技術は戦後も発達し、直噴化、ターボチャージャーの装着、IT制御の進化などによって格段に小型化され高性能化された。しかしそれでもディーゼル機関は本命の電気モーターにはやはり敵わないのである。

電気列車には膨大な電化工事が必要となるが、高速回転ができて低速トルクも強い電気モーターは、鉄道車両用動力としてはまさに最適である。このため、戦後復興からようやく立ち上がると、フランス、ドイツ、日本などは幹線の電化政策を積極的に推進するのである。

## ディーゼル列車の進歩は自動車のごとく

戦後のディーゼル化は電化の陰に隠れがちであるが、戦前よりずっと大規模に展開された。その展開を追う際にまず理解しなければいけない問題がある。ディーゼル機関には、エンジンを直接駆動動力に使う機械式ないし液体圧力式（通常、液圧式と略称する）と、エンジンでいったん発電して、その電力で駆動する電気式という二大別があることである。いずれの方式も一長一短があり、各国あるいはその時々の技術環境によっていずれかが選択された。

戦後の日本では戦争直後から最近まで、しいていえば液圧式が主流であった。ディーゼル機関の製造は戦後突然始まったものではなく、戦前にルーツがある。前述したように、一九三五年に最高時速一〇八キロという日本記録を打ち立てた、ガソリンカー42000形に搭載されたガソリンエンジンGMH17形をベースとして、ディーゼル・エンジンDMH17形（一五〇仏馬力／一五〇〇回転毎分）が一九五一年から量産開始されている。ガソリン機関とディーゼル機関はまとめて内燃機関と呼ばれ、自動車でもそれぞれ採用されているように、メカニズムがとても近似している。もう一つ大事なのは、エンジンの動力を車軸に伝達する変速機であるが、戦後の技術進歩によって、戦前のギアを組み合わせた機械式からオイルの粘性をクッションにして伝達する液圧式に転換した。

DMH17形は一九六八年まで一七年間も使い続けられたので、その実用性は基本的には高かったといえよう。もともとはローカル線向けに製造されたものだったが、無煙化推進のため幹線にも投入され、さらに準急列車、急行列車、特急列車にも用いられた。そうなると、このエンジンでは非力であり、一九六八年にはより大型のエンジンDML30系に切り替えられた。その後は自動車のエ

DML30系エンジンを搭載したキハ181系

ンジンと同じように、燃料噴射構造の直噴化、ターボチャージャーの装着、制御のIT化、冷却機構の取り付け、ダウンサイジングなど、次々と進化してきている（表7－3参照）。

こういう技術的背景のもと、日本のディーゼルカーは出力向上、高速化に目覚ましい躍進を遂げ、最初は何とか電車に離されないようにといったレベルから、堂々と電車に伍す存在になったのである。その結果、ディーゼル特急が全国の非電化区間を走りまわり、ディーゼルカー保有台数は五〇〇〇両を超えて一時世界一になった。

ディーゼル機関車も戦後いろいろ曲折はあったが、一九五八年以降、液圧式の入れ替え用DD13形、幹線用のDD51形が大いに活躍した。ただし日本では機関車牽引の旅客列車が

表7-3　ディーゼル機関の出力の推移

| 製造初年 | エンジン系列 | サイズ | 仕様 | 出力 | 出力／L |
|---|---|---|---|---|---|
| 1951年 | DMH17系 | 直列８気筒・17L | 渦流・無過給 | 150HP/1500rpm | 9 HP |
| 1958年 | DMH17系 | 直列８気筒・17L | 予燃・無過給 | 180HP/1500rpm | 11HP |
| 1968年 | DML30系 | 水平12気筒・30L | 予燃・ターボ | 500HP/1600rpm | 17HP |
| 1986年 | DMF13系 | 直列６気筒・13L | 直噴・ターボ | 250HP/2000rpm | 19HP |
| 1999年 | DMF13系 | 直列６気筒・13L | 直噴・ターボ・クーラー | 330HP/2000rpm | 25HP |
| 1993年 | DMF11系 | 直列６気筒・11L | 直噴・ターボ・クーラー | 355HP/2100rpm | 32HP |

衰退に向かったので、彼らの歴史的役割は終わった。

　しかし最後に日本のディーゼル車両の最新版としてＤＦ２００形ディーゼル機関車に触れなければならない。ＪＲ貨物が一九九二年から製作している電気式ディーゼル機関車で、幹線の電化が少ない北海道においては、とくに重宝されている。電気式は液圧式に比べて機器も多く、重量が嵩《かさ》み、メインテナンスにも手間がかかるというのが従来の認識であったが、近年の技術革新によって大きく改善された。ディーゼル・エンジンの小型高性能化とともに、電気駆動技術においても、新型電車で見るように、ＶＶＶＦ＋三相交流モーターによる小型高性能化が進み、両者を組み合わせて高性能の機関車ができたのである。出力は前述のDD51形の一・五倍へと飛躍している。このＤＦ２００形は、外観はお化粧直しをしているが「ななつ星 in 九州」の牽引に使われている。

　なお、鉄道高速化に向けてのディーゼル機関の発達は、欧米主要国や中国を見ても基本的に同じような足跡を辿っているので、ここでは省かせていただく。

旅客列車を牽引するDD51形ディーゼル機関車

## 3 電気モーターの技術発達

いまや鉄道の中心である電気列車を動かすメカニズムの技術革新は、世界的にも一九九〇年あたりから急速かつ広範に起こった。

### VVVF+三相交流モーター

長年にわたり電気車両を動かしてきた直流モーターが歴史的役割を終え、三相交流モーターにバトンタッチしている。電気列車の大きな技術革新としては一九五〇年代〜六〇年代に第一波がある。「小型軽量モーター+カルダン式駆動」の登場がそれで、これらを採用した電車は「新性能電車」と呼ばれている。「VVVF+三相交流モーター」の組み合わせは第二波というべきものであるが、まだ特定の呼称がないようなので、本書では勝手に「新性能電車」から「最新性能電車」への変革と呼ばせていただく。そうすると、電気車両においては「旧性能電車」→「新性能電車」→「最新性能電車」と時代を三区分できることになる。

電気車両の駆動に使われてきた直流モーターは性能も使い勝手もよく、日本のみならず世界中においてその貢献は計り知れない。起動時や低速時のトルクが大きく、高速になるにしたがって程よくトルクが細くなり、高速回転が出しやすいうえに、抵抗器制御やチョッパ制御によって速度制御が容易なため、鉄道車両に広く用いられてきた。

ただ、直流モーターは必ず整流子とブラシが接触するメカニズムを使うので、ある程度以上の回転数に上げにくく、摩耗もあって保守にも手間がかかるという欠点がある。また抵抗制御では一定の電力を熱として捨てるため、エネルギー効率が低いという難点がある。

　これに対して、三相交流モーターは整流子とブラシの接触を要せず、小型で高速回転できるが、その回転数やトルクを制御するのが難しかった。しかしＩＴ技術の発展にともなうＶＶＶＦ（Variable Voltage Variable Frequency；可変電圧可変周波数）制御の登場により、ようやくコントロールできるようになった。たとえて言うなら「名馬は居たが、名ジョッキーが出て初めて実力を発揮した」といったところであろうか。

　「ＶＶＶＦ＋三相交流モーター」は実に革新的であり、「消費電力は少ない。回転数の制御が事実上無段階で可能であるため、加速・減速時の衝動を軽減できる。細やかなトルク制御ができる……」とほぼ完璧なのである。

VVVF車両の嚆矢、西ドイツ国鉄の120形電気機関車

　この最新性能車の世界的嚆矢《こうし》は一九七九年に就役した西ドイツ国鉄１２０形電気機関車である。日本における嚆矢は、一九八二年に登場した熊本市交通局の８２００形である。同車の登場後、「ＶＶＶＦ＋三相交流モーター」は民鉄各社や各地の地下鉄や路面電車に急速に普及した。それだけの技術的インパクトと必然性をもっていたといえよう。一九九〇年代以降、日本での新造電車は路面電車、通勤電車、新幹線に至るまで「ＶＶＶＦ＋三相交流

新幹線300系

モーター」による駆動が主体となったのである。

一方、大所帯の国鉄での導入はずっと遅れてしまった。この技術革新の波と民営化の波がちょうどぶつかってしまったことも一因であろう。とはいえ、一九九〇年からはJR各社の車両全般に「VVVF＋三相交流モーター」が波及していく。

これらのなかでは、新幹線車両としてはじめてこの方式が採用された300系が注目される。一九六四年の0系の就役以降、二〇二〇年の現在まで、半世紀以上の新幹線車両の歴史のなかで最も革新的な車両は何かと問われれば、間違いなく300系にとどめを刺すことになろう。この300系から「VVVF＋三相交流モーター」に切り換えられ、さらに思い切った軽量化により、運行速度が格段に上がったからである。

軽量化に関していえば、前任車の100系に比べて一六両編成あたりの出力を大幅に上げてはいないが、車体、台車、電装品、その他において大幅な軽量化を成就させている。

軽量化は、重量当たりの出力が著増して高速化に資するのみならず、走行時の地盤振動の抑制、起動の負担軽減、省エネルギー、ブレーキ性能の向上など全般的に資する。100系では屋上に設置されていた冷暖房用などの機器を床下へ移動したことにより、300系では100系より車高が低くなるとともに断面積も減少し、空気抵抗が大幅に低減している。また、車両の重心もぐんと下がり、走行安定性も向上させている。300系開発の中核を担ったJR東海新幹線鉄道事業本部車両部車両課の説明書を読むと、開通以来四半世紀にわたり停滞していた東京〜大阪間の所要時間三時間一〇分を何としても二時間半運転にまで持ち込む必死の決意が漲《みなぎ》っている。

## 交流電化の重要性

戦前はどの国も電化区間は少なく、SL天国であったが、戦後は電化が推し進められた。とくにフランス、ドイツ、日本などが積極的であったが、まずは直流電化から始められた。ただ、電化の本命は、商業電流を大電流でロスなく送電できる高圧単相交流電化方式と戦前から考えられていた。

ドイツでは、一九三六年から南西部のヘレンタールの山岳線五六キロ区間において、二万ボルト、五〇サイクルの単相交流電化が試行錯誤された。第二次世界大戦後はその地を占領したフランスが研究を継承し、一九五二年には各国の鉄道関係者を招いて、交流電化の画期的優位性を公表した。これにより交流電化のリーダーは、戦前のドイツから戦後はフランスに代わったのである。

わが国もさっそく一九五三年に交流電化調査委員会を発足させたが、交流電化の実績はなく、海外文献でも上記フランスのものだけであった。それではと一九五四年にフランスに調査団を派遣してとりあえず交流電気機関車二台の輸入交渉を開始したが「たった二台の輸入でコピーされては元も子もない」とフランス国鉄は折り合わず、逆に「一〇〇両単位の輸入なら……」という条件を出

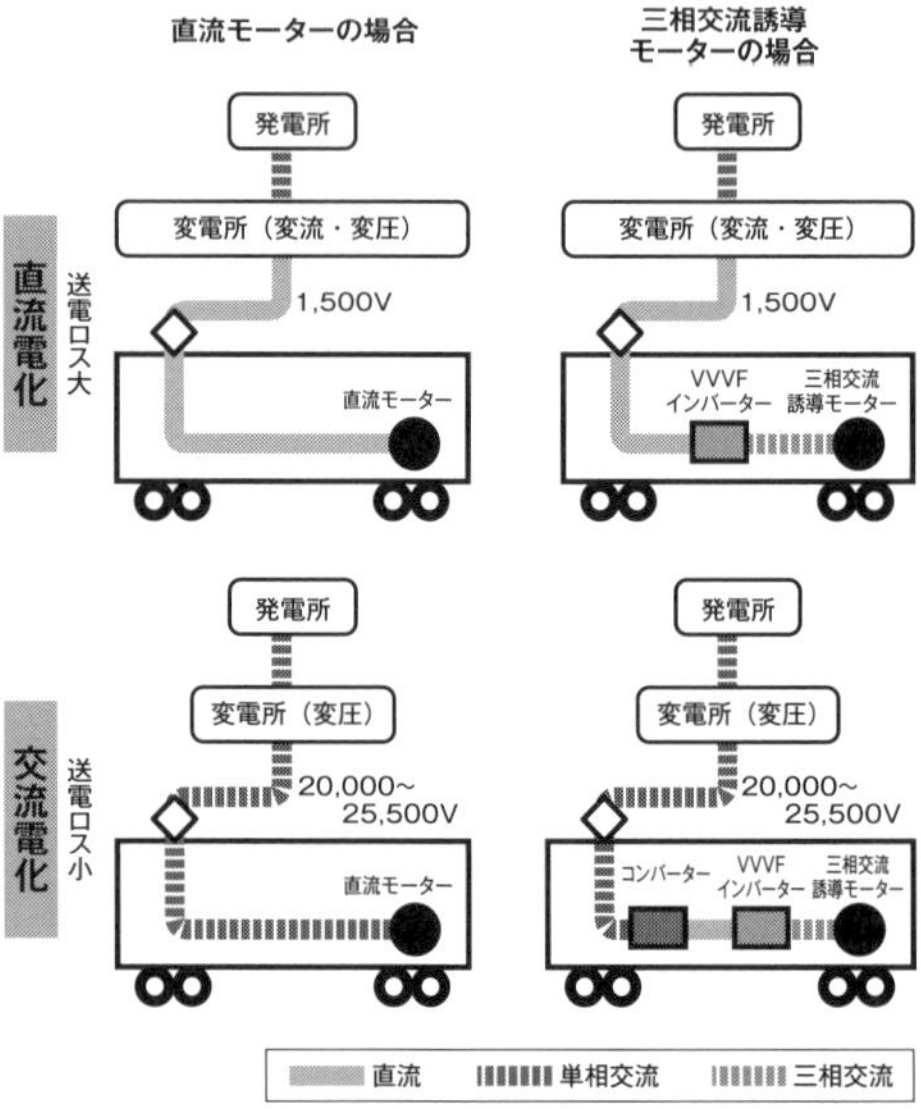


架線への交直流とモーターの交直流

してきたので、この商談は断念された。

　こうなると暗中模索ではあったが、自分たちで着手するしかない。一九五五年に仙山線の北仙台〜作並間に交流電化の地上設備を造り、電気機関車は交流整流子モーターのED44形（日立製）と、水銀整流器で変流して直流モーターを回すED45形（三菱電機＋三菱重工製）の試作機で比較走行試験を開始した。

　本命視されたのはED44形のほうであったが、交流整流子モーターでは滑らかな回転が得られず、しかも火花による整流子ブラシの消耗が激しく、実用化は難しそうだった。このため、水銀整流器を介して直流モーターを回す方式のほうが無難であるという結論に達した。これにより、日本の交流電化は変流変圧器を介して直流モーターを回す方式に決定し、四〇年近く踏襲されることになり、新幹線のすべてと在来線の一部に採用されている。

　日本ではこうして交流電化が進められたが、そもそも戦後、日本も含め世界ではなぜ「交流電化」が追求されたのであろうか。それは「交流だと高電圧で架線に送電できるので、送電ロスが少なく、変電所の数をずっと減らす（設置する間隔をずっと大きくする）ことができ、ずっと経済的」だからである。

従来のような直流電化では、車両において低変圧化することが技術的に難しく、一般に一五〇〇ボルト程度にまで低圧化して架線に供給するしかない。そうすると変電所の数を増やさざるを得ず、コストもかかるうえ、送電ロスも大きい。一方、交流電化の場合は車両において低変圧化ができるため、ずっと高圧の二万～二万五〇〇〇ボルトで電気を供給することができる。電気は高圧になればなるほど、送電ロスが少なくなる。W＝VI（Wは電力、V電圧×I電流）という式から自明であるように、モーターに一定の出力を出させる電力を送る場合、高圧電力になればなるほど電流を小さくできるからである。二万～二万五〇〇〇ボルトの交流電化の場合、変電所の間隔は在来線では・〇〇キロ前後、新幹線の場合でも数十キロとれるのである。大電力を喰う新幹線をもし直流電化で対応したら、一キロごとに変電所を建設しなければならず、採算性が非常に悪くなるのである。

この理屈は世界共通で、高速鉄道ではすべて高圧の単相交流の電気が供給されている。このように、電車への供給電流が直流か交流かという問題は、車両の駆動モーターが直流か交流かという問題とはまったく次元が異なるのである。

## 4 曲線区間のスピードアップ

どこの国でも主要幹線の線路は一九世紀に敷設され、その後多少の手直しと補強は行われているものの、新幹線など最近建設された高速鉄道に比べれば、ずっと曲線が多く、曲線半径もずっときつい。こういう在来線のスピードアップはつねに検討されてきており、山がちな日本やイタリアでは、直線区間のスピードアップより曲線区間のスピードアップの寄与率のほうが大きいことが明らかになってきた。

### 曲線区間と車体傾斜

曲線区間で列車がより速く走るには、カント（曲線の外側と内側の高低差）が曲線半径、列車の走行スピードと釣り合っていれば、そのままでまったく問題ない。ちなみに自転車レースでは、レーサーが周回する競技場のバンクでこういう選択を瞬間々々で行っている。ところが鉄道線路では、同じ曲線路上を速い特急列車も遅い貨物列車も走る。特急列車でも、停止信号でその曲線路上で止まることもある。そうすると、その曲線路のカントを特急列車の高速通過走行にだけ合わせるとカントがきつくなりすぎるので、実際のカントはそれより緩めに設定せざるをえない。現実に日本の在来線のカントは一〇～一五センチ、新幹線で二〇センチ程度、これをレールの内外の傾斜角度に直すと一〇度以下である。

いずれにせよ、これでは足りない角度を列車の車体を傾かせて補う必要が出てくる。こういう工夫をした車両を本書ではすべて含めて「車体傾斜方式」と呼ばせていただく。「すべて」といったのは、車体傾斜メカニズムの違いによって「自然振子式」「制御振子式」「強制振子式」「ばね傾斜式」に四大別されるからである。

実は以前どこでも使われていた旧型台車には横揺れ枕釣り装置が付いていたので、これが結果的に曲線における車体傾斜をサポートしていたのであるが、現在主流のボルスターレス台車では横揺れ枕がなくなり、この作動はなくなった。したがってカント不足は純粋に車体傾斜メカニズムに頼らざるを得ない。

## イタリアの振り子列車「ペンドリーノ」

イタリアの振り子列車「ペンドリーノ」シリーズは、一九七四年に試作車が登場して試験走行を重ねた結果、一九八八年から量産車のETR450がミラノ〜ローマ間で営業運転を開始した。その後も新形式の開発が続き、在来線用高速電車として他国への輸出も増え、現在ではイタリアを含む一三ヵ国で約五〇〇編成の「ペンドリーノ」が運行されている。大変な大所帯で、車体傾斜車両の大成功例である。

現在「ペンドリーノ」は、フランス・アルストム社に合併されたイタリア・フィアット社の鉄道部門で生産され、直線での最高時速は二五〇キロ、カーブでは最大八度〜一〇度まで車体を

1988年から量産を開始したETR450

傾斜させる。

「ペンドリーノ」の車体傾斜方式は「強制振子式」と呼ばれ、曲線に差しかかると、ジャイロスコープや加速度センサーの感知に従い、油圧などによって能動的に車体を傾斜させる。初期の頃は、曲線進入時に振り遅れや誤作動も生じやすかったが、その後のIT技術の発達でずっと改善され、最新のものでは車上コンピューターに入力した線形データとすでに通過した曲線の情報と、車輪回転数で割り出した現在の走行位置から次の曲線の位置を予測し、センサー類が曲線を検知する前から車体を傾斜させるといった高度なレベルに達している。このイタリア式の「強制振子式」は、日本で発達した「制御振子式」と実質的にきわめて近似してきている点が重要である。

## 381系の登場

日本の車体傾斜方式の本格的検討は一九七〇年に投入した試験電車591系からスタートした。遠心力で自然に働く力に任せて車体を傾斜させるという単純明快な方式で、イタリアよりずっと幼稚な技術ではあった。

試験車両591系は奥羽本線、羽越本線、鹿児島本線、信越本線などで試走を重ねて有益なデータを集積し、この試験結果を反映させて、一九七三年に中央西線（塩尻～名古屋間）・篠ノ井線に日本初の営業用車体傾斜車両として自然振子式の381系が投入されることになった。すなわち日本の自然振子式列車とイタリアの強制振子式列車はほぼ同時期に登場したことになる。

381系電車はその後も増備され、一九八二年までに総計二七七両に達して、一九七八年に阪和線・紀勢本線特急「くろしお」、一九八二年に伯備線特急「やくも」など曲線の多い路線の特急用として広く活躍した。これらの線区には半径四〇〇メートルの曲線がよく連続するが、そこを時速＝本則＋二〇キロ＝九〇キロで走行できるため、特急列車の「しなの」「くろしお」の所要時間は従来車両より大幅に短縮することができた。一九八七年の国鉄分割民営化後はＪＲ東海とＪＲ西日本に承継された。

ただ自然振子式では、緩和曲線上で徐々に加わる遠心力が、振子装置の静止摩擦力を打ち破った途端に一気に最大限度まで車体が振れるために、どうしても不自然な揺れを生じてしまう。またカーブを走行中に一般の乗客に不慣れな縦方向の荷重が加わると平衡感覚を失いやすい。このために車掌が乗客のために酔い止め薬を常備していたくらいである。

なお、この381系は一九八五年一一月二六日に湖西線で行われた高速試験で時速一八〇キロという日本の在来線の最高速度を記録し、いまだに破られていない。

## ＪＲ四国2000系の開発

381系はコストが安く、シンプルなメカニズムのわりには曲線区間の高速化もかなりの程度達成できたので、成功例といってよいであろう。しかし、ＪＲ各社にはもう一段洗練された振

自然振子式による車体傾斜が導入された国鉄381系

子機構へのグレードアップを希望していた。なかでも最も切実にそれを希求したのはJR四国である。

　国鉄の最終年である一九八六年の四国地域の営業係数（一〇〇円の営業収入を得るために必要な営業費用の指数）は二九五で、JR四国の厳しい船出は明白であった。この時点でJR四国の線路延長は八八〇キロ、在籍車両は五〇〇両と、この数字だけで見る企業規模は、なんと南海電鉄よりも小さかったのである。複線化率三パーセント、電化率八パーセントは、ともにJR平均よりはるかに遅れていた。SL天国から脱皮してディーゼルカー網を作っていたが、曲線や勾配区間が多く、スピードアップも思うように進捗《しんちょく》しなかった。

　たしかに一九八八年の瀬戸大橋の開業により、このルートの交通量は宇高連絡船時代に比べて二倍になり、四国に大きな活気を与えた。しかし一方で、高松～松山間、高松～高知間の高速道路がだんだんと延伸されていったので、JR四国は自動車との競争に非常な危機感を抱き、特急列車の所要時間の短縮は至上命題になっていた。そこで焦点を当てたのが車体傾斜車両の開発で、JR四国発足時からの社長命令でもあった。その車両の基本目標は、曲線通過時速が本則＋二〇～三〇キロ、二五パーミル勾配での均衡時速が九〇キロ、最高時速は一二〇キロというものであった。

　こういう新車両の開発を国鉄時代は車両設計部局が担当していたが、JR四国にはその在籍者のうち、たった五人しか配属されず手薄であったため、鉄道技術研究所やJR東日本も惜しみなく協力してくれた。開発当初に懸念されたのは、車体床下に装荷されたディーゼルエンジンの回転によって生じるモーメントに攪乱《かくらん》されて、車体傾斜装置がうまく作動するだろうかという点であった。

この点について内外の研究資料を見ても悲観的な論文が多かったが、鉄道技研でいけることが証明された。搭載するディーゼルエンジンについては、受注した富士重工業と小松製作所が大いに協力してくれた。

さて２０００系の最大の眼目は制御振子方式であり、それをいかにしてスムーズに作動させるかであった。コンピューターに線形を事前に記憶させるわけであるが、その線形データをどうやって作成するかから始まる。これがなんとか克服されると、念には念を入れるため、次は一つひとつの現場に行って、曲線の開始地点と終了地点の枕木上にスコッチテープを貼り、車上からも感知できるようにした。保線部局の縁の下の苦労である。

こうした苦労が実り、一九八九年、特急気動車２０００系がデビューした。車両搭載のコンピューターが走行する線区の曲線マップを記憶しており、ＡＴＳ地上子から位置検知情報を得ると、車上コンピューターが両者を合算して車

JR四国2000系気動車

JR四国8000系電車

体傾斜を指令するしくみである。洗練された、世界初のシステムである。JR四国はさらにその三年後に、やはり制御振子式の特急電車8000系もデビューさせ、そして二〇一四年には空気ばね傾斜式の特急電車8600系を投入している。

振子機構を使った車体傾斜方式では、専用の複雑な振子台車が必要となる。高価であるし、メインテナンスも大変である。一方、空気ばねによる車体傾斜システムは一九六〇年代から構想されていた。実現化に先鞭をつけたのは西ドイツ国鉄で、一九七三年に試作した403形電車編成には、最大傾斜角二度の車体傾斜機構が搭載された。

## 空気ばねによる車体傾斜

傾斜の始動は車体のヨーイング（偏《かた》揺れ）角度を計測するジャイロ・センサーで感知し、曲線入口付近で曲線外側の空気ばねに空気を供給して車体を曲線内側に傾け、曲線出口付近では曲線外側の空気ばねから空気を排気して車体を元に戻すしくみである。ばね式車体傾斜システムは振子式傾斜システムに比べて傾斜角度が小さいが、やはり最近開発された横揺れ防止のアクティブ・サスペンションやアンチ・ローリング・システムとの合わせ技で、本則に対する速度の向上分は振子式と変わらないレベルに達している。そして何よりも既存の空気ばね台車を若干設計変更して制御装置を追加するだけで機能するため、低コストである。したがって、コストパフォーマンスを重視する私鉄や各JR旅客会社の在来線用新型特急車両などに採用されているほか、新幹線のN700系とE5系、E6系にも採用されている。

表7-4　日本の車体傾斜車両

| 傾斜方式 | 営業開始年 | 事業者 | 機種 | 形式 | 運用両数 |
|---|---|---|---|---|---|
| 自然振子式 | 1973 | JR西日本 | 直流電車 | 381形 | 277両 |
| 制御振子式 | 1989 | JR四国 | 気動車 | 2000形 | 78両 |
| | 1992 | JR四国 | 直流電車 | 8000形 | 48両 |
| | 1993 | JR東日本 | 直流電車 | E351形 | 60両 |
| | 1994 | JR北海道 | 気動車 | 281形 | 27両 |
| | 1995 | JR北海道 | 気動車 | 283形 | |
| | 1994 | 智頭急行 | 気動車 | HOT7000形 | 34両 |
| | 1995 | JR東海 | 直流電車 | 383形 | 76両 |
| | 1995 | JR九州 | 交流電車 | 883形 | 56両 |
| | 1996 | JR西日本 | 直流電車 | 283形 | 18両 |
| | 1997 | JR北海道 | 気動車 | 283形 | 54両 |
| | 1999 | JR九州 | 交流電車 | 883形 | 56両 |
| | 2000 | JR九州 | 交流電車 | 885形 | 66両 |
| | 2001 | JR西日本 | 気動車 | 187形 | 26両 |
| | 2019 | JR四国 | 気動車 | 2700形 | 41両 |
| 空気ばね傾斜式 | 1996 | JR北海道 | 気動車 | 201形 | 12両 |
| | 1999 | JR北海道 | 気動車 | 261形 | 14両 |
| | 2004 | 名古屋鉄道 | 直流電車 | 2000形 | 48両 |
| | 2005 | 小田急電鉄 | 直流電車 | 50000形 | 20両 |
| | 2007 | JR東海 | 新幹線 | N700系 | 2976両 |
| | 2011 | JR東日本 | 新幹線 | E5系 | 490両 |
| | 2014 | JR四国 | 直流電車 | 8600形 | 17両 |
| | 2015 | JR東日本 | 直流電車 | E353形 | 215両 |

ただ、課題もある。空気ばね内部の空気を短時間で膨縮させることから圧縮空気の消費が多くなり、とくに山間部のカーブが多い区間を走行する場合は、圧縮空気を大量に供給する必要がある。したがって、一般の空気ばね車両に比して、大容量のコンプレッサーおよび空気タンクを搭載せねばならず、コンプレッサーの稼働率も高くなる。これは、常時架線電力からのコンプレッサー用電源を得られる電車であれば問題ではないが、気動車の場合はネックとなって採用できないケースもでてきている。

以上の流れに沿って日本で誕生した各種の車体傾斜車両を時系列で整理すると、表7-4のようになる（表7－4参照）。

## 曲線追随性能と直進安定性

鉄道車両の車輪には、車輪がレールからはずれるのを防ぐフランジがあり、すぐ外側の踏面にはテーパー（傾斜）が付いている。そして車軸で直結された両側のフランジ間の間隔寸法はゲージ寸法より若干小さくて遊びが設けてある。そのためカーブに差しかかると、外側レール上面に対して外側車輪の直径の大きい踏面が、内側レールに対して内側車輪の直径の小さい踏面が踏むため、曲りやすくはなっている。

しかし、線路が急曲線の場合、列車速度が速い場合はこれだけでは曲がりにくく、キーキーという騒音や車輪とレールの摩擦が発生し、脱線の危険も生ずる。それを避けてより曲りやすくするために考案されたのが「自己操舵（アクティブ・ステアリング）台車」である。基本的には、外側の車輪のホイール・ベースが広がり、内側は狭まる。そうすると車軸はレールと直角に向き合うことになり、より曲がりやすいことが直感できるであろう。そのしくみにはいくつか種類があるが、日本では一九九六年にJR東海が中央西線用383系電車に制御付自然振子システムとともに自己操舵台車を初めて採用している。ほぼ同じ頃、JR北海道が283系特急気動車に導入し、都市交通では二〇一二年には東京メトロ銀座線が導入している。

自己操舵台車も、車体傾斜装置と同じように、最初はレールからフランジに加わる圧力に自然に応じる単純で受動的なメカニズムから、センサーによって半強制的、そして強制的に操舵される方式に進化してきており、走行する路線ごとの曲線状況、運行速度など諸条件に応じて使い分けられる。

このように曲線を列車が円滑に曲がるために、両側の車輪のフランジの間隔寸法にはレール幅（ゲージ）に対して遊びがあるが、これがあるために、直線区間では車輪、台車が左右に蛇行する運動が必然的に起きてしまう。その解消のために考案された台車がボルスターレス台車である。従来の台車は枕梁（ボルスター・アンカー）を介して車体を載せていたため、曲線区間ではスムーズに曲がってくれるが、蛇行せずに直進するのは苦手であった。ほどよく曲がり、ほどよく直進する台車が空気ばねの進歩によって実現したのである。それは枕梁を省略して台車の上に空気枕ばねを介して直接車体を載せる構造である。そうすると直線では直進し、曲線では空気ばねのたわみでほどよく曲がってくれる。急曲線（半径一〇〇〜二〇〇メートル）ではやはり曲がりにくい傾向が残るが、通常の曲線なら大方対応できるので、急速に広く普及した。一方、一台車あたりの枕梁の重量は一トン弱もあるので、ボギー車では二トン弱軽量化できることになる。

JR東海383系電車

人間は慣れもあるせいか、乗物の上下動や前後動には平気であるが、左右の横揺れを苦手としている。それに応えるのが「アクティブ・サスペンション」で、センサーで車体の左右への揺れを感知したら、それと反対方向に油圧や空気を媒体として力を加える装置である。とくに高速で走る新幹線車両の新型からは積極的に採用されはじめている。これも簡易的なセミ・アクティブ・サスペンションと高度なフル・アクティブ・サスペンションがあるが、コスト・パーフォーマンス（費用対効果）も加味して、ケースにより使い分けられている。

# 第8章　新幹線の時代

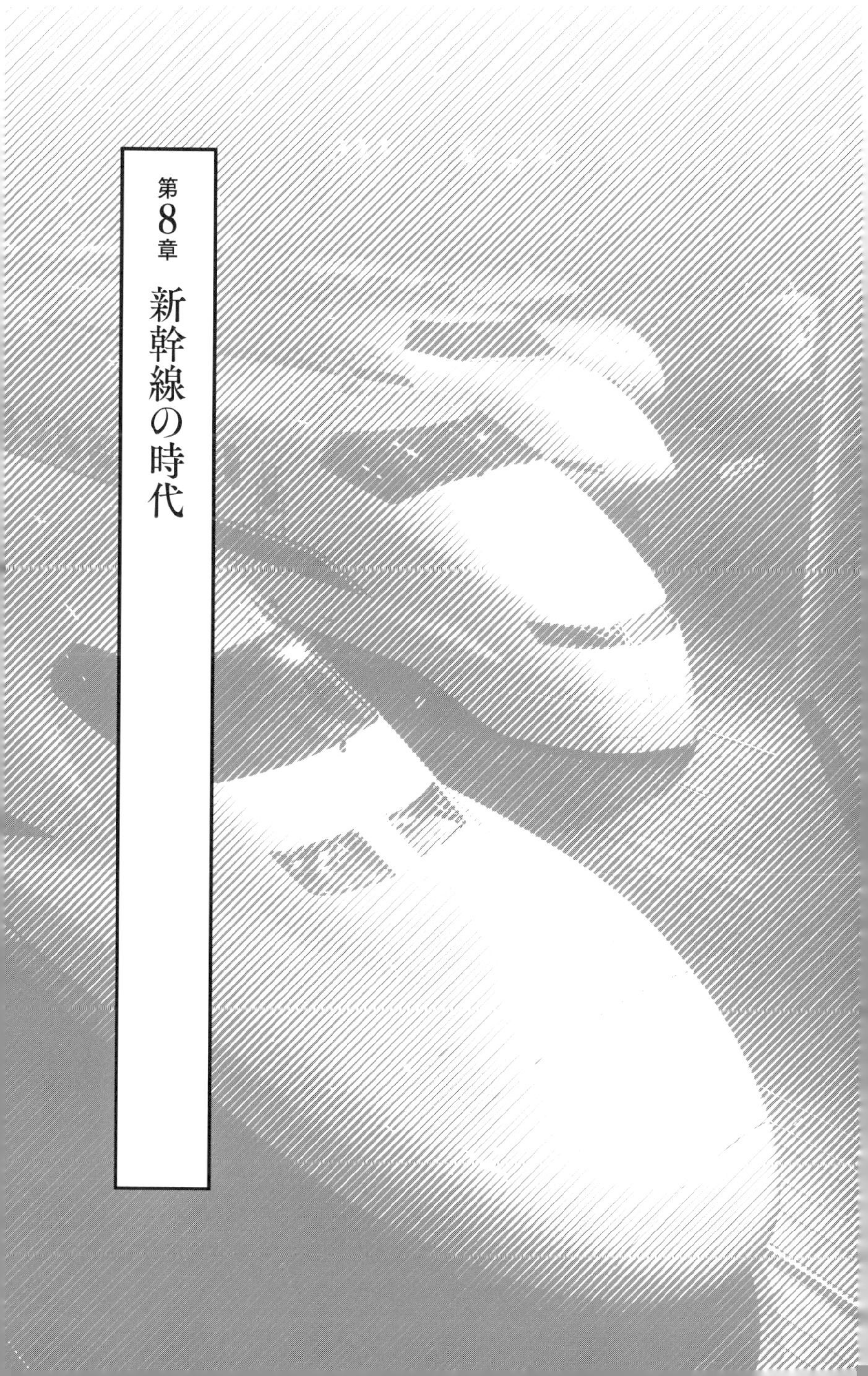

# 1　新幹線の開発

## 新幹線の国際的衝撃

　新幹線の開業に先立ち、国鉄は試作車両のメーカーへの発注と並行して、試作車両を試走させるモデル線の完成を急いだ。当然、開業後は営業線に包含される路線を先行敷設するものであり、神奈川県内の綾瀬〜小田原間三七キロに決まった。一九六〇年に起工して一九六二年春には一部区間一〇キロが開通した。

　一九六二年四月二五日、日本車輌製造の蕨《わらび》工場で完成した試作車A編成、1001、1002の二両編成は、報道陣へのお披露目も兼ねて、工場内に敷かれた五〇〇メートルのレール上を時速三〇キロで二往復した。これが新幹線車両の初走行である。結局五つのメーカーに分散して発注された試作車計六両は一九六二年六月に試験線への搬入が終わり、いよいよテスト・ランが始まった。まずは一〇キロ区間でB編成が時速七〇キロで走った。九月に入ると試走スピードは上がり、九月八日には時速一一〇キロから始まって、徐々にスピードアップして、七回目に時速一六〇キロを記録した。一〇月一〇日にはモデル線三七キロ区間が全通し、一〇月三一日にはついに時速二〇〇キロに到達した。この試験車には、国鉄側からは島秀雄技師長以下の幹部、報道陣、世界銀行からも調査団が同乗し、時速二〇〇キロに達した瞬間、リューベッケ調査団長が島技師長に向って「おめでとう。ほかに何もいうことはない」と微笑んだ。

　一九六三年一月からはいよいよ乗務員約一〇〇名の実地訓練が始まり、高速で走る対向列車同士のすれ違い走行も始まった。スピードアップも継続され、一九六三年三月三〇日には、時速二五六キロという当時の電車の世界最高速度記録を樹立している。

周知のように、東海道新幹線は一九六四年の東京オリンピック開催に合わせて開業している。欧米以外で行われる最初のオリンピック大会であり、それに合わせて世界初の高速列車専用の新線を東京〜大阪間に開業させるというのだから、これは日本が世界に向けて演じた一世一代の大芝居であった。当時の日本の経済成長は昇り竜ではあったが、先進国というにはいま一つであったし、日本の在来線については、ごく少数の知日家が「列車は清潔だし、通勤電車は正確・頻繁に運行されている！」と感心するものの、列車のスピードや豪華さなどを国際的に見ると、日本の鉄道は蚊帳《かや》の外であった。

新幹線0系

それだけに国鉄の力の入れようも尋常ではなかった。東海道新幹線は東京〜大阪間五一五キロのうち、切り通しや築堤一七二キロ＋トンネル六九キロ＝合計二四一キロと、約半分が手のかかる人工的路線であることを見ても、在来線とは大いに異なり、いかに直線や平坦にこだわったかがわかる。現に最小半径は二五〇〇メートル、最大勾配は二パーミルという、当時としては破格の高規格路線であったが、いまになってみると、これでもカーブがややきつく、後発のほかの新幹線ルートや海外の高速鉄道に比べると、高速運転にハンディを背負っている。パイオニアとは必ずこういうハンディを背負うものである。先例を追えば、一般鉄道ではパイオニアであるイギリスの鉄道は、元祖であるものの、後発国より車両限界がずっと狭かったし、日本最初の地下鉄・銀座線は線形が悪く、車両限界も狭い。

とはいえ、在来線とは異次元である。「高性能車両を揃《そろ》える」というよりも「踏切のない高規格の新線」を敷いて「信号を運転室内に取り込み中央制御する」ところに最大の特色があった。超特急「ひかり」は、開業後一年間は四時間運転であったが、路盤が固まった一九六五年から三時間一〇分運転を開始している。最高時速は二一〇キロ、表定時速は一六三キロを誇り、完全に世界の最速列車となった。速度だけでなく、定員一三四〇名の一六両編成が頻繁に発着する、高速大量輸送システムを世界で初めて実現したのである。

日本の鉄道は一八七二年の開業時にフランス人作家ロティに「貧弱な汽車」と揶揄《やゆ》されて以来、関係者が営々と努力し、狭軌・急曲線・急勾配・トンネル……といったハンディキャップを少しずつ克服し、地味ながら進歩させてきた。しかし、日本の鉄道は高速列車とか、豪華列車とか、革新的な鉄道技術のような国際的に注目される派手な要素は一切持ち合わせなかった。極東の島国という地理的ハンディも、欧米人が日本の鉄道を見聞する機会を限定してしまっていた。一九六九年当時パリのＵＩＣ本部（国際鉄道連合）に駐在した山之内秀一郎（国鉄では技術畑の中枢を歩み、ＪＲ東日本会長から宇宙航空開発機構理事長に転出した）に向かって、フランス国鉄の友人は次のように開陳したという。

日本の新幹線にはこれといった革新的な技術は何もないね。新しい線路さえつくることができれば、あの程度のことはわれわれでもすぐできる。新幹線が生まれるまでは、われわれにとって日本の鉄道など全く眼中になかった。鉄道の世界の中に存在しないも同然だった。ところが、いまでは日本がくしゃみをするとフランスは風邪をひく。（山内秀一郎『新幹線がなかったら』）

多少屈折した表現であるが、このフランス国鉄の友人は、TGV開通時にフランスで出版された『TGVの挑戦』の書中では「新幹線の前例なくしてTGVはあり得なかった」ことを素直に認めている。

高速鉄道の本当の生みの親はフランス人なのかもしれないが、パリとリヨン間のTGVは東海道の息子であり、イタリアのディレッティシマの従兄弟だ。一九五〇年代の日本での研究、六〇年代の開業と営業の推移について、フランス国鉄は大変な興味を持って見守っていた。常識をくつがえした全く異なったシステム（たとえば特急列車にだけ特化して、高速運転用に真っ直ぐな線路を建設したこと）を採用したことによって、日本はそのパートナーたちと競争相手に強い印象を与えた。……人々の心に衝撃を与えたのはその運営形態であった。「ひかり」と「こだま」を混ぜ合わせた高密度運転、そしてこの鉄道は世界で初めての信号機のない鉄道であり、連続した車内信号、CTC、ATCなどなど……。サービスのほうは粗末とは言わないまでも、シンプルである。両側に二列と三列の座席が並び、通路には断え間なく車内販売サービスがある。

これはまさしく大量輸送そのものである。（『TGVの挑戦』）

たしかに当時の鉄道技術として、他国にはないのに日本の新幹線が唯一披露したものは何もない。高規格な高速新線を敷設するという思い切った飛躍、すなわち政策的・政治的決断が最大の売り物であった。

とはいえ、大多数の日本人は、おそらくは陸蒸気《おか》が出現した時と同様、この未知の超高速列車の出現に素直に驚嘆した。当時、新幹線に試乗できたラッキーな人たちの感想が残っているので、いくつか拾ってみよう。

開通直前の日曜日、招かれて東京・静岡間、片道一時間半の距離を往復するチャンスに恵まれた。……十両以上の編成、時に二百キロ以上にも達するスピード、線路わきに五十メートルおきに立つコンクリート製の電柱がまるで連続しているかのように、前から後ろへ飛び去るありさま等々にもかかわらず、ほとんど車台の動揺を感じさせない。出発、停止の手ぎわもなかなか見事で、まことに賛嘆すべき技術の進歩といってよい。座席の様子も、ちょっと航空機のそれに似てはいるが、スペースもゆったり、窓わくも大きいから、広々として明るい点ははるかに空の旅よりすぐれている。（嘉治隆一「新幹線試乗の印象」時事通信、一九六四年一〇月二日）

トンネルを出ると広々とした相模平野の真只中を走っている。速度計はぐんぐん上ってたちどころに時速二百を指示する。すなわち新幹線の最高時速である。家も畑も飛ぶようである。車内放送の「……列車の時速二百キロというスピードは世界でもこの列車だけが出せるものでありります……」という説明を気持ちよく聞きながら、……振動の少ないのは、二百キロの速度の時でも車内を歩くのにほとんど地上を歩くのと大差がないのでもわかる。……突然列車の速度がかなり落ちて、そのままゆっくり進んだ。すると車内放送の説明である。「みなさん、ただいまの速度は時速百二十キロ、こだま・つばめなどの特急の最高時速であります。みなさんが経験された特急の最高速度の時の感じと比較願います。……」……人が感ずるスピード感なるものが、案外たよりないものであるのをはっきりと知ることができる。（藤原宏・東京都教育委員会指導主事「東海道新幹線試乗記」『修学旅行』）

その後、山陽新幹線の岡山まで、そして博多までの開通時の試乗記をいくつか見つけることはできたが、当時は東海道新幹線と比べてスピードに大差なく、山陽路はいかにトンネルが多いか、「山陽地下鉄」と揶揄されて終わっている。しかし東海道新幹線に300系が登場していきなり最高時速二七〇キロ走行を始めた試乗ルポはかなり衝撃的であった。

ダイヤ改正前に運転された試乗列車からのレポートで〝誌上二七〇キロ体験〟を試みてみたい。……車内を見渡しているうちに列車は静かに動き出した。……ホームを出た列車はグイグイと加速する。東北・上越新幹線の二〇〇系が出たときは随分加速が良いと感じたが、この車はそれ以上である。大出力交流モーターの強みであろう。……確かに時速二七〇キロとなると景色の流れが速く、あっという間に小田原、熱海と過ぎて行く。……岐阜羽島の副本線には名古屋始発の「ひかり六三号」が我々の通過を待っている。東海道区間では従来、絶対に追い抜かれることがなかった「ひかり」が初めて味わう屈辱である。開業三〇周年を間近に控え、新幹線が新しい時代を迎えたひとつの象徴にも思える。（鉄道ピクトリアル編集部）

## 空路との競争

その後の新幹線の延伸は数多の書で紹介されているが、今後の予定線まで含めて一覧すると表8−1のとおりである（表8−1参照）。

表中の「整備新幹線」と「基本計画線」は一九七〇年に制定された「全国新幹線鉄道整備法」に基づくもので、その後の告示で修正がなされているが、要は現在、「整備新幹線」は着工することが決定されている路線、「基本計画線」は中央リニア新幹線を除いて具体化されていない路線と理解していただければよい。なにしろ高度経済成長期の真っ只中で制定されたものゆえ、いまから見ると大変な大風呂敷になっている。

新幹線開通に関連して重要なことは、そのスピードもさることながら、高速鉄道が航空機との競争、すなわち交通シェアにおいて鉄道復権にどう貢献できるかである。一九六六年から二〇〇〇年の間の東京〜大阪間、東京〜福岡間、東京〜札幌間の交通手段別の交通シェアの推移は表8−2のとおりである（表8−2参照）。

空港へのアクセスを考えるなら、列車の乗車時間が二〜三時間なら空路に勝てるが、五〜六時間

表8-1　営業中の新幹線および整備計画、基本計画路線

| 区分 | 路線名 | 区間 | 距離（km） | 開業時期 |
|---|---|---|---|---|
| 開通済 | 東海道新幹線 | 東京〜新大阪 | 515 | 1964年 |
| | 山陽新幹線 | 新大阪〜博多 | 554 | 1975年 |
| | 東北新幹線 | 東京〜新青森 | 675 | 2010年 |
| | 上越新幹線 | 大宮〜新潟 | 304 | 1982年 |
| | 北陸新幹線 | 高崎〜金沢 | 346 | 2015年 |
| | 九州新幹線 | 博多〜鹿児島中央 | 127 | 2011年 |
| | 北海道新幹線 | 新青森〜新函館北斗 | 149 | 2016年 |
| 整備新幹線 | 九州新幹線 | 武雄〜長崎 | 69 | 2022年 |
| | 北陸新幹線 | 金沢〜敦賀 | 125 | 2022年 |
| | 北海道新幹線 | 新函館北斗〜札幌 | 360 | 2030年 |
| 基本計画線 | 羽越新幹線 | 富山〜青森 | 約560 | |
| | 奥羽新幹線 | 福島〜秋田 | 約270 | |
| | 中央新幹線 | 東京〜大阪 | 約480 | |
| | 北陸中京新幹線 | 名古屋〜敦賀 | 約150 | |
| | 山陰新幹線 | 大阪〜下関 | 約550 | |
| | 中国横断新幹線 | 岡山〜松江 | 約150 | |
| | 四国新幹線 | 大阪〜大分 | 約480 | |
| | 四国横断新幹線 | 岡山〜高知 | 約150 | |
| | 東九州新幹線 | 福岡〜鹿児島 | 約390 | |
| | 九州横断新幹線 | 大分〜熊本 | 約120 | |

表8-2　国内主要区間における鉄道と航空のシェア　（単位：千人）

| 区間 | 交通機関 | 1966年 | 1971年 | 1976年 | 2000年 |
|---|---|---|---|---|---|
| 東京－大阪間 | 鉄道 | 2,629（85%） | 4,339（77%） | 5,695（80%） | 29,000（83%） |
| | 航空 | 451（15%） | 1,266（23%） | 1,380（20%） | 5,730（17%） |
| 東京－福岡間 | 鉄道 | 554（75%） | 587（47%） | 1,092（67%） | 991（12%） |
| | 航空 | 180（25%） | 652（53%） | 546（33%） | 7,260（88%） |
| 東京－札幌間 | 鉄道 | 497（53%） | 593（30%） | 338（13%） | 487（5%） |
| | 航空 | 441（47%） | 1,373（70%） | 2,249（87%） | 9,255（95%） |

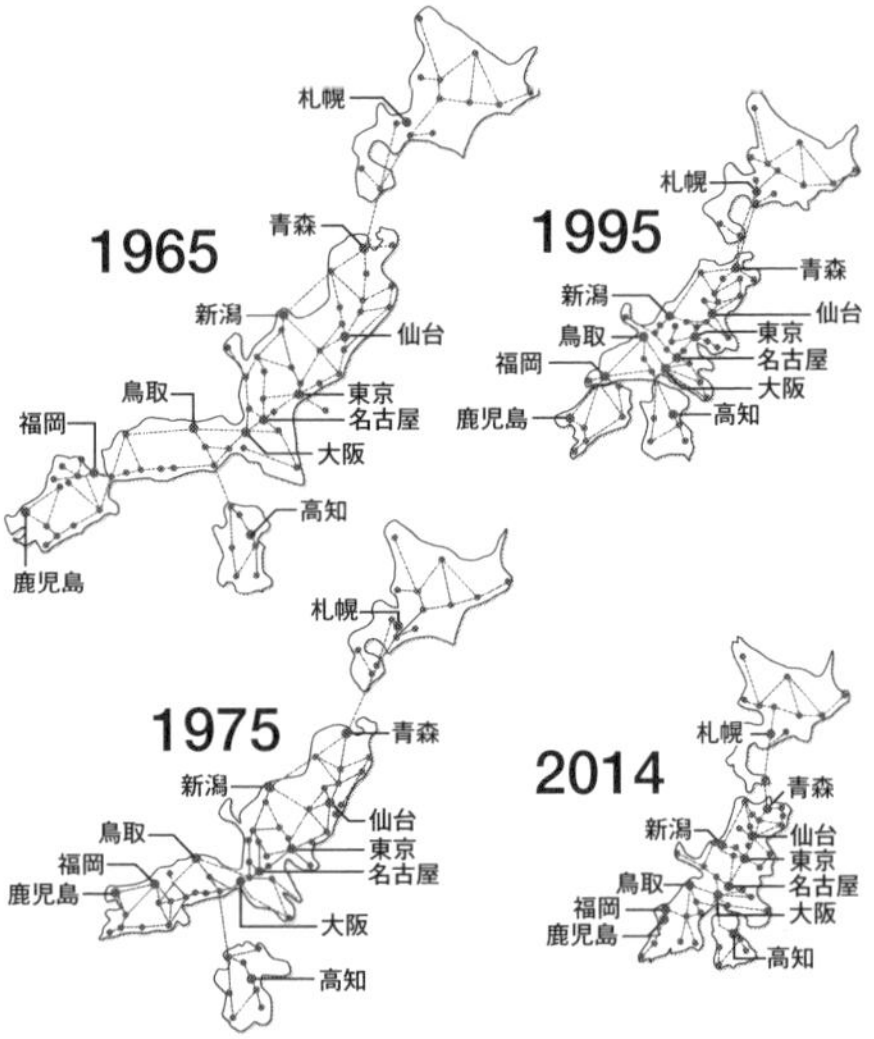

所要時間を距離に変換した「鉄道時間地図」
資料：清水英範、井上亮「時間地図作成問題の汎用解法」『土木学会論文集』765号、2004年などを参考にした。

になると逆転するという冷徹な事実が証明されている。しかし、いま距離一〇六九キロの東京〜博多間最速の「のぞみ」が五時間一二分、表定時速二〇六キロで走っているのに対して、最近中国で開通した広州〜武漢間も奇《く》しくもまったく同距離の一〇六九キロなのに、最速列車は三時間二五分、表定時速三一五キロで走っている。東京〜博多間をもしこのように走れれば、交通シェアは航空機から鉄道に逆転する可能性は高い。日本はそもそも山地が多く、大平原国に比べて多少ハンディがあるとはいえ、日本の技術や工夫をもってすれば、このギャップはもう少し埋められるのではないか。このあたりが、今後開通予定の東京〜札幌間も含めて鉄道復権がかかるきわめて重要な分岐点なのである。

いずれにせよ、鉄道の高速化について二世紀近く前に詩人ハイネが「鉄道により……すべての地方の山や森がパリに押し寄せてくるような気がする」と謳ったロマンに代わって、いまは「鉄道時間地図」が時空の短縮を雄弁に物語ってくれている。

## 2 海外勢の巻き返し

先に新幹線開通時のとりあえずのフランスの反応を見たが、その後、無事故で安定運転を続ける新幹線への感想も紹介しておこう。「日本の高度成長と、欧米に例を見ないほど過密な東海道ベルトの交通打開のため、日本には高速新線建設を正当化する理由がどの国よりも強かった」「地震対策まで施した安全性」「開業後の高収益」などと冷静に眺めている。こうした目線をふまえると、新幹線の成功がフランスの鉄道高速化への挑戦をいかに刺激したかがわかる。

### 欧米諸国の高速化対応

新幹線の成功は、フランスのみならず、ヨーロッパの鉄道先進国を刺激した。彼らの高速化への取り組みは、まず既存の在来線を使ってどこまで高速運転をできるのかという見定めから始まった。

ドイツでは一九六五年のミュンヘン交通博覧会時以来、ごく一部区間で最高時速二〇〇キロ運転を開始したが、難儀も多く、すぐに一六〇キロ運転に引き戻されてしまった。

フランスでは、一九六七年からパリ〜ボルドー間の特急「アキテーヌ」がごく一部の区間ではあったものの、最高時速二〇〇キロ走行を始め、全区間五八一キロを三時間五〇分で走破した。表定時速は一五二キロに達しており、新幹線の一六二キロに肉薄している。

イギリスで一九六七年から始まったAPT計画（Advanced Passenger Train；先進旅客列車）では、ロンドン〜グラスゴー間の西海岸線を表定時速一六二キロで走らせるという目標が設定されたが、失敗に終わっている。ただし、もっと現実的な高速ディーゼル列車HTP編成が一九七六年に登場、東海岸線などに投入されて、表定時速一四〇キロ台に達している。

アメリカでは、北東回廊線に一九六九年に電車方式のメトロライナーが走りはじめ、いきなりノン・ストップで二時間半、表定時速一四四キロ運転を開始したが、程なくしてスピードダウンを余儀なくされた。

このように、欧米ではとりあえず在来線上で工夫をして何とか新幹線に肉薄しようとしたが、それでは不可能であることが明白になったのである。

在来線での高速化を試みた欧米諸国であったが、結局、高速新線の建設なくして本当の高速鉄道は実現できないという、単純にして明快な原理をあらためて認識した。それだけでも新幹線の功績はきわめて大きいが、鉄道先進国を自負するヨーロッパ勢がそのまま引き下がったわけではない。真っ先に日本の新幹線を追いかけたのはフランスである。

## 新幹線とヨーロッパの高速鉄道の規格の違い

フランス国鉄（SNCF）は鉄道の抜本的高速化のため、あらゆる手段を白紙から研究した。まず考えられたのが「エアロトラン」という空気クッションで浮上させてジェット・タービンで推進する方式で、オルレアンの北方一二キロの地点に実験線を設けた。この実験線では最高時速四三〇キロを記録したが、騒音、燃費、乗車定員の少なさなど大きな欠点が浮き彫りになり、計画は放棄された。

踵《きびす》を接して一九六五年、「ターボ・エンジン推進列車で新線上を最高時速三〇〇キロで走らせる」案が浮上し、パリ〜リヨン間在来線の飽和状態解消の目的も合わさり、東南線TGV計画が始まった（TGVはTrain à Grande Vitesse＝高速列車の意）。

しかしオイルショックによる燃費の低下に直面し、一九七四年の閣議でTGV計画は「ターボ列車ではなく電気列車」に生まれ変わり、一九七六年に新線建設と車両の入札が開始された。

電気式ガスタービン車TGV001のテスト・ラン。1972年に世界最高速度318km（当時）を記録

パリ〜リヨン間の所要時間二時間が大方針であり、一九七八年八月の試作車両完成を待って、アルザス平野で走行試験が開始された。一九八一年二月のテスト・ランでは早くも軽く時速三八〇キロをマークし、一九五五年にSNCFが死に物狂いで打ち立てた時速三三一キロをあっけなく抜き去ってしまった。そして一九八一年九月、ついにパリ〜リヨン間四一七キロが開通し、最高時速二六〇キロ、表定時速二〇〇キロで走り出した。

その後、TGV網はしだいに拡充され、一方、ドイツのICE（Intercity-Express）、イタリア、スペインなど続々と高速新線保有国が出現した。

ここで、新幹線と海外のライバルたちの高速列車の規格を比較してみる。まずは高速新線としての線路規格から入ってゆこう。高速新線としてスピードを左右し、所要資金

表8-3　主要高速鉄道の規格

| 項　目 | 新幹線 | TGV | ICE | ETR | AVE |
|---|---|---|---|---|---|
| 区　間 | 新大阪～博多 | ヴァランス～マルセイユ | ケルン～フランクフルト | ローマ～フィレンツェ | マドリード～セビージャ |
| 工　期 | 1965－1975 | 1995－2001 | 1995－2002 | 1970－1992 | 1987－1992 |
| 総延長距離 | 563km（100%） | 255km（100%） | 177km（100%） | 237km（100%） | 471km（100%） |
| 土工区間 | 101km（18%） | 220km（88%） | 126km（75%） | 120km（50%） | 445km（95%） |
| 橋梁高架区間 | 194km（35%） | 17km（7%） | 6km（3%） | 46km（20%） | 10km（2%） |
| トンネル区間 | 268km（47%） | 13km（5%） | 47km（22%） | 71km（30%） | 16km（3%） |
| 最大勾配 | 15‰ | 35‰ | 40‰ | 9‰ | 13‰ |
| 最小曲線半径 | 4000m | 6250m | 4000m | 5400m | 4000m |
| トンネル断面積 | 64㎡ | 100㎡ | 92㎡ | 不明 | 75㎡ |
| 2両分断面積 | 24㎡（38%） | 18㎡（18%） | 20㎡（22%） | 不明 | 18㎡（24%） |

でも圧倒的に大きいのは、車両ではなく実は高規格の線路建設費なのである（表８－３参照）。

各路線の延長距離を土工区間（盛土・切通し・平地などあるが、いわゆる通常の区間）、橋梁高架区間、トンネル区間と三区分すると、平地の多いヨーロッパでは土工区間がきわめて長い。対して日本は橋梁高架、トンネル区間が多く、それだけ建設コストがかさんでいる。

線路の最小曲線半径こそほぼ近似しているが、最大勾配を見るとTGVとICEは無頓着に急勾配を造り、強力なモーターで強引に駆け上って行く姿勢が見て取れる。日本でも長野新幹線や九州新幹線には三〇ないし三五パーミルの勾配はあるが、地形そのものはヴァランス～マルセイユ間や、ケルン～フランクフルト間に比べればずっと急峻であり、トンネルによって平準化に努めている。

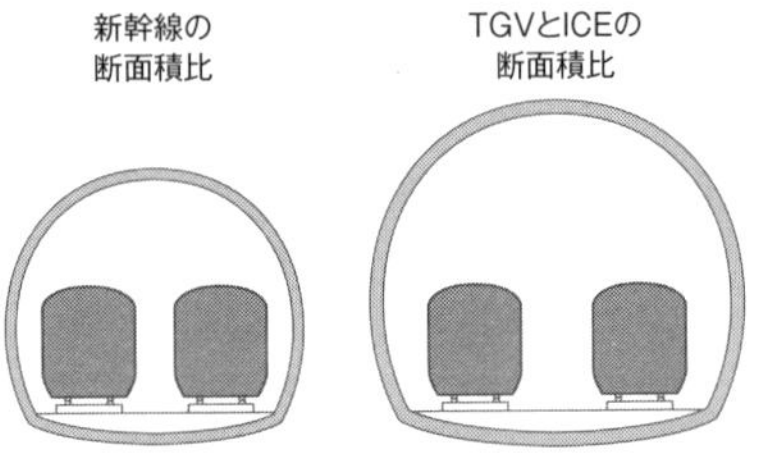

トンネルと列車の断面積比

もう一つ大事なことは、トンネル断面積に対する、対向二列車の車両断面積合計の比率である。平たくいえばトンネル内で上下両列車がすれ違う際のスペースが、窮屈かゆったりしているかである。ご覧のとおり、新幹線のほうが窮屈である（車両断面積の比率はトンネル衝撃波と関係するが、これはあとで述べる）。

## 最高速度の比較

次に、新幹線とライバルたちの代表的車両を比較してみよう。第一に、日本の新幹線は他国の高速列車に比べて一列車の編成が長く、定員も多い。新幹線開通時にフランス人が指摘したように、新幹線は高速輸送体系であると同時に、最初から大量輸送体系をねらったのである。さらに重要なこととして、いずれの国でも最新車両はすべて動力分散式の電車編成になっている。これこそ新幹線生みの親・島秀雄が主張し続けた「ムカデ方式」の世界的具現化である。

さて本書の主題はスピードである。一九六四年の新幹線開通以来、安心してしまったのか、あるいは皮肉にも一九六四年から始まった国鉄の赤字の加速度的累積がさらなる高速化の動機を奪ってしまったのであろうか。0系の最高時速二二〇キロはその後100系や200系が加わって二三〇キロ、二四〇キロとちょっぴり向上したとはいえ、東京～大阪間の主要時間三時間一〇分は一九六五年以来、一九八六年の時刻改正で二時間五六分になるまで、二一年間もまったく不変だったのである。これに対して一九八一年にパリ～リヨン間に二時間運行でデビューしたTGVは、いきなり最高時速二六〇キロ、表定時速二〇九キロで運転を始めた。一九九一年にはドイツでもICEが最高時速二八〇キロで走り出し、攻守所が変わった。

褌《ふんどし》を締め直したJRは、一九九二年に登場させた300系で運転最高時速を二七〇キロに上げ、東京〜大阪間の所要時間を二時間半にまで短縮した。300系から三相交流モーターをVVVF（IT制御による可変電圧・可変電流装置）で制御する方式へと抜本的転換がなされているが、これがまさに世界的な潮流であった。日本でも主要国でも、一九九〇年前後の高速鉄道車両、在来線車両はあまねくその影響を受けている。二〇一四年現在とちょっと古いが、高速鉄道が運行されている線区をご覧いただこう（表8－4参照）。

高速新線の延長を見ると、ヨーロッパではスペインがナンバーワンになったこと、そして最も注目されるのが中国の大延伸である。これは日常の運行の姿であるが、その背後で、日常の運行速度を上回る高速走行試験が行われてきている。時代順に日仏を比較してみよう（表8－5参照）。

日本では慎重着実に歩が進められてきているのに対し、フランスは試験回数こそ少ないが、ボンと一挙にすさまじい飛躍するではないか。時速は三八〇キロから四八二キロへ、時速五一五キロでも度肝を抜かしたのに、二〇〇七年には時速五七五キロに達している。これは国鉄・JRとSNCFの思想の違いというよりも、国民性や気質の違いに根差すものに違いない。参考までに、この時速五七五キロの体験記をご紹介しておこう。

フランス国有鉄道の高速列車「TGV」の試験走行で三日、世界最速の時速五七四・八キロが記録された。今回走行実験が行われたのはTGVの新型車両「V150」で、今年六月一〇日

表8-4　各国高速鉄道の総延長と最高速度（2014年時点）

| 国名 | 名称 | 開通年 | 総延長 | 営業最高速度 | 試験最高速度 |
|---|---|---|---|---|---|
| 日本 | 新幹線 | 1964 | 2,388km | 320km/h | 443km/h |
| フランス | TGV | 1981 | 2,005km | 320km/h | 575km/h |
| イタリア | ETR | 1988 | 944km | 300km/h | 394km/h |
| ドイツ | ICE | 1991 | 1,228km | 300km/h | 407km/h |
| スペイン | AVE | 1992 | 2,225km | 300km/h | 404km/h |
| ベルギー | タリス | 1997 | 209km | 300km/h | — |
| イギリス | ユーロスター | 2003 | 113km | 300km/h | — |
| 韓国 | KTX | 2004 | 412km | 300km/h | 421km/h |
| 台湾 | 700T | 2007 | 345km | 300km/h | — |
| 中国 | CRH | 2008 | 9,904km | 310km/h | 487km/h |
| トルコ | VHT | 2009 | 565km | 250km/h | 303km/h |
| オランダ | タリス | 2009 | 85km | 300km/h | — |
| ウズベキスタン | タルゴ | 2011 | 344km | 250km/h | — |

表8-5　新幹線およびTGVの高速度記録

| | 新幹線 | | TGV | |
|---|---|---|---|---|
| 年 | 区間 | 時速 | 区間 | 時速 |
| 1954 | | | 在来線ディジョン付近 | 243km/h |
| 1955 | | | 在来線ボルドー付近 | 331km/h |
| 1963 | 鴨宮試験区 | 256km/h | | |
| 1972 | 神戸～相生 | 286km/h | | |
| 1979 | 小山付近 | 319km/h | | |
| 1981 | | | TGV東南線 | 380km/h |
| 1986 | 仙台～北上 | 271km/h | | |
| 1989 | 高崎～長岡 | 276km/h | TGV大西洋線 | 482km/h |
| 1990 | 徳山～新下関 | 277km/h | TGV大西洋線 | 515km/h |
| 1991 | 京都～米原 | 326km/h | | |
| 1991 | 越後湯沢～浦佐 | 336km/h | | |
| 1991 | 越後湯沢～浦佐 | 345km/h | | |
| 1992 | 小郡～新下関 | 346km/h | | |
| 1992 | 小郡～新下関 | 350km/h | | |
| 1992 | 燕三条～新潟 | 352km/h | | |
| 1993 | 燕三条～新潟 | 425km/h | | |
| 1996 | 京都～米原 | 427km/h | | |
| 1996 | 京都～米原 | 443km/h | | |
| 2007 | | | TGV東線 | 575km/h |

から営業運行を開始するパリ・ストラスブール間の線路が使用された。今回の試験走行は数週間にわたり準備が進められ、記録達成の公式認定のため、報道陣らを乗せて行われた。走行実験では時速三八〇キロを超えたぐらいから徐々に車体の揺れが感じられるようになり、時速四九〇キロで乗客たちはややフラフラしはじめ、時速五四〇キロでは立っているのが困難になった。時速五七〇キロで運転士は「(試験走行は)心配はしていませんでした。鳥もいないし、天気もいいし、試験走行中はなにも問題がありませんでした」と会心の笑顔で語り、カメラに収まっていた。日本の磁気浮上式リニアモーターカーが二〇〇三年に記録した時速五八一キロには及ばなかったが、線路上を走る鉄道としては世界最高速度を達成したことになる。(ロイター)

## 閑話休題――列車のスピードはどのように測るのか

ここまで速度について「いつ頃、どこで、どの列車が時速何キロを記録した」と当たり前のように記してきたが、実際にどのように測ったのであろうか、なかなか明快に答えられる方は少ないだろうし、実は私もにわか勉強であるが、興味深いテーマなので以下に簡単に示しておく。

そもそも何のために列車の速度を測るのか。本書では鉄道史、鉄道技術史、あるいは趣味のために資料を集めて整理しているが、本来の目的はもっと重要である。一つめは、日々の鉄道の運行に不可欠なものとして通常、運転士が運転台で使うため。二つめは、客室で乗客サービス用に使うため。三つめとして、新車開発、高速化、技術研究目的などで計測列車のなかで使うため、である。

では、列車の速度はどのようなメカニズムで計測されるのか。歴史的年代は明示できないが、技術的には次のステップを踏んでいる。

(1)一定距離で時計計測
(A)キロ・ポスト間の通過時間から割り出す。
(B)キロ・ポスト間のレールの継目音の回数から割り出す。
(2)機械式速度計……軸受内の車軸端の回転をジョイントにつなぎ、回転数から計測。
(3)電気式速度計①……軸受内の車軸端の回転で単相交流発電し、周波数と電圧の変動から計測。
(4)電気式速度計②……軸受内の車軸端に歯車を付け、その回転速度を無接触で電気的に計測。

時計計測の方法は、一九世紀中の蒸気機関車列車の速度計測に用いられた。ただし前述したように、イギリスでもアメリカでも、毎日ダイヤを無視して速度更新に励んだ時代は、運転台の機関士や客車の車掌が懐中時計で適当に測っていたから、誤差が大きく当てにならない。とくにアメリカから報告された記録は無視すべきである。

これも前述したが、二〇世紀に入って、暴走事故の反省から、欧米の鉄道では日常の運転最高速度が規制されたし、速度記録挑戦も準備を整えて安全に配慮して行われるようになった。この頃から時計による目測、聴測は姿を消して、機械式速度計が使われるようになった。

一九三〇年代に入り、流線形の高速列車が覇を競うようになると、速度計も進歩して、電気速度計①のタイプが開発された。日常運転に使う場合は不詳であるが、スピード記録をねらって高速度に挑戦する場合は、客車内に取り付けられた電気速度計①タイプが使われたことはたしかである。

この頃、蒸気機関車の世界最高記録を競っていたのは英独である。第3章でも述べたように、一九三五年にまずドイツの05形02が、かろうじて時速二〇〇キロを突破したというニュースがイギリスに伝わったが、イギリス側はそれが正確に計測されたものか疑義を呈した。プライドと自信に満ちたドイツ国鉄は「それならば」と、イギリスの鉄道関係者を招き、05形の牽く試験列車に乗せてデモンストレーション走行をしてみせた。

試験列車の客車内には、電気式速度計をはじめ、精密な機器類が並んでいた。イギリス人たちが運転台に入ると列車はどんどん加速し、時速二〇〇キロは出さなかったものの、時速一八〇キロに達しても騒音は小さく、滑らかに走行したため、ドイツ国鉄はイギリスの疑念を晴らすことができた。

それから三年後の一九三八年、今度はイギリスの番である。ロンドン・アンド・ノース・イースタン鉄道のA4形「マラード」号が時速二〇三キロの大記録を打ち立てた（68ページ参照）。しかし翌一九三九年には第二次世界大戦が勃発したため、英独のスピード競争はここで終わる。ただ、英独は敵味方に分かれてしまったものの、それとは関係なく英独の鉄道技術者同士は親密であったようである。

一方、日本の鉄道は、在来線での低速運転に甘んじており、戦前はそもそも速度計が運転台に付いていなかった。戦後一九五〇年頃から湘南電車や72系電車の運転台に機械式速度計が設置されたが、客室から見ると、針の動きは実にぎこちないものであった。

一九六四年に東海道新幹線が開通すると、運転台における安全確認のためは当然のこととして、

ＡＴＣ作動との関連で、とても機械式速度計では対応できなくなった。しだいに高速化されてきた在来線も含め、速度計は必須装備となり、すべて電気式速度計となった。しかもタイプ①からタイプ②への切り替えは急速であった。

## 中国の台頭

中国の最新の鉄道情報について詳しい書籍は出ていないが、最近『中国鉄道時刻表』を買ってみて驚いた。いまや中国の総鉄道延長は一一万キロ、高速新線だけでも三万キロ弱に達しており、夥《おびただ》しい高速車両群がある。「当初導入された中速車」「第一世代高速電車」「第二世代高速電車（ＣＲＨ３８０）」「第三世代高速電車（復興号）」に分類され、計六二形式（これには試験用電車や、運用をはずれた形式も多少含まれているが）も記載されている。しかも中国は線路延長や車両数といった量的スケールだけでなく、技術集積、経験集積といった質的な面でも世界トップの座をねらいはじめている。

二〇世紀末以降、中国は広い国土をカバーする高速鉄道網計画を不退転の決意をもって立てている。最初は国産技術の自力更生をめざし、二〇〇二年には、秦瀋旅客専用線での試験走行で国産電気機関車「中華之星」が最高時速三二一キロの国内最速記録（当時）を

試験走行で322km/hを記録した純国産の「中華之星」

2002年に運行を開始した上海トランスラピッド

樹立した。ただ、この時はまだトラブルが多かった。

　この段階では、高速化のために標準軌の旅客専用新線を建設するか、リニアモーター路線を建設するかで意見が分かれていたが、ひとまず、すでに建設が始まっていたリニアモーター路線が先行し、二〇〇二年、ドイツのシーメンス社の技術を導入して上海トランスラピッドが最高時速四三〇キロ運転を始めている。

　結論からいうと、リニアモーターカーによる以後の高速化は見送られた。鉄輪式に比べて速度で優位であるが、コストが高くつき、常電導方式で浮上クリアランスが小さいため、安全性の疑問が払拭《ふっしょく》できなかったからである。くわえてドイツ側が中国側への技術移転に懸念を示していたため、二〇〇四年、国務院は「中長期鉄道網計画」を決定し、従来の鉄輪式鉄道による高速化で方針が固まった。

　当初は日本の新幹線技術、とくに台湾で導入される７００系に関心があるといわれていたが、当時は反日世論が根強く、海外から複数の技術を導入することになった。二〇〇四年、鉄道部は時速二〇〇キロレベルの二〇〇編成の入札を始めた。フランスのアルストム社、ドイツのシーメンス社、カナダのボンバルディア社、川崎重工業を中心とする日本の企業連合が入札に参加し、各々成約に至った。

中国の計画は、ボンバルディアのＲＥＧＩＮＡをベースにしたＣＲＨ１型、ＪＲ東日本のＥ２系をベースにしたＣＲＨ２型、シーメンスのＩＣＥ３をベースにしたＣＲＨ３型、アルストムのＥＴＲ６００をベースにしたＣＲＨ５型を製造するというもので、これらの編成は総じて「和諧号」と称された。

JR東日本E２系をベースとする「和諧号」CRH２

四つの契約内容は基本的に同一で、契約総数は各六〇編成。最初の三編成は完成品で引き渡し、次の六編成は部品を供給して中国でノックダウン生産、残りの五一編成は中国でライセンス生産するというものである。したがって本質的に日本側だけが特別な差別待遇を受けたということではない。

ただ、四社が中国と結んだ「技術供与契約」には、「ブラック・ボックスのない全面的技術許与」と書かれており、日本以外の三社は契約に抵触しない範囲で中国側に聞かれたことに対して最小限答えるといったスタンスを取ったのに対し、日本側は中国側に聞かれたことに懇切丁寧に応じたらしい。これは是非を論ずる前に、欧米の契約社会か、日本流の宥和社会かの違いから発するもので、目くじらを立てる筋合いではないかもしれない。

二〇〇五年の六月からは、時速三五〇キロ運転が可能な車両の入札を受け付けた。最高時速が三五〇キロとされたのは、ベース

表8-6　中国の高速鉄道の推移

| 区間 | 距離 | 年 | 所要時間 | 表定時速 |
|---|---|---|---|---|
| 北京～上海 | 1,462km | 1977年 | 20時間15分 | 72km/h |
| | | 1992年 | 17時間20分 | 84km/h |
| | | 1997年 | 15時間08分 | 97km/h |
| | | 2000年 | 14時間00分 | 104km/h |
| | ↓ | 2004年 | 11時間58分 | 122km/h |
| | 1,216km | 2019年 | 4 時間30分 | 270km/h |
| 上海～広州 | 1,811km | 1977年 | 34時間50分 | 52km/h |
| | | 1992年 | 34時間00分 | 53km/h |
| | ↓ | 2004年 | 20時間49分 | 87km/h |
| | 1,810km | 2019年 | 6 時間51分 | 264km/h |
| 北京～広州 | 2,313km | 1977年 | 34時間47分 | 66km/h |
| | | 1992年 | 32時間55分 | 70km/h |
| | ↓ | 2004年 | 23時間30分 | 98km/h |
| | 2,298km | 2019年 | 21時間21分 | 108km/h |
| 北京～天津 | 137km | 1941年 | 2 時間18分 | 60km/h |
| | | 1977年 | 1 時間37分 | 85km/h |
| | ↓ | 2004年 | 1 時間14分 | 111km/h |
| | 120km | 2019年 | 0 時間33分 | 218km/h |
| 上海～南京 | 305km | 1941年 | 6 時間00分 | 51km/h |
| | | 1978年 | 3 時間41分 | 83km/h |
| | ↓ | 2004年 | 2 時間25分 | 126km/h |
| | 301km | 2019年 | 1 時間13分 | 247km/h |
| 広州～深圳 | 147km | 1977年 | 1 時間45分 | 84km/h |
| | | 2002年 | 1 時間30分 | 98km/h |
| | ↓ | 2004年 | 1 時間10分 | 126km/h |
| | 145km | 2019年 | 0 時間36分 | 242km/h |

となった車両が日本やドイツなどでの試験走行で四〇〇キロ台を記録したからである。中国の最重要幹線である北京〜上海間の京滬《けいこ》高速鉄道の建設は二〇〇八年四月に始まり、三八〇キロ運転が可能な次世代型車両が各社に発注された。ＣＲＨ３８０Ａ（中国南車集団、別称ＣＲＨ2-350）、ＣＲＨ３８０Ｂ（中国北車集団およびシーメンス社、別称ＣＲＨ3-350）、ＣＲＨ３８０Ｃ（ボンバルディア社と青島四方ボンバルディア鉄路運輸設備、別称ＣＲＨ1-350）の三種類で、合計四〇〇編成を発注している。同路線は二〇一〇年一〇月に開業し、世界最速の最高時速三五〇キロでの営業運転を開始した（表8-6参照）。

海外四社から十分な技術供与を受けた中国は、和諧号シリーズを一段発展させた「３８０Ａ」「３８０Ｂ」シリーズをデビューさせ、自立開発の姿勢を誇示した。そして二〇一七年に登場した「復興号」シリーズからは、完全国産化を謳《うた》うとともに世界中に特許出願を行っている。

日本の特許庁が出している「平成二六年度特許出願技術動向調査（概要）・鉄道車両」を見ると、そのテーマはまったく中国に関するもので、中国の車両メーカーである中国北車

「和諧号」CRH380A

「復興号」CR400AF

や中国南車からの特許出願状況に焦点を当てている。冒頭には次のように書かれている。

中国において特許出願が急増しており、……特許文献を整理することは……重要である。本調査は近年中国市場において特に注目されている「鉄道車両」の分野について調査分析を行うものである。……中国企業は日本、フランス、ドイツ等から導入した技術をベースに、……その後、中国企業が導入技術の改良を行い、それに伴う改良発明や周辺技術に関わる知的財産の取得を目指すのは、企業活動としては当然のことである。そこで、日本及び日本企業は中国企業の知的財産活動を想定した戦略を持つことが必要になる。

最近やかましくなった「知財管理」の強化・徹底を促すキャンペーン的な目的も兼ねているのであろう。そもそも「コピーされる」「真似される」という言葉は刺激が強いが、先進国から後進国に対して交易が開始されれば、古今東西で発生しており、鉄道技術も決して例外でないどころか、その一つの典型であろう。鉄道車両においては、完成車輸入→部品輸入による組み立て→完全国産化という道程は輸入国・技術導入国の当然の目論見であり、製品輸出や技術供与する国ではこれは当然予期すべきことである。現に一八七二〜一九二五年頃にかけての日本が、こうした鉄道車両輸入国・鉄道技術導入国の立場と姿勢を如実に示している。たとえば一九一一年には、8700形、8800形、8850形、8900形といった旅客用高速蒸気機関車を英独米から輸入し、そのコピー生産に傾注している。電気機関車についても、一九二五年の東京〜国府津間電化完成時にイギリス、アメリカ、スイスなどから最新型を輸入し、これをコピー研究しているのである。

## 3 空力問題への取り組み

日本の新幹線の開業、海外勢の巻き返しをみてきたが、ここで話を少し巻き戻して、高速化を進めるうえで避けて通れない、空力の問題についてみておこう。

### 空力問題の現実化

一九五七年五月二〇日、鉄道技術研究所主催、朝日新聞社後援で、東京・銀座のヤマハホールにおいて「超特急列車　東京〜大阪間三時間への可能性」と題する講演会が開催された。定員五〇〇名のホールは開演の午後一時前に満員となり、フランスの時速三三一キロ達成の記録映画も上映され、熱気に包まれながら四時半に終わった。この講演会で重要な箇所をいくつか摘出してみたい。

われわれ鉄道技術研究所で検討いたしました結果では平均時速二〇〇キロ、最高時速二五〇キロというような高いスピードを目標としまして、これについて研究いたしました。……スピードにつきましてはなおおもしろいことは、自転車の例でございます。最高の記録は時速四六キロですが、風圧を防ぐために自動車の後にくっついてゆく場合には時速一七二キロで走ったと

いう記録がございます。このような風圧の問題も高速度になればゆるがせにできないファクターになります。（篠原武司）

鉄道車両は図に見られるように、交通機関としては最も経済的のものであり、とくに消費馬力のうち空気抵抗が大部分を占めてくる長編成高速列車では、先頭車の後流の中に後続列車が入るので、その重量の割に一単位としての所要馬力が上らないところは他の交通機関に見られない利点であり、時代の要求に遅れさえしなければ、遠距離は飛行機に譲らざるを得まいが、中距離交通機関として衰微することはないはずであり……高速になればなるほど必要な馬力の大部分が空気抵抗に費やされてきてほぼ速度の三乗（原文ママ）に比例するようになる。……したがって高速では流線形にすることが絶対必要で、普通の形では大きな馬力が必要になって経済的に損である。我々のところで東大理工学研究所にお願いして風洞実験を行った結果によれば、完全な流線形に近くなるようにし、車両の高さも低くし前方下部の台車を覆い、屋根の通風器を取外し連結部も段のできないように外側幌にすれば、空気抵抗は湘南電車型に比べて三分の一に減少することがわかった。（三木忠直）

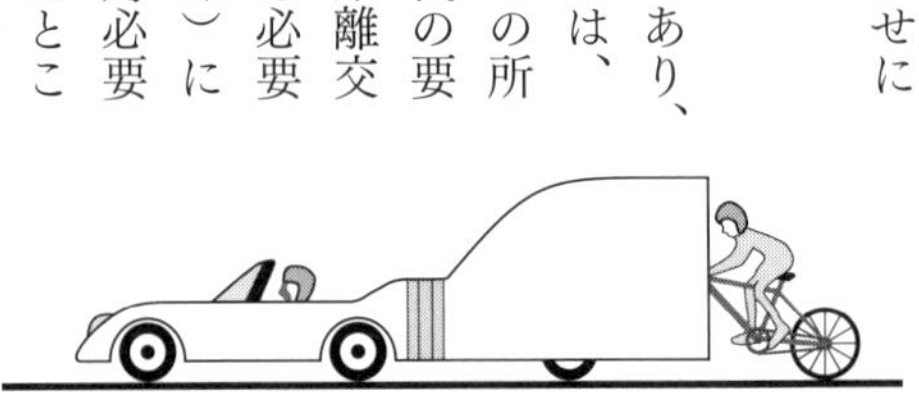

自転車でも風圧を防げば超高速で走れる

この講演会は明らかに新幹線計画の世の中における認知をねらったもので、まずは技術的な観点から外堀を埋めようとするものであった。ところで日本では、戦前戦後を通じて、鉄道車両の造形が科学的に考えられたことはなかった。それは列車が走る場合の走行抵抗の概念式は次のように表されるため、時速一〇〇キロ以下の列車の走行抵抗においては機械抵抗が支配的であり、空気抵抗はほとんど無視できたからである。

走行抵抗＝機械抵抗（列車速度に比例）＋空気抵抗（列車速度の二乗に比例）

機械抵抗とは、列車自体の重量や回転部分の摩擦などであり、低速時には支配的であるが、時速一〇〇キロを超えると、加速度的に空気抵抗が支配的になってくる。当初は時速二〇〇キロ運転、将来は時速三〇〇キロをねらう新幹線で初めて空気抵抗問題が大きく提起されたのは必然であった。

## 涙滴ハーフカット理論

このように、高速車両の造形においては、まず空気抵抗をいかにして極小化するかが第一の課題であった。戦前にも「流線形」車両が造られたが、綿密に空気抵抗を計算したものではなく、言うなれば流行りの造形であった。ただ、航空機や飛行船の開発では、空気抵抗の低減に向けて流体力学的な研究が本格化しており、一九三〇年代になると、航空機ではダグラスＤＣ-３、飛行船ではツェッペリン号などが出現した。そして空気抵抗を低減させるには、飛行船のように「空中を進むならティアドロップ＝涙滴」型が理想的であると結論付けられた。先端が丸く、後尾が尻すぼみになった白熱電球や火の玉の形状に近い。

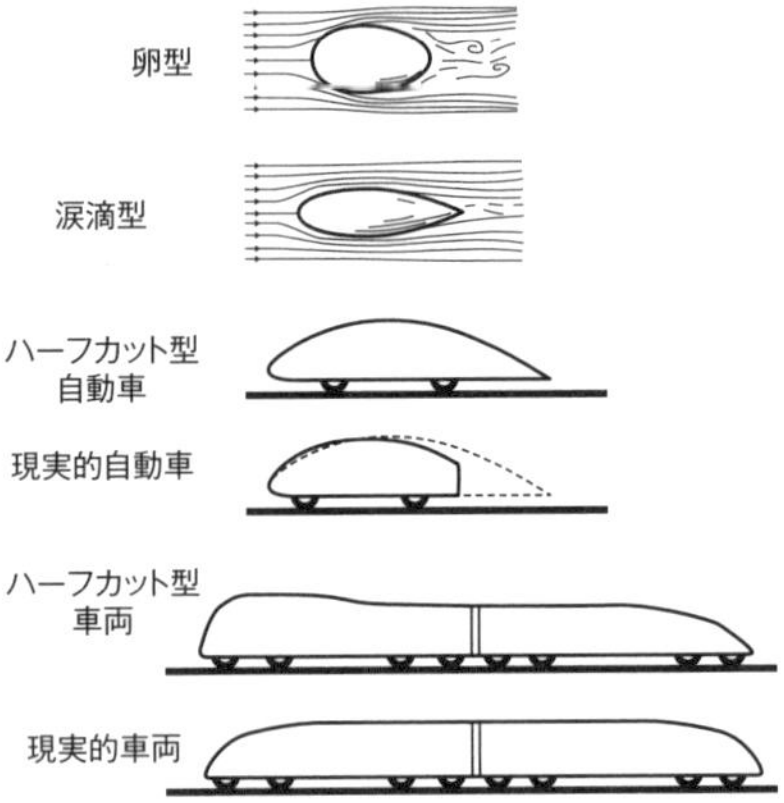


涙滴ハーフカット理論

一方、自動車や鉄道車両のように、地上を車輪で走る交通機関には「涙滴型の上半分だけを切り取ったハーフカット」型がよいとされた。ただし、ハーフカット形状を車輪の上に載せたのでは床面が上がるし、台車や床下機器を丸出しにしたのでは効果は薄い。したがってできるだけ床面を下げるとともに床下スカートを付け、床底面を平滑化する必要がある。

工業デザイナー、ノーマン・ベル・ゲッデスは当時、この涙滴型ハーフカット・ボディーを体現した自動車、鉄道車両の空力上の理想的造形図案をいろいろ提案している。彼が一九三一年に特許申請した「完全な流線形列車」は、蒸気機関車が炭水車と一両の客車を牽く編成であるが、造形はまさにハーフカットの涙滴形状に忠実である。

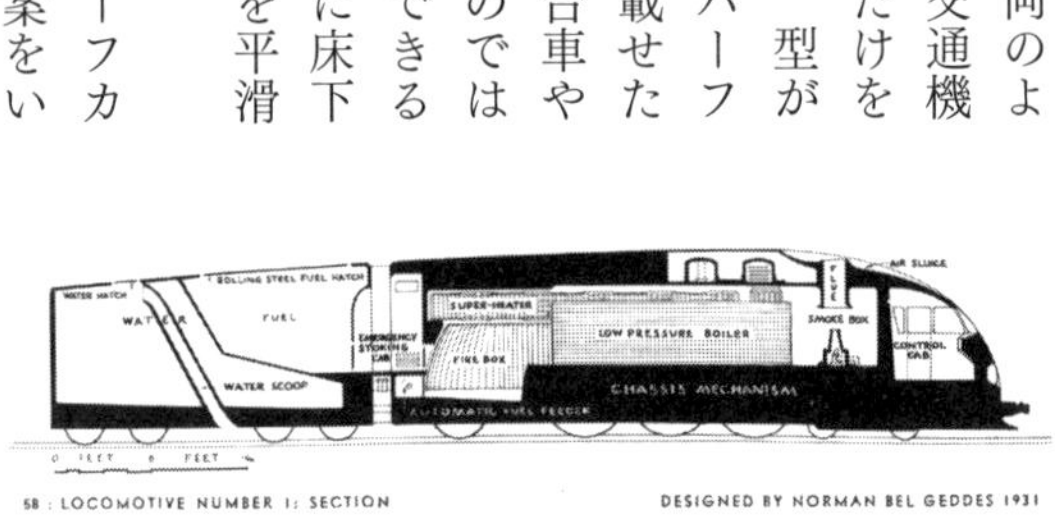


ノーマン・ベル・ゲッデスが考えた流線形列車

しかし自動車であれ、鉄道車両であれ、先頭が丸く後部が尖っていたら、旅客の積載効率が悪い。実用を考えると、この造形をある程度崩して現実的な妥協線を見つけて行かねばならなかった。もう一つ、自動車なら当然前後があってつねに前部を先頭にして走るが、鉄道列車では終点で逆行して出発することが多い。先頭部も後尾部も違いはなく、都度入れ替わるだけである。だからハーフカット涙滴状といっても、相当に妥協と修正が必要になる点が重要である。

## 境界層理論

さて、ここまでは鉄道車両も一両または二〜三両の短編成をイメージして、自動車と同じような次元で論じてきた。すなわち先頭形状や後尾形状だけに関心が行っていた。ところが、最近の鉄道列車は長編成で、先頭から後部まで、実に長い。新幹線の一六両編成だと高さ四メートルに対して長さ四〇〇メートルと一対一〇〇になって、まるでフェンシングの剣のようなプロポーションである。ここで大事になる空力理論が「境界層理論」で、一九〇四年にドイツ人の物理学者ルートヴィヒ・プラントルが提唱している。

たとえば、静止した鉄板の上を水が流れて行く場合、鉄板にごく近く接した水流は水の粘性によって静止した鉄板に引っ張られて止まってしまう。一方、鉄板からある程度離れている水は流れ続ける。このように鉄板からの距離によって粘性に強く影響される水流の層と、それを無視できる水流の層に分かれるのである。この境目を境界層といい、油でも空気でも粘度に違いこそあれ、流体一般に当てはまる法則である。

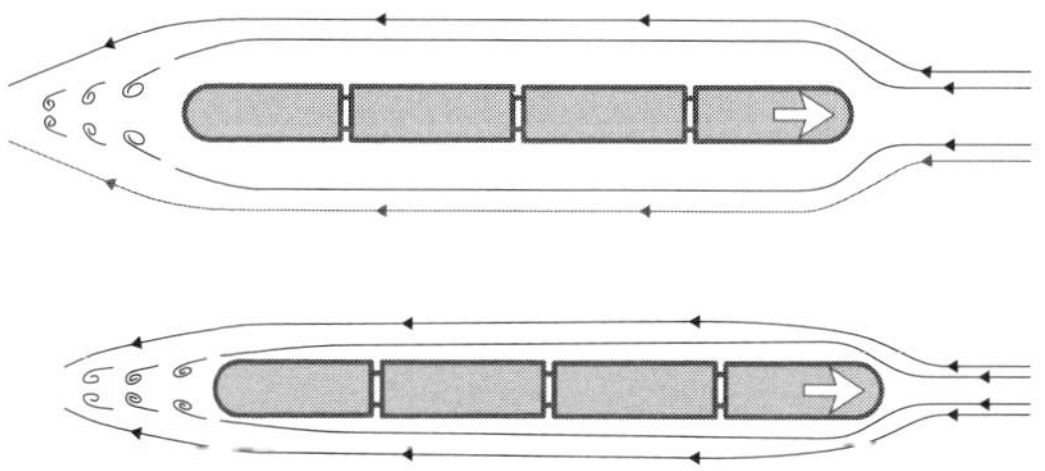

境界層理論

視点を変えて、今度は無風状態の中を疾走してくる列車を考えると、その列車の四面（屋根面・両側面・底面）に近い空気は、その粘性により列車にまとわりついて列車と同じ速さで追随するが、列車の側面から一定の距離以上に離れた空気は無風で動かない。列車表面が平滑であればあるほど、列車にまとわりつく空気の層は薄くなり、空気抵抗は少なくなる。全長の長い列車では、長い中間部の四面にまとわりつく抵抗が空気抵抗値の大半を占め、概念式では次のようになる。

空気抵抗＝先頭抵抗＋中間部四面摩擦抵抗＋後尾部引っ張り抵抗

ちなみに流体力学の権威、工学博士の牧野光雄によれば、新幹線の初代0系編成に対し当時の国鉄は、実験の結果、空気抵抗に次の計算式を与えていたとのことである。

Ｃｄ＝〇・四六＋〇・〇〇二二五×Ｌ

Ｃｄは空気抵抗係数、第一項の〇・四六は0系独自の先頭および後尾形状から来る特定の数値である。第二項はＬという長さに比例する車体側面の粘着抵抗である。二五メートルの新幹線車両を八両つなぐと、前後端と側面の抵抗値はほぼ同じであるが、一六両つなぐと後者は前者の二倍になる。

しかしここでもう一度じっくり考えるべき問題がある。それは列車の全長が長いと必然的に連結両数が増え、列車の駆動出力も比例的に増える。したがって列車が長大編成になると、中間部四面の空気抵抗に負けて遅くなってしまうとか、動かなくなってしまうということはないのである。こういう観点に立てば、長大な鉄道列車であっても、自動車と同じように空気抵抗対策として車両先頭部や後尾部の形状がとても大事であるという理屈に回帰し、さらに次のようにいえるのである。

空気抵抗が所要馬力の大部分をしめてくる長編成高速列車では、先頭車の後流の中に後続車両が入るのでその重量の割に一単位としての所要馬力が上らない点は他の交通機関に見られない利点である。（高橋忠「鉄道高速化に伴う諸問題」運輸省鉄道監督局国有鉄道部保安課）

高橋の表現は一九五七年にヤマハホールでの講演会で鉄道技研の篠原所長の紹介した自転車のスピードの話と同じ趣旨であり、アイススケートのパシュート競技で二番手、三番手の後続選手がいかに先頭選手を風よけにうまく利用するかというのと同じ理屈になる。

なお長大列車が高速で走行する場合、列車にまとわりつく境界層は、先頭部から中間部にかかるあたりからしだいに形成され、それが後部に向かうにつれて、だんだん厚くなっていく。後尾部に至ると、境界層が列車から大きく剝離して渦をつくる。最後尾部では急に列車車体がストンとなくなる空間にカルマン渦と呼ばれる渦ができ、列車を後方に引っ張る作用が働いていることが解析されている。

ここまでの空力問題はどの国の鉄道車両でも共通の課題であったが、日本の新幹線は他国にはない特有の問題に直面した。いわゆる「トンネルどん！」である。トンネル突入時に発生する微気圧波が、トンネル出口周辺で騒音公害を起こす。その抑制のためには、先頭車両のノーズを極端に伸ばさなければならなくなったのである。日本だけで「トンネルどん！」が問題になった理由は四つある。トンネルの多いこと、沿線の人口密度が高いこと、車両断面積／トンネル断面積比率が高く、トコロテンを押し出すような感じが強いこと、風圧を滑るように通してしまうスラブ軌道が多いことである（表8－7参照）。

スラブ軌道について補足すると、新幹線の軌道は、山陽新幹線の岡山～博多間で初めて採用されて以降、ほとんどスラブ軌道になっている。つまり、東海道新幹線の全線と、山陽新幹線の新大阪～岡山間以外、日本全国の新幹線では、ほとんどがスラブ軌道になっている。線路下に砂利を敷き詰める従来のバラスト軌道は、建設費は安いが、ズレや沈下が起きやすく、メインテナンスコストが馬鹿にならない。一方、スラブ軌道は建設費が高いが、強固でメインテナンスコストが安い。両軌道とも一長一短であるが、いままでの新幹線の実績では、建設費＋保守費のトータルコストで見た場合、建設後九～一二年でスラブ軌道が逆転して安くなるという結果になっている。

ＴＧＶやＩＣＥ路線では、これまではずっとバラスト軌道が多かったが、最近ドイツあたりではスラブ軌道を採用しはじめている。そのため最近はヨーロッパでも高速車両の微気圧波対策として車両の造形問題が研究対象になり、日本の論文もよく引用されている。

## 「トンネルどん！」という難題

さて「トンネルどん！」の解消策として、最初は「緩衝工」というものが考えられた。トンネル入り口の前にまったくのオープンエア環境からトンネル内の密閉された環境へ徐々に慣らしながら入って行く途次的囲い（トンネルよりは断面の大きい隙間のある囲い、たとえば金網製の囲い）のことで、これを設けると、微気圧波の発生がかなり低減されることが判明した。さっそく一九七七年一月に山陽新幹線で設置されて実証されたが、微気圧波は列車の走行速度の三乗以上に比例して増大する。このため「緩衝工」もどんどん長くなったが、列車の時速が二一〇キロから三〇〇キロに増大すると微気圧波の大きさは二倍以上に増大する。もはや「緩衝工」だけではとても対応できなくなってきた。

そうなると新幹線の先頭形状をいじるしかない。一九八七年から一九九〇年にかけて研究された結果、「車両の断面積が小さいほど、先頭部が長いほど、微気圧波の低減効果が大

表8-7　日仏独高速鉄道のトンネル断面積比率

| 国名 | 線区 | 延長 | トンネル比率 | スラブ比率 | 断面積比率 |
|---|---|---|---|---|---|
| 日本 | 東京～大阪 | 515km | 13% | 0％ | 20% |
| | 大阪～岡山 | 161km | 56% | 3％ | 20% |
| | 岡山～博多 | 393km | 48% | 68% | 20% |
| | 博多～鹿児島 | 257km | 49% | 93% | 20% |
| | 大宮～新潟 | 270km | 39% | 95% | 20% |
| | 東京～盛岡 | 496km | 23% | 88% | 20% |
| | 盛岡～青森 | 178km | 68% | 98% | 20% |
| | 青森～函館 | 149km | 65% | 97% | 20% |
| | 高崎～長野 | 117km | 54% | 84% | 20% |
| | 長野～金沢 | 228km | 49% | 100% | 20% |
| フランス | パリ～リヨン | 417km | 0％ | 0％ | 0％ |
| | リヨン～マルセイユ | 416km | 10% | 0％ | 10% |
| | パリ北線 | 333km | ？ | 0％ | 10% |
| | パリ～ルマン+パリ～トゥール | 280km | 6％ | 0％ | 10% |
| | パリ～ストラスブール | 406km | 5％ | 0％ | 10% |
| ドイツ | ハノーヴァー～ヴルツブルク | 327km | 37% | 0％ | 14% |
| | ベルリン～ハノーファー | 263km | ？ | 34% | 12% |
| | カールスルーエ～バーゼル | 195km | ？ | 0％ | 12% |
| | マンハイム～シュトゥットガルト | 100km | 30% | 0％ | 12% |
| | ケルン～フランクフルト | 219km | 22% | 100% | 12% |

きい」ことが確認された。それまで先頭部の造形は空気抵抗の低減を主眼に考えられてきたが、それを大きく転換させる重要な契機となったのである。

この考え方を反映した最初の適用例は、一九九四年に投入されたJR東日本のE1系（初代Ｍａｘ）で、オール二階建て車両として避けられない車両断面積の増大を、ノーズを長くすることで相殺し、２００系と同じ速度での走行を可能とした。それまでの新幹線のノーズは、０系（四・四メートル）、２００系（四・七メートル）、１００系（六・一メートル）、３００系（六・四メートル）であったのに対し、Ｅ１系では九・四メートルとなった。ノーズはその後も長くなり、最新車両は一〇〜一五メートルと二〜三倍に伸びている。ちなみにフランスのＴＧＶ、ドイツのＩＣＥなどヨーロッパの高速車両のノーズは大体四〜五メートルで、最近でもさして変わらない。

先頭ノーズ長短⇒圧力勾配差⇒微気圧波大小

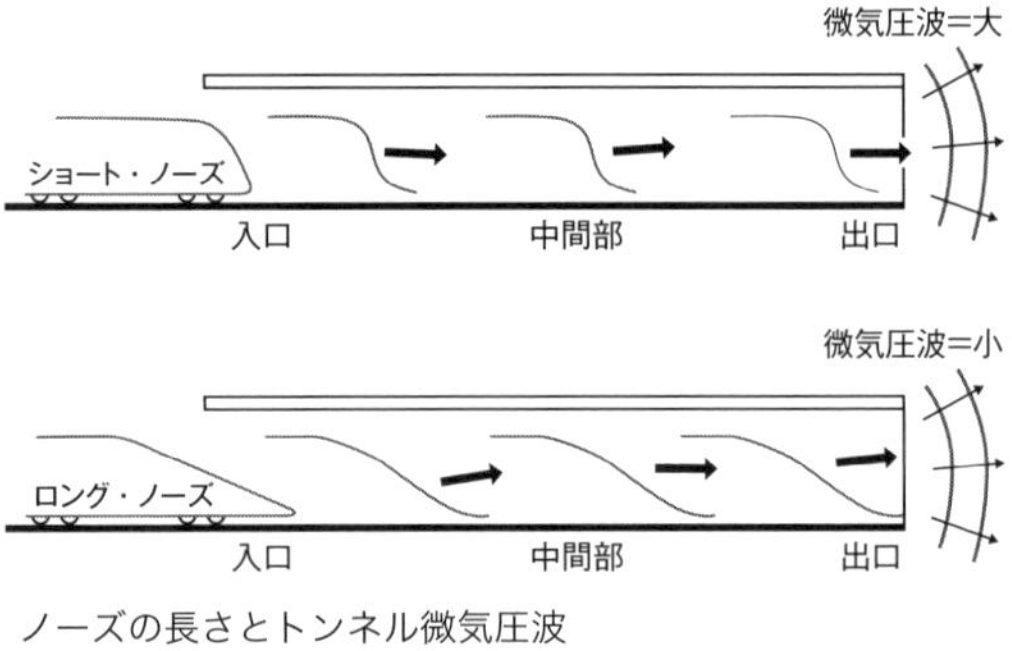


ノーズの長さとトンネル微気圧波

## 断面積変化率

日本固有の「トンネルどん！」については前述したが、あらためて空力理論として整理したい。まずは直感に一致するのであるが、トンネル内の空気がところ天のように平面状の板で一括押し出されるような状態だとこの衝撃波は極大化してしまう。やわらかくスムーズに押し出すには、ロングノーズで緩い先頭形状が必要となることが確認されている。その点からいえば、500系のようにペンシル状に長く尖った造形が究極到達点になるはずだが、その後の空力研究の進化はトンネル内のほかの要素も拾って加味するようになったので、これでは十分でなくなった。それまでの空力理論は全般的に、列車の走行方向すなわち列車の縦方向の空力環境にとかく目が行っていたのが、列車の側面方向、すなわち横方向ではどんな空力環境が発生するのかにも目が行くようになったからである。

新幹線500系

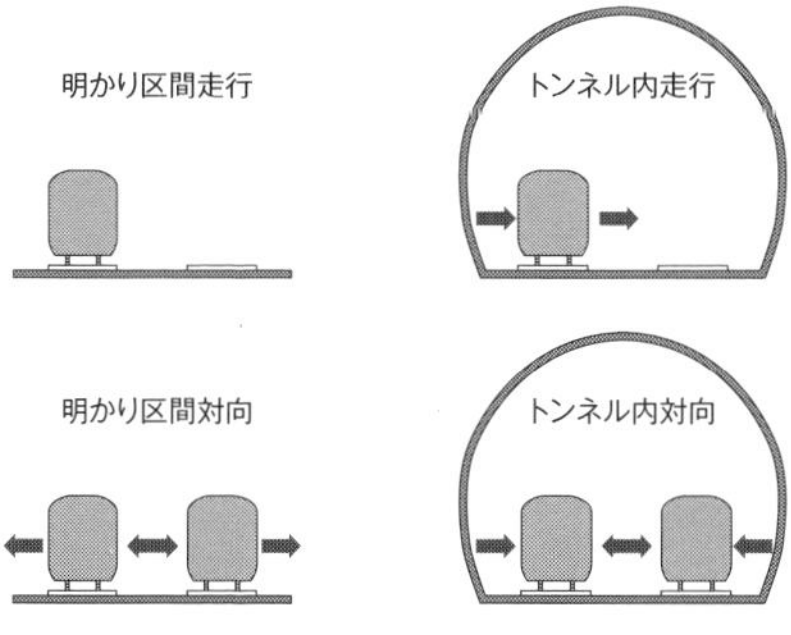


高速車両が側面に受ける圧力

この観点で見ると、まず明かり区間では走行中に対向列車とすれ違うし、ホームに停車中には隣の線を走る通過列車に追い抜かれる。対向列車同士はお互いに空気の横圧力を受け、停車列車も追い抜き列車からの横圧力を受ける。トンネル内でも対向列車同士がすれ違うと横圧を与え合い、それが列車とトンネル側壁間の空気にも微妙な空力環境を生ずる（上図参照）。

N700系の奇妙複雑な先頭部の造形

このような横圧をできるだけ減少させるには、列車の先頭形状をただ素直に尖らすよりも、くさび状にして、できるだけ空気を横よりも上に跳ね上げる形状のほうがよさそうだということになってきた。そこで考案されたのが、700系やE5系などに見られる「カモノハシ」形状である。先端下部がカモノハシのくちばしのように左右に広がり、運転台はやや出っ張り、先頭形状は「どうして?」と首をかしげたくなるほど奇妙に複雑化している。これでさまざまな問題が解決されるのであろうが、直感的にはうなずきにくい。

結論をいうと、先頭部分がいくら複雑な造形でも、先頭からだんだん断面積が増加し、客席部分の最大断面積まで増加して行く断面積増加率をほとんど不変でほぼ一定にすると、空気抵抗や「トンネル・どん!」、横圧減少に悪影響を与えないことが立証されている。断面積の変化を一定にするため、出っ張った分は別の部分を削ることでプラス・マイナスを調整してゆく。たとえば運転台の窓ガラスを必要以上に寝かせてしまうと視界が悪化するため、運転台部分をキャノピー形状に膨らませる必要がある。運転台が縦に出っ張る部分の側面が若干えぐれたような形になっているのはそのためである。

## 4 スピードの限界と粘着理論

空気抵抗は列車速度の二乗に比例して増大するため、鉄道が高速化されるにつれ、車体および付随突起物の極小化が追求されてきた。むろん空気抵抗がなくなることはなく、空気抵抗に打ち勝つ動力性能が必要となるが、それは最新の技術を駆使すればさして問題はない。

ところが時速三〇〇キロ、四〇〇キロとなった現在、鉄道のスピードアップに対する別の制約要因が真剣に論じられている。車輪とレール間の「摩擦力」「粘着力」の問題である。

専門家の間では、すでに一九七二年の時点で「時速三二〇キロあたりで粘着力と走行抵抗が等しくなって壁にぶつかる。だから空気浮上方式、磁気浮上方式、チューブ列車方式がアメリカ、イギリス、フランスで検討されている」という意見が大勢であった。ただ、一九七三年のORE（国際鉄道連合試験研究機関）の報告では「テストでは時速四〇〇キロ、営業最高時速は三〇〇〜三五〇キロが可能」とされており、その後の世界の高速新線は鉄輪式を採用している。試験速度達成記録と実際の路線ごとの営業最高速度を時系列で並べると表8－8、8－9のようになる（表8－8、8－9参照）。

ギネスブック的な非日常的な最高瞬間速度では、すでにこの懸念される限界速度を超え、日常的な営業最高速度でも日本、フランス、中国の高速新線ではそのレベルに達している。

鉄道では鉄車輪と鉄製レールの間で力を伝達することにより車両の加速や減速を行っており、こ

表8-8　各国高速鉄道の高速度試験の推移

| 達成年 | 国 | 列車名 | 動力形式 | 最高速度 |
|---|---|---|---|---|
| 1963 | 日本 | 新幹線試作電車 | 電車 | 256km/h |
| 1979 | 日本 | 新幹線961形 | 電車 | 319km/h |
| 1981 | フランス | TGV-PSE | 電機 | 380km/h |
| 1988 | ドイツ | ICE試験列車 | 電機 | 407km/h |
| 1990 | フランス | TGV-A | 電機 | 515km/h |
| 1996 | 日本 | 新幹線300X | 電車 | 443km/h |
| 2007 | フランス | TGV-POS | 電機 | 575km/h |
| 2011 | 中国 | CRH-380BL | 電車 | 487km/h |
| 2013 | 韓国 | HEMU-43-X | 電車 | 421km/h |

表8-9　日仏中高速鉄道の営業最高速度の推移

| 路線 | 第１次 | 第２次 | 第３次 | 第４次 |
|---|---|---|---|---|
| 東海道新幹線 | 220km/h (1964年) | 270km/h (1992年) | 285km/h (2015年) | |
| 山陽新幹線 | 220km/h (1972年) | 270km/h (1993年) | 300km/h (1997年) | |
| 東北新幹線 | 240km/h (1982年) | 275km/h (1992年) | 300km/h (2011年) | 320km/h (2014年) |
| 仏 TGV東南線 | 260km/h (1981年) | 300km/h (1992年) | | |
| 仏 TGV太平洋線 | 300km/h (1989年) | 300km/h (1992年) | | |
| 仏 TGV東線 | 320km/h (1994年) | | | |
| 中国 北京・上海線 | 300km/h (2011年) | 350km/h (2017年) | | |

の力を粘着力と呼んでいる。車輪とレールは摩擦力で力を伝えているが、厳密に測定すると、わずかに滑りながら力を伝達していることが解明されている。車輪とレールがもしとことん硬ければ、車輪とレールの接点はほんの微細な一点になってしまうが、実際には鉄は弾性変形して、硬貨大の楕円形の面で接しているのである。この部分で両者の表面の微小な凹凸部が絡み合って力が伝達される。ただし両者は一〇〇パーセントがっちり絡み合ってはおらず、わずかながら滑りが生じている。その度合いを「滑り率」といって、次の概念式で表される。

滑り率＝滑り速度／車両の速度＝車輪の速度－レールの速度／車両の速度

　ここで注意を要するのは、滑り率が小さいほど粘着力が大きいのではなく、滑り率がだんだん大きくなって数パーセントに達した時に粘着力が最大になり、それを超えると粘着力が不安定化する、ということである。粘着力が大きい前者の領域を「微小滑り領域」、それを超えて不安定になる領域を「巨視滑り領域」と呼んでいる。すなわち、程々に滑っている状態が最も粘着力が高く、動力をレールに伝えやすいのである。そのため最近の電気車両では「微小滑り領域」のなかの最大粘着力を求めて、VVVFでモーターに最適のトルクを作るように制御しているのである。

　このような理屈は解明されてきたが、限界時速を導く数式はまだない。ただ従来の一歩一歩の積み上げで、推測値の範囲がだんだんと狭まってきていることだけはたしかである。なお、最近まで、鉄輪式鉄道の速度の限界は時速三五〇キロあたりであろうと、まことしやかにいわれてきたが、同じ粘着原理に則って、瞬間的ではあるが、新幹線は時速四四三キロ、TGVは時速五七五キロ

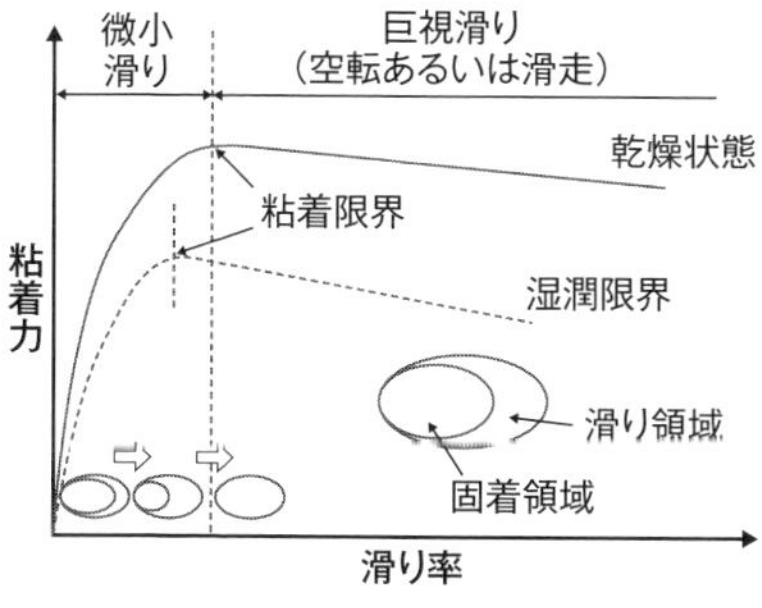


$$\left[\ 滑り率=\frac{車輪円周速度-車両走行速度}{車両走行速度}\ \right]$$

粘着力と滑り率の関係図式

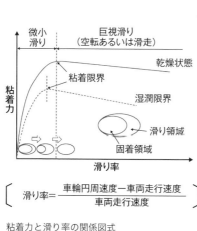

まで出していることを付言しておく。

ともあれ、粘着係数は速度の増加とともに低下する傾向が一般的に確認されている。ただし晴れた日の乾燥状態だとこの傾向は小さく、雨や雪の日は大きい。また、新幹線のような長編成列車になると、先頭車に比べて中間車のほうが粘着係数が大きい。これは、先頭車両はレール面上の水や油の汚損の影響を受けやすいが、ある程度は先頭車がこれを剝《は》ぎ取るため、中間車には影響が小さくなるためである。水や油による汚損のほか、輪重変動も問題となる。鉄道にはカーブ（横曲線）や勾配（縦曲線）やレールの凹凸があって、これらが輪重（車輪がレールに対して垂直に及ぼす力）の変化を引き起こして粘着力を低下させ、空転や滑空をもたらすことが確認されている。

粘着力の低下をきたした場合、何らかの方法で対応しなければならない。これにはいくつかの方法がある。ブレーキシューなどで車輪踏面の汚損を拭き取る方法、増粘着研磨子を踏面に押しつけて踏面の水や油による汚損を拭き取る方法、セラミックスや珪砂を高速で車輪とレールの接触面に噴射する「増粘着剤噴射装置」を使う方法、車輪の空転や滑空を引き起こした軸重やトルクの急激な変動に対して機械的・電気的にコントロールする方法、空転や滑空が起きた場合にそれをセンサーで感知してトルクを下げる方法で、最近のＩＴ技術を駆使する方向である。

ここまで空力理論と粘着理論の二つを詳細に論じてきたので、ややお疲れかもしれないが、二つの理論を詳説したのには理由がある。すなわち、新幹線などの高速鉄道車両においては、モーター、制御器、ＡＴＣ装置などは最新鋭のものが使われるが、これらのメカニズムの原理は在来線車両とまったく共通するものである。しかし、空力問題と粘着問題に関しては、高速車両と在来線車両ではまったく異なる。この二つこそ、高速車両に特有の問題であるからである。

# 第9章 時刻表とスピード記録を追って

# 1 在来線と私鉄のスピードアップ

日本における鉄道高速化というと、どうしても新幹線に目が行くが、翻って在来線について見ていくと、いろいろ興味深い。現在、日本全体の鉄道総延長が約二万五〇〇〇キロ、うちJR路線が約二万キロ、そのうち新幹線は現在約二七〇〇キロ、今後も多少伸びて約三五〇〇キロ程度である。新幹線は大動脈ゆえ、路線長のわりには輸送量も多いが、日常的に新幹線に乗る人は僅少であり、乗車頻度という意味では日常の足である在来線の高速化も重要である。

## 在来線のスピードアップ

在来線の高速化の軌跡は地味ではあるが、地道に着実に進展している。まず、いろいろな線区（二〇一〇年時点では新幹線未開通の線区を含む）における表定時速の推移を整理してみた（表9－1参照）。なお、線区によっては一部ルート変更、長大トンネルの完成、直線化などによって距離が変わっていることをあらかじめお含みいただきたい。

全般的に見て二〇一〇年現在のスピードは、戦前の一・五倍から二倍になっていることが見て取れる。戦前の蒸気機関車（SL）からディーゼル化ないし電化されている動力革命が最大の要因であり、また路線の複線化と改良強化も大きく寄与している。地形に着目すると、平坦線より山岳線のほうがスピードアップ率が大きいが、これこそ非力なSL列車からより強力な電車やディーゼル列車に代わり、さらに車体傾斜装置を付けた振子列車の曲線通過速度の上昇が大きく寄与した結果

表9-1　在来線における表定時速の推移

| 区間 | 距離（km） | 戦前 | | 1960年 | | 2010年 | |
|---|---|---|---|---|---|---|---|
| | | 所要時間 | 表定速度 | 所要時間 | 表定速度 | 所要時間 | 表定速度 |
| 函館〜札幌 | 285.2⇒318.7 | 6:20 | 50 | 4:30 | 64 | 3:00 | 106 |
| 八戸〜青森 | 96 | 1:40 | 57 | 1:26 | 67 | 0:56 | 103 |
| 鶴岡〜秋田 | 132.1 | 2:40 | 50 | 1:55 | 69 | 1:44 | 76 |
| 上野〜いわき | 211.6 | 3:12 | 66 | 2:35 | 82 | 2:06 | 101 |
| 新宿〜松本 | 241.3⇒225.1 | 5:54 | 41 | 4:36 | 52 | 2:28 | 91 |
| 名古屋〜長野 | 250.8 | 7:07 | 35 | 4:50 | 52 | 2:43 | 92 |
| 岐阜〜高山 | 136.4 | 3:38 | 38 | 2:27 | 56 | 1:58 | 69 |
| 飯田〜豊橋 | 129.6 | 4:13 | 31 | 2:52 | 45 | 2:28 | 53 |
| 大阪〜金沢 | 294.4⇒267.6 | 5:58 | 49 | 4:11 | 70 | 2:30 | 107 |
| 天王寺〜新宮 | 262 | Nil | Nil | 4:37 | 57 | 3:35 | 73 |
| 大阪〜鳥取 | 257.8⇒210.7 | 5:07 | 50 | 4:09 | 62 | 2:32 | 83 |
| 鳥取〜米子 | 92.7 | 1:41 | 55 | 1:22 | 68 | 0:57 | 98 |
| 高松〜松山 | 194.4 | 4:16 | 46 | 2:55 | 67 | 2:23 | 82 |
| 博多〜熊本 | 118.4 | 2:20 | 51 | 1:48 | 66 | 1:13 | 97 |

である。ただし、飯田線だけは戦前から電化されていたし、曲線、勾配、駅数が多く、今でも高速化は難しい。そして平坦線で戦前からかなり速かった常磐線や羽越線のスピードアップ率が比較的緩いのは必然であろう。

それにしても、函館本線や北陸本線がこんなにスピードアップするとは戦前では考えられなかった。鉄道行政においても、中央重視から地方も重視されるようになり、線路条件しだいで高速化が図られるようになった証左であろう。

これらのなかで二・六倍と最高倍率の飛躍を遂げている中央西線・篠ノ井線の名古屋〜長野間をクローズアップし、時代ごとにそこを走る最速列車のスピードアップの軌跡を辿ってみると、その要因がはっきりと浮かび上がる（表9-2参照）。

一番大きそうな要因はやはりD51形牽引のSL列車からディーゼルカーへの交代、さらに振子式電車の導入で、各々時速で二〇キロも引き上げている。一九六五年頃までは全線ほとんど単線であったのが、一挙に複線化工事が進み、いまは八〇パーセントに達したことも大きな側面である。

## 私鉄特急の目覚ましい高速化

現在、私鉄＝民営鉄道の運営する一つ一つの路線は比較的短距離であるが、その路線は全国各地に散在しているため、合計すると線路延長は約五〇〇〇キロにも達する。収益性の高い線区が多いため、JRの幹線の一部や支線に比べると乗車人員ははるかに多く、これまた日常的にとても大事な路線である。

前述したように、民営で出発した幹線は一九〇七年にすべて国営化されたが、近距離路線は依然として官営と民営の二本立て

表9-2 中央西線・篠ノ井線（名古屋〜長野間）の速度向上

| 年 | 列車 | 所要時間 | 表定時速 | 車両編成 | 全線電化 | 複線化率 |
|---|---|---|---|---|---|---|
| 戦前 | 準急 | 7:07 | 35km/h | SL（D51牽引） | × | 0 |
| 1953 | 準急 | 5:35 | 45km/h | SL（D51牽引） | × | 0 |
| 1959 | 急行 | 4:35 | 55km/h | DC（キハ55系） | × | 0 |
| 1961 | 急行 | 4:35 | 55km/h | DC（キハ58系） | × | 2％ |
| 1968 | 特急 | 3:58 | 64km/h | DC（キハ181系） | × | 53%（133.2km） |
| 1973 | 特急 | 3:20 | 76km/h | EC（381系　振り子） | ○ | 74%（185.5km） |
| 1975 | 特急 | 2:53 | 86km/h | EC（381系　振り子） | ○ | 75%（189.8km） |
| 1996 | 特急 | 2:43 | 92km/h | EC（383系　振り子） | ○ | 80%（201.8km） |

D51形蒸気機関車

が続いており、これは揺らぎそうもない。民営近距離路線のなかで最古の鉄道は一八八五年開通の阪堺鉄道の難波～大和川間である。この鉄道はその後、和歌山まで延伸して南海鉄道となり、一九〇六年、難波～和歌山間六四キロに所要時間一時間五〇分、表定時速三五キロの急行列車の運行を開始している。それ以降、とくに二〇世紀に入って多くの民鉄が開業するが、最初は蒸気運転で開通しても程なく電化されたケースが多い。一九一〇年代になるといわゆる「郊外電車の時代」を迎え、東京近郊や京阪神近郊で多くの電気鉄道の開通が見られた。

関西では戦前から、南海、阪急、京阪、新京阪、近鉄、阪和の各社が私鉄同士および国鉄と競合関係にあったため、おのずとスピードアップに鎬《しのぎ》を削ることになったが、阪神だけは例外で、頻繁な停車とフリークエント・サービス（高頻度運転）を指向した。

表9-3　大手私鉄主要区間における表定時速の変遷

| 会社名 | 戦前 | | | | 2010年 | | | |
|---|---|---|---|---|---|---|---|---|
| | 区間 | 距離(km) | 時間 | 表定速度 | 区間 | 距離(km) | 時間 | 表定速度 |
| 東武 | 浅草～日光 | 135.5 | 2:18 | 59km/h | 浅草～日光 | 135.5 | 1:46 | 77km/h |
| 京成 | 上野～成田 | 68.4 | 1:15 | 53km/h | 日暮里～成田空港 | 64.1 | 0:36 | 107km/h |
| 京王 | 新宿～八王子 | 37.9 | 0:59 | 39km/h | 新宿～八王子 | 37.9 | 0:37 | 61km/h |
| 小田急 | 新宿～小田原 | 82.8 | 1:30 | 55km/h | 新宿～小田原 | 82.8 | 1:09 | 72km/h |
| 京浜 | 品川～浦賀 | 51.2 | 1:28 | 35km/h | 品川～久里浜 | 56.8 | 0:53 | 64km/h |
| 名鉄 | 新岐阜～豊橋 | 99.8 | 1:35 | 63km/h | 新岐阜～豊橋 | 99.8 | 1:19 | 76km/h |
| 近鉄 | 難波～名古屋 | 189.8 | 3:17 | 58km/h | 難波～名古屋 | 189.8 | 2:05 | 91km/h |
| 南海 | 難波～和歌山 | 66 | 0:55 | 70km/h | 難波～和歌山 | 64.4 | 0:57 | 68km/h |
| 阪和 | 天王寺～和歌山 | 61.2 | 0:45 | 82km/h | 天王寺～和歌山 | 61.2 | 0:40 | 92km/h |
| 京阪 | 天満橋～三条 | 47.7 | 0:55 | 52km/h | 淀屋橋～三条 | 49.3 | 0:49 | 60km/h |
| 新京阪 | 天神橋～京都 | 42.4 | 0:34 | 75km/h | 梅田～河原町 | 47.7 | 0:43 | 67km/h |
| 阪急 | 梅田～三宮 | 30.3 | 0:25 | 73km/h | 梅田～高速神戸 | 32.3 | 0:27 | 72km/h |
| 阪神 | 梅田～神戸 | 31 | 0:35 | 53km/h | 梅田～高速神戸 | 32.1 | 0:29 | 66km/h |
| 西鉄 | 福岡～大牟田 | 75.1 | 1:30 | 50km/h | 福岡～大牟田 | 74.8 | 1:03 | 71km/h |

注：新京阪はのちに京阪→阪急となる。

関東では、東武、小田急、京成は特急や急行を設けていったが、東急、京王、西武は各駅停車指向であった。中京地区の名鉄や九州の西鉄は、どちらかというとスピード指向であった。このあたりは競争路線の有無、線形、路線の長さ、沿線事情などいろいろな要素が反映されて決まってくる。ここで大手民鉄とＪＲ阪和線における戦前の最盛時と現在の最速列車の表定速度を比較一覧してみよう（表９－３参照）。

まず気がつくことは、関東と関西には対称的な特徴がある。東武、京成、京王、小田急、東急の関東五社と、名鉄、近鉄、南海、阪和、京阪、阪急、阪神、西鉄の西日本八社に二分して戦前から現在までの表定時速の向上率を計算してみよう。平均してみると、関東五社で四八キロから七六キロへと一・五八倍となるのに対して、西日本八社では六四キロから七四キロへと一・一六倍にしかならない。その結果、現在の表定時速は東西ほぼ同一レベルであるから、戦前は関東のレベルがいかにも低かったということになる。

阪和電気鉄道「黒潮号」の表定時速八二キロは、特急「つばめ」の六九キロをはるかに超えて、一九六〇年に電車特急「こだま」に破られるまで半世紀にわたって日本の最速であった。また、新京阪（現・阪急京都線）の超特急（Ｐ－６形）は、東海道線と並走する山崎のあたりで特急「つばめ」を追い抜いた。阪急の特急は阪神間のスプリント覇者で、いずれも最高時速は一一〇〜一二〇キロ、表定時速でも七〇キロを超えていた。

それに引き換え関東では、ややスピードの出せた東武、小田急、京成でさえ、特急といえども表定時速は六〇キロにも満たず、関西に大きな差をつけられていた。東西の格差はスピードだけでなく、車両、ターミナル駅の立派さなどすべてに反映し、関東私鉄は大きく見劣りしていた。たとえば戦前の京王電車の車両は一三〜一四メートル級の路面電車サイズで、伊勢丹脇の新宿三丁目までのそのそと路上乗り入れていたのに対し、立派な阪急梅田駅からは９００形や９２０形編成の三宮行き特急が頻繁に発着していた。それが現在新宿駅から出発する高尾行特急は風格においても阪急特急にいささかもひけを取っていない。東西格差の詰まった極端な例として挙げれば、阪急京都線の特急が戦前より遅くなっているのに対して、京成の上野〜成田間に二〇一〇年七月にデビューしたジャパン・スピードは標準軌の高速新線を利用して戦前のスピードを倍増しているのである。

阪和電気鉄道の「黒潮号」

新京阪P-6形

東西格差解消の背景には、線形の悪かった関東私鉄が高架化、複々線化などの機会にそれを大いに改善したこと、高速軽量な三相交流モーターとインバーターの組み合わせによって狭軌によるスピードのハンディが減少していることが挙げられよう。したがって現在、全国の私鉄のスピードを眺めると、「走行距離が長いほど概して速い」という非常に単純な法則のみが支配しているようである。それは大都市の外延化によって、都心ターミナルから発車してから、かなりの距離までベッドタウンが広がり、過密な通勤路線と化しているせいでもある。都心部を抜けたあと、閑散とした地上をどれだけ長く走るかによって表定時速は決まってくるわけで、これは東西に共通する現象のようである。

## 運輸省認可の最高運転速度

どの鉄道、どの路線でも「これ以上のスピードで走ってはいけない」という運転許容最高速度が国土交通省の認可事項として定められていて、日常それ以上の速度では走れない。国鉄の最高運転許容速度は戦前から一九五八年までは時速九五キロに抑えられ、私鉄でもほとんどの路線がこれに倣うか、これ以下の速度に抑えてきた。例外的にこれを上回っていたのは、阪急神戸線と新京阪（現・阪急京都線）で、前者は時速一一〇キロまで、後者は時速一二〇キロまで許容されていたらしい。

しかし、一九五六年に東海道線が全線電化し、一九五八年に特急電車が走りはじめると、東海道線の一部列車の制限時速は一一〇キロに引き上げられた。その後、主要幹線で軌道強化工事が行われると、一九六八年には高性能列車に限り、最高時速は一二〇キロまで認められた。その適用線区は東京〜下関、上野〜青森、高崎〜新潟、大宮〜高崎、米原〜金沢、門司〜博多間の主要幹線であった。

一九八七年に国鉄がＪＲに移行してからは、まず常磐線の上野〜日立間、湖西線の山科〜近江塩津間、北陸トンネルの上り線において時速一三〇キロ運転が許可された。一九九〇年に九州の鹿児

表9-4　在来線における最高速度の変遷

| 会社名 | 速度（年） | 速度（年） | 速度（年） | 速度（年） | 速度（年） | 速度（年） | 速度（年） |
|---|---|---|---|---|---|---|---|
| JR | 設定なし | 95（1924） | 110（1958） | 120（1968） | 130（1989） | 140（1991） | 160（1989） |
| 京成 | | 80 | 90（1956） | 100（1968） | 105（1978） | 110（1996） | 160（2010） |
| 東武 | | | 90（1950） | 95（—） | 105（1956） | 110（1962） | 120（1992） |
| 西武 | | | | 80（—） | 90（—） | 100（1973） | 105（1976） |
| 京王 | 70（1955 ） | 75（1959） | 85（1962） | 90（1963） | 95（1964） | 105（1971） | 110（1997） |
| 小田急 | | | 85（—） | 90（—） | 105（1957） | 109（1959） | 110（1963） |
| 東急 | | | | 75（—） | 90（—） | 100（—） | 110（—） |
| 京浜急行 | | | | 90（—） | 100（1958） | 105（1981） | 120（1995） |
| 名鉄 | | | | 95（—） | 105（1959 | 110（1961） | 120（1990） |
| 京阪電鉄 | | | | 98（—） | 100（1963） | 105（1969） | 110（1980） |
| 近鉄 | | | | | 110（1952） | 120（1988） | 130（1994） |
| 南海電鉄 | | | | 100（—） | 105（1954） | 110（1989） | 120（1994） |
| 阪急電鉄 | | | | | 105（—） | 110（1952） | 115（2010） |
| 阪神電鉄 | | | | | 106（—） | 110（1954） | 106（—） |
| 西鉄 | | | | 85（—） | 95（—） | 100（1983） | 110（2008） |

島本線、日豊線の一部で、一九九一年に総武線の千葉～錦糸町間、一九九二年に函館本線でも一三〇キロ運転が認められて、しだいに全国的にレベルアップされていった。一九九一年には線路条件の良い青函トンネル内で時速一四〇キロ運転が認められ、標準軌に改軌されて新幹線が乗り入れる福島～山形間は時速一三〇キロに設定された。さらに高規格の北越急行線では時速一六〇キロまで認められた。私鉄においても、表定速度を上げるため、最高運転速度の向上を申請してスピードを地道に上げてきた。その推移を整理したのが表9－4である（表9－4参照）。

私鉄における許容速度アップの第一号は一九五二年の近鉄で、時速一一〇キロでの走行が開始された。阪急も同年一一〇キロ運転となり、一九五四年に阪神、一九五九年に小田急、一九六一年に名鉄、一九六二年に東武、一九八〇年に京阪において最高一一〇キロ運転が許容された。

その後、近鉄は一九八八年に時速一二〇キロまで

私鉄初の130km/h運転を開始した近鉄23000系

引き上げ、一九九〇年には名鉄、一九九二年には東武、一九九五年には京浜の横浜〜品川間も同じく時速一二〇キロに引き上げられた。さらに一九九四年、近鉄は一部区間で時速一三〇キロ化を行っている。このように戦後の私鉄の高速化は近鉄が先鞭を付けてきたことがわかる。

スピードアップの安全性や機器の性能測定は、各社独自の方法を採用してきたため、測定項目、測定方法、結果評価基準が一定でなく多様化していた。それでも試験事例が増え、試験データが蓄積してくると、それらを参考にして全国共通な測定基準を作ろうという動きが出てきた。そうした気運のなか、一九九〇年一一月に運輸省内に「在来鉄道運転速度向上研究会」が設置され、『速度向上試験マニュアル』を作成することになった。マニュアルには試験項目として、車両、線路、信号、踏切保安設備などが挙げられ、そのうち車両については、脱線係数、輪重減少率、輪重・横圧、上下動・左右動に分かれるといった非常に綿密なものである。

この際、大きな問題となったのは制動距離であった。「鉄道運転規則（一九八七年運輸省令・五四条）」では「非常制動による列車の制動距離は六〇〇メートル以下としなければならない」と規定されているからである。一九九〇年時点では最高時速を一三〇キロにすべく研究・検討されていたが、時速一三〇キロからブレーキをかけても六〇〇メートルではなかなか止まりきれない。この壁をクリアするため、ブレーキ性能を上げて対応したのが常磐線である。一方踏切がなく線路条件が良い区間では、制動距離は七五〇メートルでもよいという特例を作って対応したのが湖西線である。この湖西線の考え方は青函トンネル内での時速一四〇キロ運転にも援用されて、ここでの制動距離は九五〇メートルでもよいことになった。

ただし、一つの路線でも、線形や沿線環境によって区間ごとに最高運転速度をきめ細かく分けて設定しているケースが多く、現在、東北・北海道新幹線の東京〜新函館北斗間を見ると次のように細分設定されている。

- 東京〜大宮間（三一・三キロ区間）：時速一一〇キロ
- 大宮〜宇都宮間（七七・七キロ区間）：時速二七五キロ
- 宇都宮〜盛岡間（三八七・五キロ区間）：時速三二〇キロ
- 盛岡〜新青森間（一七八・四キロ区間）：時速二六〇キロ
- 新青森〜新中小国信号所間（二八・九キロ区間）：時速二六〇キロ
- 新中小国信号場〜木古内間（八四・四キロ区間）：時速一四〇キロ→青函トンネル内（五三・九キロ区間）のみ時速一六〇キロ化の予定あり
- 木古内〜新函館北斗間（三五・五キロ区間）：時速二六〇キロ

## 2 表定速度と最高速度——欧米の場合

### 世界の表定速度の変遷

歴史的に古い記録を一覧整理するのは、なかなかの力仕事である。瞬間最高記録のほうは書物を丹念に紐解けば何とか集められるが、営業運転の表定速度、平均速度を調べるには、各時代、各国の時刻表に当たらなければならないケースもある。残念ながらそこまでは難しいし、時刻表をまとめた資料もない。とはいえ、いろいろな資料から断片を集めて表定速度の変遷を整理してみた。完全な正確性は期せないが、大きなトレンドを摑んでいただくには十分事足りる表になっていると思う（表9－5参照）。この表では、できるだけ「走行距離が三〇〇キロ以上の列車を時代順に記録更新的に並べる」ことを原則にしている。ただし、それ以降のやや遅い記録でも、国別や動力別などという角度から見て、看過できない記録もかなり記載している。あらかじめご了解願いたい。

まず一八三〇年の鉄道開通以来、一九世紀末までの七〇年間を見ていただくと、一九世紀中はイギリスの列車がずっと世界で一番速かった。後述する世界の最高瞬間速度の変遷を見てもイギリスの独占になっており、鉄道の快適性、鉄道の安全性ともども、イギリスが鉄道の三冠王であった。アメリカのニューヨーク・セントラル鉄道、イギリスのロンドン・アンド・ノース・イースタン鉄道、フランスのパリ・リヨン・地中海鉄道の記録は、走行距離が長く、重たい列車を牽《ひ》いたものとして重要である。しかし、一九世紀中は表定時速で一〇〇キロに到達した列車はついに一本も出現

表9-5　世界の表定速度の変遷

| 年 | 国名 | 列車（鉄道）名 | 区間 | 距離 (km) | 時間 (時分) | 時速 (km/h) | 動力 |
|---|---|---|---|---|---|---|---|
| 1830 | 英 | ロケット号 | リヴァプール～マンチェスター | (50) | 4:30 | 11 | SL |
| 1832 | 英 | ロケット号 | リヴァプール～マンチェスター | (50) | 1:30 | 33 | SL |
| 1841 | 英 | GWR鉄道 | ロンドン～ブリストル | (191) | 4:00 | 48 | SL |
| 1841 | 英 | GWR鉄道 | ロンドン～エクセター | 312 | 4:30 | 69 | SL |
| 1853 | 英 | GWR鉄道 | ロンドン～プリマス | 400 | 5:45 | 70 | SL |
| 1875 | 英 | GWR鉄道 | ロンドン～グランサム | (169) | 2:04 | 84 | SL |
| 1880 | 英 | LNER鉄道 | ロンドン～エディンバラ | 632 | 9:00 | 70 | SL |
| 1888 | 英 | LNER鉄道 | ロンドン～エディンバラ | 632 | 8:30 | 74 | SL |
| 1893 | 米 | NYC鉄道 | ニューヨーク～バッファロー | 708 | 8:40 | 82 | SL |
| 1895 | 英 | LNER鉄道 | ロンドン～エディンバラ | 632 | 7:30 | 84 | SL |
| 1896 | 英 | LNER鉄道 | ダーリントン～ヨーク | (71) | 0:43 | 98 | SL |
| 1900 | 仏 | PLM鉄道 | パリ～マルセイユ | 860 | 9:50 | 87 | SL |
| 1905 | 米 | PRR鉄道 | ニューヨーク～ハリスバーグ | 304 | 3:15 | 93 | SL |
| 1925 | 英 | トーベイ・エクスプレス | ロンドン～トーキー | 322 | 3:30 | 92 | SL |
| 1926 | 仏 | PO鉄道 | パリ～ビエルソン | (200) | 2:00 | 100 | EL |
| 1929 | 英 | チェルトナム・フライヤー | ロンドン～スウィンドン | (124) | 1:10 | 107 | SL |
| 1931 | 加 | CNR鉄道 | モントリオール～スミスフォール | (200) | 1:48 | 111 | SL |
| 1932 | 英 | チェルトナム・フライヤー | ロンドン～スウィンドン | (124) | 1:05 | 114 | SL |
| 1933 | 独 | ハンブルガー | ベルリン～ハンブルク | (287) | 2:34 | 124 | DC |
| 1934 | 米 | バーリントン・ゼファ | シカゴ～デンバー | 1664 | 16:00 | 104 | DC |
| 1934 | 仏 | ブギャッティー | パリ～リヨン | 511 | 4:49 | 106 | DC |
| 1935 | 独 | ドイツ国鉄 | ベルリン～ハノーファー | (254) | 1:55 | 132 | DC |
| 1935 | 米 | ハイアワサ | シカゴ～セントポール | 660 | 6:30 | 102 | SL |
| 1935 | 英 | シルバー・ジュビリー | ロンドン～ニューカッスル | 432 | 4:00 | 108 | SL |
| 1937 | 英 | コロネーション | ロンドン～エディンバラ | 632 | 6:00 | 105 | SL |
| 1939 | 仏 | シュド・エクスプレス | パリ～ボルドー | 579 | 5:44 | 101 | EL |
| 1953 | 伊 | セッテベロ | ローマ～ミラノ | 632 | 5:55 | 107 | EC |
| 1956 | 仏 | ミストラル | パリ～リヨン | 511 | 4:05 | 125 | EL |
| 1963 | 英 | フライング・スコッツマン | ロンドン～エディンバラ | 632 | 6:00 | 105 | DL |
| 1964 | 日 | ひかり | 東京～大阪 | 515 | 4:00 | 129 | EC |
| 1965 | 日 | ひかり | 東京～大阪 | 515 | 3:10 | 163 | EC |
| 1967 | 仏 | アキテーヌ | パリ～リモージュ | 399 | 2:50 | 141 | EL |
| 1968 | 仏 | キャピトール | パリ～ボルドー | 579 | 4:25 | 131 | EL |
| 1969 | 仏 | ミストラル | パリ～リヨン | 511 | 3:47 | 135 | EL |
| 1969 | 米 | メトロライナー | ニューヨーク～ワシントン | 362 | 2:30 | 144 | EC |
| 1971 | 仏 | アキテーヌ | パリ～ボルドー | 579 | 4:00 | 145 | EL |
| 1974 | 英 | ロイヤル・スコット | ロンドン～グラスゴー | 632 | 5:41 | 111 | EL |
| 1975 | 西独 | ローランド | フランクフルト～バーゼル | 356 | 2:59 | 119 | EL |
| 1976 | 仏 | アキテーヌ | パリ～ボルドー | 579 | 3:50 | 151 | EL |
| 1979 | 英 | HST | ロンドン～エディンバラ | 632 | 4:37 | 137 | DL |
| 1980 | 英 | APT | ロンドン～グラスゴー | 646 | 4:10 | 155 | DL |

しなかったことが銘記されるべきである。

次に一九〇一年から一九四五年までの二〇世紀前半を見てみよう。一九二六年にフランスの電化区間で世界初の表定時速一〇〇キロが達成された事実はいまや風化してしまっているが、電気鉄道の高速潜在性を明らかにしたケースとしてとても重要である。その後、イギリスとカナダで蒸機列車によるつば競り合いがあったことはいまでも語り草になっているが、SL列車の表定時速としてはこれが鉄道史上空前絶後になっている。すなわちSLはこの時点で絶頂期に達し、これ以上の高速日常運転はできなかったということである。

一九三三年以降、これらの記録はドイツの流線形ディーゼル特急群に一蹴されてしまい、踵《きびす》を接して、アメリカとフランスの内燃動車も表定時速一〇〇キロを余裕をもって上回った。すでにSL列車に対する内燃動車のスピードでの優位は十分立証されていたが、まだSLの時代であり、英米では「コロネーション」や「ハイアワサ」が、SL牽引列車が表定時速一〇〇キロを超える長距離運転を実施していた。なお、一九三九年からは第二次世界大戦の勃発で記録どころではない。

戦後はフランスが幹線電化を推進し、電気機関車列車群が世界の鉄道高速化を引っ張った。一九五五年にテスト・ランで瞬間最高時速三三一キロという信じがたい世界記録を打ち立てた新型電気機関車群が、客車列車を牽引してパリから主要都市に向けて高速運転を始めたのである。表中にはそれらを代表して「ミストラル」しか書いていないが、ほかの線区でも表定時速一二〇〜一三〇キロの列車がたくさん誕生している。

そうした状況のなか日本で新幹線が開業し、一九六五年から東京〜大阪間を表定時速一六三キロで走った。一九八一年にTGVが開通するまで、断然世界一速い列車として君臨したのである。以降もドイツ、フランス、イギリスなどでの在来線上の高速列車が誕生したことや、それらのスピードがけっこう新幹線に肉薄しているが、もう詳述したので、ここではそれらの記録も列記するにとどめる。そして一九八一年、先に述べたようにフランスでTGVが開業してからは、ついに高速鉄道は日本の独占物ではなくなり、世界レベルで高速鉄道の時代に入っていった。

## 日仏英における高速化の比較

次に定点観測をやってみよう。戦前からの長い在来線時代と高速新線や高速鉄道が導入されて現在に至るまで、時代や背景の違いはいったん忘れて、表定時速という客観的な数値の変遷を見るのである。選ばれた舞台は、東京〜大阪間、パリ〜マルセイユ間、ロンドン〜エディンバラ間、すなわち日仏英三国の最重要幹線である（表9－6参照）。

表が始まる一八八九年とは東海道線が全通した年であり、その時フランスやイギリスの列車はもうその二倍以上の速さで走っていた。ところが一九一四年の欧州を舞台とする第一次世界大戦の勃発で、英仏の列車は一定のスローダウンを強いられ、それが回復するのに十年以上かかってしまう。その間、日本の列車は地道にスピードアップして、一九三〇年当時は一時かなり追いつくが、一九三〇年代後半に入るとまた突き離される。

一九三九年の第二次世界大戦勃発は日仏英三国に同じような支障をもたらし、戦時中の列車は大いにスローダウンした。戦後の復興時で見ると、日本は鉄道近代化に遅れを取ったイギリスには肉

表9-6　日仏英主要区間における表定速度の推移

| 年 | 東京～大阪 | | パリ～マルセイユ | | ロンドン～エディンバラ | |
|---|---|---|---|---|---|---|
| | 所要時間 | 表定速度 | 所要時間 | 表定速度 | 所要時間 | 表定速度 |
| 1889 | 18:40 | 30km/h | 13:45 | 63km/h | 8:30 | 74km/h |
| 1896 | 16:00 | 35km/h | 12:55 | 67km/h | 7:30 | 84km/h |
| 1903 | 14:00 | 40km/h | 11:30 | 75km/h | 7:30 | 84km/h |
| 1906 | 12:45 | 44km/h | 10:35 | 82km/h | 7:30 | 84km/h |
| 1912 | 11:10 | 50km/h | 10:35 | 82km/h | 7:30 | 84km/h |
| 1925 | 10:45 | 52km/h | 10:55 | 79km/h | 8:15 | 77km/h |
| 1929 | 10:10 | 55km/h | 10:55 | 79km/h | 8:15 | 77km/h |
| 1930 | 8:20 | 67km/h | 10:55 | 79km/h | 8:15 | 77km/h |
| 1934 | 8:00 | 70km/h | 10:55 | 79km/h | 7:30 | 84km/h |
| 1937 | 8:00 | 70km/h | 9:05 | 95km/h | 6:00 | 105km/h |
| 1939 | 8:00 | 70km/h | 9:05 | 95km/h | 7:00 | 90km/h |
| 1945 | 11:00 | 51km/h | — | — | 8:55 | 71km/h |
| 1949 | 9:00 | 62km/h | 10:35 | 82km/h | 8:00 | 79km/h |
| 1950 | 8:00 | 70km/h | 10:35 | 82km/h | 7:30 | 84km/h |
| 1956 | 7:30 | 74km/h | 8:40 | 100km/h | 6:50 | 92km/h |
| 1958 | 6:50 | 81km/h | 7:10 | 121km/h | 6:50 | 92km/h |
| 1960 | 6:30 | 86km/h | 7:10 | 121km/h | 6:35 | 96km/h |
| 1964 | 4:00 | 129km/h | 7:10 | 121km/h | 6:00 | 105km/h |
| 1965 | 3:10 | 163km/h | 7:10 | 121km/h | 6:00 | 105km/h |
| 1971 | 3:10 | 163km/h | 6:33 | 131km/h | 6:00 | 105km/h |
| 1976 | 3:10 | 163km/h | 6:33 | 131km/h | 5:27 | 116km/h |
| 1981 | 3:10 | 163km/h | 4:18 | 182km/h | 4:37 | 137km/h |
| 1986 | 2:52 | 180km/h | 4:18 | 182km/h | 4:37 | 137km/h |
| 1992 | 2:30 | 206km/h | 4:18 | 182km/h | 4:37 | 137km/h |
| 2002 | 2:30 | 206km/h | 3:04 | 245km/h | 4:13 | 150km/h |
| 2008 | 2:25 | 213km/h | 3:00 | 250km/h | 4:20 | 146km/h |

薄していくが、フランスは幹線電化を基軸に世界一のスピードレベルを実現していったので、しばらくはとても勝てる相手ではなかった。

しかし一九六四年の東海道新幹線の開業により、日本はついにフランスを突き放してトップに立つ。ただ、一九八一年にパリ～リヨン間のTGVが開通すると、その恩恵を受けるパリ～マルセイユ間の表定時速は日本と拮抗するようになり、TGVが全通すると、今度はフランスが日本を突き放している。一方イギリスでは、ロンドン～エディンバラ間の在来線上に高速ディーゼル列車であるHSTを走らせて必死に頑張ったが、日仏のように高速新線を敷設できず、両国の後塵を拝さざるを得なかった。

## 世界の最高速度の変遷

鉄道開通以来、鉄道の日常の営業速度はしだいに向上して行ったが、それに先行して、必ずそれを上回るスピード・テストが絶え間なく行われてきた。話題性のある高速テスト・ランについては、ここまでの高速化の歴史のなかでエポックとしてかなり触れてきたので、ここでは一八三〇年以降の速度更新の記録を時系列に並べ、簡単にレビューしておこう。

一八三〇年にロケット号が記録した瞬間時速五六キロは、どんどん更新されて、一九世紀末には時速一四四キロに達したが、これらの動力はすべてSLによるものであった。

二〇世紀初頭、ドイツにおいて、実験線上ではあったが、電車により時速二〇〇キロが突破され、以後三〇年以上更新されなかった。一九三九年にディーゼル列車によって時速二一五キロとわずか

表9-7　主要国鉄道の最高速度記録の変遷

| 時代 | 年 | 国名 | 列車 | 動力 | 時速 |
|---|---|---|---|---|---|
| 19世紀 | 1830 | イギリス | ロケット号 | 蒸気 | 56 |
| | 1840 | イギリス | 超広軌 | 蒸気 | 93 |
| | 1845 | イギリス | 超広軌 | 蒸気 | 98 |
| | 1846 | イギリス | 超広軌 | 蒸気 | 108 |
| | 1853 | イギリス | 超広軌 | 蒸気 | 113 |
| | 1870 | イギリス | 東海岸線 | 蒸気 | 120 |
| | 1879 | イギリス | 東海岸線 | 蒸気 | 124 |
| | 1887 | イギリス | ミッドランド鉄道 | 蒸気 | 144 |
| | 1890 | フランス | PLM鉄道 | 蒸気 | 144 |
| | 1895 | イギリス | 西海岸線 | 蒸気 | 144 |
| 20世紀<br>戦前 | 1903 | ドイツ | ベルリン試験線 | 電車 | 210 |
| | 1904 | イギリス | GWR鉄道 | 蒸気 | 165 |
| | 1934 | アメリカ | M-10000 | ディーゼル | 179 |
| | 1934 | アメリカ | ゼファー号 | ディーゼル | 181 |
| | 1934 | フランス | ブギャッティ | ガソリン | 192 |
| | 1935 | イギリス | A 3 形 | 蒸気 | 174 |
| | 1935 | アメリカ | A形 | 蒸気 | 1808 |
| | 1936 | ドイツ | 05形 | 蒸気 | 200 |
| | 1937 | イギリス | ダッチェス型 | 蒸気 | 187 |
| | 1938 | イギリス | A 4 形マラード | 蒸気 | 203 |
| | 1939 | ドイツ | クロッケンベルグ | ディーゼル | 215 |
| 20世紀<br>戦後 | 1939 | イタリア | ETR200 | 電車 | 203 |
| | 1954 | フランス | CC-7100電機 | 電機 | 243 |
| | 1955 | フランス | BB-9000電機 | 電機 | 331 |
| | 1963 | 日本 | 新幹線試作電車 | 電車 | 256 |
| | 1972 | スペイン | タルゴ 3 形編成 | ディーゼル | 222 |
| | 1972 | フランス | TGV-001 | ガス・タービン | 318 |
| | 1973 | イギリス | HSTディーゼル編成 | ディーゼル | 239 |
| | 1975 | イギリス | APT-E | ガス・タービン | 245 |
| | 1975 | フランス | Z-7001号 | 電車 | 309 |
| | 1978 | 南アフリカ | 6 E 1 形 | 電機 | 245 |
| | 1979 | 日本 | 新幹線961形 | 電車 | 319 |
| | 1981 | フランス | TGV-PSE | 電機 | 380 |
| | 1988 | ドイツ | ICE試験列車 | 電機 | 407 |
| | 1990 | フランス | TGV-A | 電機 | 515 |
| | 1996 | 日本 | 新幹線300X | 電車 | 443 |
| | 2007 | フランス | TGV-POS | 電機 | 575 |
| 21世紀 | 2011 | 中国 | CRH-380BL | 電車 | 487 |
| | 2013 | 韓国 | HEMU-43-X | 電車 | 421 |

に更新されたが、これが二〇世紀戦前までの最高記録である。この時期SLでも時速二〇三キロまで上がってきたが、第二次世界大戦の暗雲によって高速テストどころではなくなり、各国とも戦時体制に入っていった。

やがて戦後の平和が訪れると、世界の鉄道地図は大きく塗り替えられていった。戦前はドイツ、アメリカ、イギリスが主役であったが、戦後はフランス、日本、ドイツが中心となる。動力別にみると、電化の進捗により、各国の高速列車はディーゼル・蒸気中心から圧倒的に電機列車中心に変わった。スピードに関しては、戦前はSLとディーゼルで時速二〇〇キロの壁が大きく立ちはだかったが、戦後は一九五五年にフランスの電気機関車がいきなり時速三三一キロをマークして衝撃をもたらした。時速四〇〇キロの壁の突破は、一九八八年にドイツのICEが四〇七キロをマークするまで三三年かかっているが、それから二年後の一九九〇年にはフランスのTGVがあっさり五一五キロをマーク、そして二〇〇七年にはついに五七五キロを記録してしまった（表9－7参照）。

この時速五七五キロは当面不滅の金字塔ではあろうが、新興高速鉄道国である中国がテスト・ランによる最高速度、日常運行される列車の表定速度で世界一の座をねらって必死になっている。また韓国も負けじと鉄道高速化に血気盛んである。

## TGVの時速五七五キロ

リニア新幹線は、原理的には鉄輪式高速電気列車に比べて格段に速いはずである。しかし、フランスのTGVの試験列車が二〇〇七年に記録した時速五七五キロは、二〇〇二年に山梨試験線でリニア新幹線がマークした時速五八一キロに肉薄している。リニア新幹線は二〇一三年に時速六〇三キロをマークしてちょっぴり突き放したが、一見リニア新幹線の存在意義に不安が持たれてもやむを得ない出来事であった。鉄輪式鉄道による高速化はどこまで可能なのか。TGVによる時速五七五キロ達成までの道のりを追っておこう。

くだんの高速試験は、二〇〇七年四月、営業前のTGV東線を使って行われた。一三時に出発した試験列車はどんどん加速し、たった一三分後には時速五七五キロを計測した。一九九〇年にフランス国鉄が出した時速五一五キロを一七年ぶりに六〇キロも更新する快挙であった。

ただここに至るまでには時間をかけた周到な準備があった。現に二〇〇七年一月から計四〇回、延べ三二〇〇キロに及ぶ試走をくり返していたのである。今回の試験はフランス国鉄、フランス鉄道線路公社（RFF）、アルストム社（車両メーカー）三者共同で行われ、あらゆる面でスピードが出る要件が模索された。

①走行区間：走行区間は追い風が吹き、直線区間が主体である。曲線は半径一万二〇〇〇～一万七〇〇〇メートルときわめて緩く、最高速度到達区間は下り勾配区間が選ばれた。またバラスト軌道の砂利の飛散を防ぐため、バラストの高さを通常より三センチ低くさせた。また、曲線区間のカントの高さを五一ミリから一三〇ミリに上げた。

②車両の増強：TGVはもともと両端二両の電気機関車が客車をサンドイッチする動力集中方式であったが、この試験列車では、実質的に動力分散方式を採用した。これはアルストム社の次世代AGV編成に資するためでもあった。すなわち客車の台車にもモーターを装着した結果、八台車中

六台車が動力駆動台車になった。このため、編成出力は通常なら九三〇〇キロワットであるところが一万九六〇〇キロワットとなった。ほぼ倍増である。車輪径も通常の九二〇ミリから一〇九二ミリと大型化した。また車両の造形も営業車両がベースではあるが、風洞実験を経て、先頭部と後尾部はより丸みを付け、ワイパーも外し、パンタグラフ二個のうち先頭車両の一個は撤去してカバーをした。これにより、空気抵抗は一五パーセント減少した。

③架線電圧の上昇：通常の二五キロボルトから三一・五キロボルトに昇圧させた。

時速575kmを記録したTGV4402編成

当日、試験区間で走り出した列車は三キロ走って時速二〇〇キロ、九キロ地点で三〇〇キロ、一四キロ地点で四〇〇キロ、三五キロ地点で五〇〇キロ、三七キロ地点で従来の世界記録時速五一五キロに達し、六一キロ地点でついに前人未到の時速五七五キロを達成した。

今回の試験はまもなく開通するTGV東線（最終的にパリ～ストラスブール間）やそれ以降に開通予定の新線での高速運転に資することはもちろんのこと、海外へのフランス鉄道技術の売り込みや、国威発揚も大いに意識されていた。シラク大統領が早速「フランス鉄道産業の優秀さを証明する新しい証拠……」と祝辞を送ったし、現に今回使われた試験車両には、高速鉄道に関心を示すブラジル、中国、インドの代表団も試乗していたのである。日本の新幹線の場合、営業運転列車に外国の視察団が乗ることはあっても、高速試験列車への乗車は、東海道新幹線開通前に鴨宮試験線で時速二五六キロを出した時に世界銀行幹部らを乗せた時以降、ほとんど聞かない。同乗者の安全保障の問題など、国鉄やJRというより、日本人の気質ではここまで踏み切れないであろう。なお、試験列車に組み込まれた三両の客車のうち、一両目には各種測定装置を積み込んで関係技術者たちがデータ収集に当たった。また、二両目の二階がゲスト用に充てられた。

# 第10章 高速化は旅を変えた

# 1　高速化と利便性の向上

ここまで鉄道高速化について統計的、技術的にみてきたが、鉄道高速化で旅がどう変わったかという旅行者視点の評価もあわせてみておく必要がありそうだ。こういう面は雑駁《ざっぱく》に簡単に書けるだろうと思われるかもしれないが、実は一番難しく捗《はかど》らない。まとまった資料はなく、あちこちから断片を拾ってくるのであるが、それらは決して論脈的に書かれてはいないから、筆者の力技で進めるしかない。

## 途中泊→夜行列車→昼間列車

さて、この種の資料として参考になるのは、まずは文学作品であろう。昔から作家は出版社が密集する東京に居住しており、彼らが最も旅に出た方面は何といっても東海道・山陽路が多い。この方面への列車のスピードアップ、所要時間の短縮によって旅の様相が大きく変わってきたのは当然である。その前提として、一八八九年には新橋～神戸間が全通してから二〇一七年までの一二八年間の東京～関西間の所要時間を時刻改正の節目ごとに整理すると、表10－1のようになる（表10－1参照）。東海道の旅の形態を変えたであろう節目を入れて、第一期から第四期までに分けてみた。

第一期（一八八九年～一九〇五年）：所要時間一五時間以上＝途中泊の時代
第二期（一九〇六年～一九二九年）：所要時間一一時間以上＝夜行列車の時代
第三期（一九三〇年～一九六三年）：所要時間六時間半以上＝昼間列車の時代
第四期（一九六四年～現在）：所要時間三時間一〇分～二時間半＝日帰り可能な時代

表10-1　明治以降の東京～神戸・大阪間の表定速度の推移

| 時代区分 | 年 | 区間 | 備考 | 総距離 | 所要時間 | 表定時速 |
|---|---|---|---|---|---|---|
| 第１期（全通～国有化） | 1889 | 新橋～神戸 | 全線開通 | 608km | 20:05 | 30km |
| | 1896 | 新橋～神戸 | | 608km | 17:09 | 35km |
| | 1898 | 新橋～神戸 | | 608km | 16:27 | 37km |
| | 1903 | 新橋～神戸 | | 608km | 15:00 | 41km |
| 第２期（国有化～特急「燕」） | 1906 | 新橋～神戸 | | 608km | 13:40 | 44km |
| | 1907 | 新橋～神戸 | | 608km | 13:10 | 46km |
| | 1909 | 新橋～神戸 | | 608km | 12:50 | 47km |
| | 1912 | 新橋～神戸 | | 608km | 12:00 | 51km |
| | 1921 | 東京～神戸 | 複線化完 | 608km | 11:50 | 51km |
| | 1929 | 東京～神戸 | | 602km | 11:38 | 52km |
| 第２期（燕～戦争～こだま） | 1930 | 東京～神戸 | 超特急「燕」 | 602km | 9 :00 | 67km |
| | 1934 | 東京～大阪 | 丹那開通 | 556km | 8 :00 | 70km |
| | 1949 | 東京～大阪 | 特急「平和」 | 556km | 9 :00 | 62km |
| | 1950 | 東京～大阪 | 特急「つばめ」 | 556km | 8 :00 | 70km |
| | 1956 | 東京～大阪 | 全線電化 | 556km | 7 :30 | 74km |
| | 1958 | 東京～大阪 | 電車化 | 556km | 6 :50 | 81km |
| | 1959 | 東京～大阪 | | 556km | 6 :40 | 83km |
| | 1960 | 東京～大阪 | | 556km | 6 :30 | 86km |
| 第４期（新幹線開通以降） | 1964 | 東京～新大阪 | 新幹線開通 | 515km | 4 :00 | 129km |
| | 1965 | 東京～新大阪 | | 515km | 3 :10 | 163km |
| | 1985 | 東京～新大阪 | | 515km | 3 :08 | 165km |
| | 1986 | 東京～新大阪 | | 515km | 2 :56 | 176km |
| | 1988 | 東京～新大阪 | 国鉄⇒JR | 515km | 2 :49 | 183km |
| | 1992 | 東京～新大阪 | | 515km | 2 :30 | 206km |
| | 2007 | 東京～新大阪 | | 515km | 2 :25 | 213km |
| | 2015 | 東京～新大阪 | | 515km | 2 :22 | 218km |

当たり前ではあるが、文章で述べられている旅行形態や旅行風情はこれに合致している。まず第一期の途中泊の時代を代弁するものとして、大和田建樹（一八五七〜一九一〇年）が一九〇〇年頃に書いた『汽車旅行』がある。新橋から神戸までの旅行であるが、途中ちょうど中間距離の浜松で旅館に泊まっている。昼間列車に乗ると、新橋を出て七〜八時間走って浜松に到着するのであるし、列車は混んでもいたようであるから、この途中下車と宿泊は当時としては自然のことだったのであろう。

汽車は新橋を出でぬ。……雨傘さして汽車をながめ居る人も見えたり。今夜は浜松に宿る。雨なほ止まず。……朝起きいでて見れば空晴れたり。神武天皇祭とて到る処に国旗の翻るを見る。名古屋より乗客充満して、桶に蜜柑を詰めたるが如く、身動きもならぬ程なれば、景色も何も見えず。……大阪を出でて神崎川を渡る。菜種多し。盛りかへむ頃ならむ。薄暮神戸に着きてここに宿る。（大和田建樹『汽車旅行』）

一九〇八年に書かれた夏目漱石の『三四郎』では、主人公が第五高等学校を卒業し、東京帝大に入学するために期待と不安を抱いて熊本から上京する。主人公はたぶん漱石自身を投影していて、冒頭に出てくる汽車旅の情景は漱石の熊本時代である一九〇〇年かちょっと以前あたりを反映していると思われる。

この汽車は名古屋止りであった。次の駅で汽車が停まった時、女は漸《ようや》く三四郎に名古屋に着いたら迷惑でも宿屋へ案内してくれといい出した。一人では気味が悪いからといってしきりに頼む。何しろ知らない女なんだから、すこぶる躊躇《ちゅうちょ》したにはしたが、断然断る勇気も出なかったので、まあいい加減な生返事をしていた。……勘定をして宿を出て停車場へ着いた時、女は始めて関西線で四日市の方へ行くのだという事を三四郎に話した。……改札場の際まで送って来た女は「いろいろご厄介になりまして、ではご機嫌よう」と丁寧にお辞儀をした。三四郎は……ただ一言「さよなら」といった。女はその顔をじっと眺めていたが、やがて落ち着いた調子で「あなたはよっぽど度胸のない方ですね」といってにやりと笑った。三四郎はプラットフォームの上へはじきだされたような気持がした。車の中へ入ったら両方の耳が一層ほてりだした。（夏目漱石『三四郎』）

この当時、熊本からだと門司～下関間の連絡船も入れて、乗り詰めでも東京まで四〇時間ぐらいはかかったはずで、たぶん、広島あたりと名古屋に二泊は必要だったであろう。だから三四郎のような経験をするチャンスは昔のほうがあったのである。

第二期では、東京～神戸間の所要時間が一一～一四時間にまで短縮されている。そうなると昼間旅行よりも夜行旅行のほうが選択されたらしい。一九〇七年に書かれた田山花袋《かたい》の『蒲団』は白然派作品の嚆矢《こうし》として大変注目された作品である。小説中の私・竹中時雄は、作家としてほんのちょっぴり名が出ていた花袋自身の投影で、そこへ岡山県の旧家出身ながら、神戸女学院出でハイカラで若く美しい横山芳子が弟子入りしてきた。妻と子供二人をもつ時雄は芳子に心ときめき、心中穏やかではないが、どうしようもない。ところが芳子が好ましくない恋愛沙汰を起こしたので、岡山から芳子の父親が上京して、芳子を故郷へ連れ戻すことになった。時雄が二人を送って新橋の停車場に行ってみると、駅は大変な混雑であった。

混雑また混雑、群集また群集、……悲哀と喜悦と好奇心とが停車場の到る処に渦巻いていた。……殊に六時の神戸急行は乗客が多く、二等室も時の間に肩摩轂撃の光景となった。……ベルが鳴った。……その混雑は一通りではなかった。三人はその間を辛うじて抜けて、広いプラットホオムに出た。そして最も近い二等室に入った。……父親は窓際に来て、幾度も厚意のほどを謝し、後に残る事について万事を嘱した。……妻がなければ、無論自分は芳子を貰ったに相違ない。芳子もまた喜んで自分の妻になったであろう。……車掌は発車の笛を吹いた。汽車は動き出した。（田山花袋『蒲団』）

ここで花袋がいう「六時の神戸急行」とは、日本では初めて急行料金を徴収した最大急行列車で、新橋を夕刻六時に出発して神戸には翌朝八時頃着いたはずである。芳子父娘は二等車を使ったので、決して旅行に苦難はなかったであろうが、三等客だと身動きもできない満席状態であったはずである。一二～一三時間の旅は昼がよいか、夜がよいか一長一短であろうが、満席の三等車のしかも夏季を考えると、夜行列車が選ばれたのであろう。

ところが一九三〇年に鉄道省が特急「燕《つばめ》」を登場させて東京〜神戸間が九時間になると、急行も比例して早くなったので、昼間旅行が主体になってきた。船橋聖一の書いた『悉皆屋康吉』には、一九三七年頃、東京から関西へ特急か急行で向かう風景が述べられている。「悉皆屋《しっかいや》」とはいままったく聞きなれない言葉であるが、字句の直訳からは「何でもことごとく行う店」という意味になり、戦前は「新旧着物の売買や仲介も行う、ある種の着物問屋」を指して富裕層を客としていたようである。康吉はこの商売に丁稚奉公から入ったが、持ち前の根性と努力で番頭に抜擢《ばってき》され、果てはそこの美人お嬢様の養子になって店主に出世した身分であった。店の主となった康吉が女房・お喜多を連れて、二等車を奮発して東京から京都に向かうシーンである。

康吉はお喜多を伴《つ》れて、京の旅へ出た。無論康吉のことだから、物見遊山だけが目的ではなかった。……ついでに二、三、太物の小取引もやって来ようという慾ばった旅で、……それにしても、新婚旅行を割愛した康吉は、女をつれて、長い旅に出るなぞということは生れてはじめてであり、大人気なく、胸がはずんでならなかった。汽車も……康吉も青切符を奮発することにした。（舟橋聖一『悉皆屋康吉』）

戦争によって日本の鉄道のスピードや快適性はとみに低落し、終戦の一九四五年には特急も急行もいったんすべて消滅した。しかし勤勉な日本人は一九四九年に東京〜大阪間九時間の「へいわ」をそして一九五〇年には八時間で結ぶ「つばめ」を完全復活したばかりか、同じく特急「はと」をデビューさせた。汽車大好きの内田百閒《ひゃっけん》は、さっそくこの特急「はと」の最後尾の一等展望車を奮発した。漱石門下の小説家・随筆家で、とくに鉄道随筆が有名である。

この旅行を思ひついた時の案は、お午過ぎ十二時三十分に東京を出る特別急行で立って、晩の八時半に大阪に着き、着いて見たところで用事はないから、三十分後の九時に大阪を出る第十四列車銀河の一等寝台で帰ってこようと考えた。……十両編成の最後の十号車が一等であるから、そこ迄歩いて行く間に「はと」の編成全部を見る事ができる。……汽車に乗るのは随分暫《しばら》く振りである。この前乗ったのは戦争になる前であったから、間に十年近くの歳月が流れている。……すぐに新橋をふっ飛ばし、……品川を出て八ッ山のガアド下を過ぎれば、先づその辺りから汽車は速くなる。（内田百閒『特別阿房列車』）

ちなみに百閒は一九七一年まで存命しており、一九六四年の東海道新幹線開通も経験しているはずであるが、新幹線の乗車随筆は残していないようである。

第四期の新幹線の時代について詳しく説明する必要はないと思うが、東海道新幹線は東京〜新大阪間を長らく三時間一〇分で走っていたのが、二時間半になったのが大きなエポックであり、いまは二時間二二分に短縮されている。一九七五年には新幹線は東京〜福岡間一〇六九キロに延長され、その所要時間は六時間五六分（表定時速一五四キロ）から始まったが、それから四〇年余り経った二〇一七年には四時間四七分（表定時速二二四キロ）と大幅に短縮されている。

新幹線の時代こそ鉄道高速化に大飛躍があったのであるが、文学作品に新幹線は滅多に登場しなくなっている。非日常的で大仰《おおぎょう》で興奮を伴った汽車旅が、日常的で冷静で何でもない高速大量輸送に変わってしまったのだから無理もない。だから文学作品でもほんの一シーンとして新幹線の乗降、車中会話……などにはもちろん出てくるのではあろうが、大きく長く描写されることはまずなさそうである。

ただし、推理小説においては、新幹線でも、在来線との組み合わせでも、飛行機との組み合わせでも、いくらでも種は作れるはずで、『東海道新幹線殺人事件』『東北新幹線殺人事件』『北陸新幹線ダブルの日』『新幹線秋田「こまち」殺人事件』……と枚挙に暇《いとま》がない。ただし日本の推理小説の大御所・松本清張（一九〇九～九二年）には、新幹線を舞台にした推理小説は一作もなく、鉄道が大きな要素を果たす推理小説は一九五八年刊行の『点と線』で終わっている。後年にはむしろ歴史ドキュメンタリーなどに傾注していった結果なのでもあろう。なお新幹線関連の作品としては『新幹線各駅停車・こだま酒場紀行』という随筆がある。

## 発着頻度と列車の構成

次に列車の運行頻度を見てみよう。高速鉄道といえども、待たずにすぐ乗れるかどうかも大きな要素である。その点、一九六四年の東海道新幹線開業時にフランス国鉄の幹部から、「新幹線は高速輸送かつ大量輸送体系だ」と喝破されたが、当時はまだ三〇分ごとに一二両編成の「ひかり」と「こだま」が発着し、一日当たりの運行本数は片道三〇本と、いまから見れば何とものんびりしていた。現在、私は新横浜駅から新幹線をよく使うが、発着掲示板が活発に動き、いま下りの「のぞみ」が発車してホームを出て行ったかと思うと、自分の乗る次の「のぞみ」のライトが朝靄《あさもや》のなかから近づいてくる。無理もない、いまは一六両編成の列車の発着本数は三〇〇本を超え、開業時の一〇倍以上に達しているのである（表10－2参照）。

この列車運行本数はまさに通勤電車並みである。この運行頻度はもはや日本の新幹線だけではなく、フランスのＴＧＶや中国の高速鉄道もきわめて似た現象を呈している。ちなみに最近のこの三国の代表的線区の列車運行本数を見てみよう（表10－3参照）。

このうち、北京～上海間の列車本数が少ないのは、距離が断然長いうえに途中に済南、南京という大都市もあって、始発駅の北京から終着駅の上海までの乗り詰め客の比率が東京～大阪間、パリ～リヨン間よりも低いからであろう。「列車がいくら速くても、運行本数が少ないと平均的待ち時間が多く、実質的所要時間が長くなっては高速鉄道の意味が薄れる……」という疑問に対しては、これら三路線では、そういうことを考える必要がまったくないシャトル・サービス体制が十分に確立されている。

東海道新幹線では、一九六四年の開通時から、停車駅の少ない超特急「ひかり」と各駅停車する特急「こだま」の二本立てセットで運行され、超特急料金と特急料金も値差をつけていた。山陽新幹線が一九七二年に岡山まで、一九七五年に博多まで延伸された際もこの関係は変わらなかった。現在では「のぞみ」や「ひかり」が長距離列車となり、「こだま」は近距離列車、あるいは「のぞみ」「ひかり」との乗り継ぎ輸送が主な役割と位置づけられている。「こだま」はほとんどの駅で「のぞみ」や「ひかり」を待避するため、東京～新大阪間の日中の所要時間は約四時間となっている。

一九六六年には、「こだま」の性格上一等車の利用率が低いため、二両のうちの一両を二等車に置き換え、同じく利用率の低かったビュフェ二両のうち一両を売店付き普通車に改造し、「ひかり」との性格分けがなされた。

一九七五年には両列車の特急料金の区別は全廃された。一九八七年以降「こだま」の普通車の一部車両が五列から四列に改造されて、自由席が増えた。二〇〇二年には車内販売が全廃され、二〇一二年には「こだま早特往復きっぷ」が発売開始されたりと、いろいろな手段が講じられてきた。

山陽道の「こだま」愛用者にとってのビッグニュースといえば、二〇〇八年に山陽新幹線「こだま」の一部に500系

表10-2　東海道新幹線の運行本数と輸送人員の推移

| 年 | 運行本数/日 | 輸送人員 | 特記事項 | 備考 |
|---|---|---|---|---|
| 1964 | 30本 | 20,000 | 開業年 | 「ひかり」で4時間 |
| 1965 | 55本 | 40,000 | 大幅スピードアップ | 「ひかり」が3時間10分 |
| 1975 | — | 97,000 | 東京～福岡間全通 | |
| 1987 | 235本 | 101,000 | 国鉄民営化 | 全線JR東海が運行 |
| 1990 | 260本 | — | | |
| 1993 | 270本 | — | 大幅スピードアップ | 「のぞみ」創設2時間30分 |
| 1995 | 270本 | 148,000 | | |
| 2000 | 290本 | — | | |
| 2005 | 290本 | 138,000 | 2003年品川駅開業 | |
| 2010 | 310本 | — | | |
| 2015 | 310本 | 147,000 | 2011年九州新幹線 | |

表10-3　日仏中高速鉄道の列車本数比較

| | 区間 | 距離 | 所要時間 | 列車本数 |
|---|---|---|---|---|
| 日本・新幹線 | 東京～新大阪 | 515km | 約2時間30分 | 175本 |
| フランス・TGV | パリ～リヨン | 426km | 約2時間 | 124本 |
| 中国・高速鉄道 | 北京～上海 | 1,318km | 約6時間 | 80本 |

の八両編成が投入されたことであろう。その8号車には、子供用の疑似運転台が設置され、ハンドルやスイッチを操作すると、速度計やATC信号などが対応して点灯するしかけである。

## 2　直通列車による高速化

### 乗り換えの改善——直通列車の登場

従来は列車の乗り換えを要していたのが、乗り換えなしで済むようになれば、所要時間でも、手間暇でもずっと楽になる。大きくくくれば「直通列車の運行」ということになるが、それはさらに、①乗り入れによって駅における列車の乗り換えが解消したケースと、②海峡で連絡船の乗り換えが不可避だったのが、長大なトンネルや橋梁ができて乗り換えが解消したケースに分けられよう。乗り換えなしは所要時間の短縮にも寄与するが、気苦労と肉体的消耗がぐんと軽減される。主な幹線における直通化を具体的に整理してみよう（表10－4参照）。

これらは平常時の直行運転を整理したものであるが、非常時を見

表10-4　幹線直通列車の開始年

| 分類 | 事例 | 実現年 | 備考 |
|---|---|---|---|
| 相互乗入 | 東海道・山陽線直通 | 1912 | 特急⇒急行も⇒戦後もブルトレなど直通列車は多数 |
| | 東北・磐越西線直通 | 1914 | 上野～新潟間直通夜行列車⇒戦後の観光特急など |
| | 近鉄名阪間 | 1959 | 広軌への統一化で伊勢中川での乗換解消 |
| | 山形新幹線開通 | 1992 | 奥羽線を広軌化して東北新幹線と福島で相互乗入 |
| | 秋田新幹線開通 | 1997 | 田沢湖線を広軌化して東北新幹線と盛岡で相互乗入 |
| 海峡横断 | 関門トンネル開通 | 1942 | 下関～門司間の短絡 |
| | 青函トンネル開通 | 1988 | 青森～函館間の短絡 |
| | 瀬戸大橋開通 | 1988 | 児島～坂出間の短絡 |

ると、日清戦争時（一八九四～一八九五年）、日露戦争時（一九〇四～一九〇五年）には、兵員・物資を運ぶ軍用列車は東海道・山陽線直通のほか、すでに部分開通（赤羽～池袋～新宿～渋谷～品川）していた日本鉄道・山手線を経由すれば、東北線や信越線にも直通できた。

いずれにせよ、これらのなかで圧倒的に重要なのは東海道・山陽線直通列車であるし、現在の新幹線の運行からもわかるように、東海道・山陽線は基本的に一本のつながった路線であって、神戸、大阪、新大阪駅は途中駅であるといったほうが実態に近いのかもしれない。戦前は大陸への連絡路という要素も大きかったが、何といっても日本の大動脈として直通列車の需要がビジネスでも観光でも際立って高いということであろう。

元来、官営の東海道線と、民営の山陽鉄道と運営主体が異なっていたので、直通列車の運行は簡単には行かなかったが、一八九四～九五年の日清戦争時は新橋～広島間、一九〇四～〇五年の日露戦争時は新橋～下関間には、兵員や物資の輸送に臨時直通列車が頻繁に運行された（なお、一九〇五年には一般客を乗せる急行1・2列車が新橋～下関間に運行されたが、この時は三ヵ月で終っている）。

一九一二年になって初の本格的直通列車として、展望車を連結した特急1・2列車が登場した。その後は急行の直通列車もだんだんと増えていき、戦中の一九四二年に関門トンネルが開通する

日露戦争時の東海道山陽道直通列車

と、東京から九州行き急行も誕生したし、特急「富士」は東京から長崎まで延長された。戦争たけなわとなるとさすがに東海道・山陽線直通列車は一時停止されたが、戦後まもなく東京から広島行き、博多行き、熊本行き、鹿児島行きなどの直通急行列車が誕生し、一九五八年以降のブルー・トレインに引き継がれた。この段階では東海道・山陽・鹿児島線直通列車といったほうが実態に近いかもしれない。

　華やかな東海道・山陽線直通列車の次はぐんと渋く、上野～郡山～会津若松～新潟間を東北線・磐越西線・(信越線)経由で走った直通列車をご紹介しよう。上野～新潟間の鉄道として、いまは上越新幹線、その前は上越線、その前は信越線と思われている方が多いであろうが、必ずしもそうでなく、注釈を要する。というのは、信越線が一八九三年に全通したことにより、上野～新潟間は直行できるようになったが、この線は碓氷《うすい》峠のネックがあって、所要時間がきわめて長かった。一九一四年に磐越西線が開通すると、さっそく上野～新潟間にこのルートでの直継列車が運転されて、信越線より速かった。したがって寝台車を連結したこのルートの夜行直通列車が重宝がられたのである。

　ところが一九三一年に距離、所要時間とも勝る上越線が開通すると、そちらが主役になったことは当然である。戦後も上野～会津若松間の特急、仙台～喜多方間の快速列車なども運行されたので、東北線と磐越西線の直通列車は地味ながら一つの存在感があったのである。これに準じた複数路線にまたがる直通列車は、中部、近畿、中国、九州地方にも散見されると思うが、省略させていただく。

そして国鉄が民営化されて、一九九〇年代には山形新幹線と秋田新幹線が誕生した。いずれも在来線側(奥羽線、田沢湖線)を広軌に拡幅工事して、新幹線の乗り入れ直通を果たしたものである。ただし東北新幹線区間は最高時速三〇〇キロで走行するのに、拡幅在来線区間は最高時速一三〇キロしか出せないギャップは何とも致し方ない。とはいえ、乗り換えが不要になって、東京駅から目的地まで直行できる利便は大きい。

しかし最大の福音は、単なる直通列車の誕生より、むしろ海峡直通列車の誕生であろう。関門海峡こそ狭く、時間的短縮度は少ないが、手間の省略は大きかったはずである。一方、青函海峡と瀬戸内海の場合は、時間でも、手間でもその恩恵は計り知れない。

## 海外における直通列車の事例

海外にも目を転じてみよう。海外では、ゲージの異なる国境の接続駅で乗客が乗り換えていたのをどう直通させるかが問題であった。代表的な例を上げると表10－5のようになる(表10－5参照)。

このうちスペイン独自で開発されたタルゴ式列車は、自動ゲージ変換装置(ガイド・レール)区間を低速で通過すると、自動的に列車の両輪間の長さもゲージに対応するという方式で、フリーゲージ方式と呼ばれている。

表10-5　海外の国境直通列車の例

| 国境 | ゲージ対比 | 列車例 | 接続駅 | 直通方法 |
|---|---|---|---|---|
| 中国：カザフスタン | 1435：1520 | 北京～モスクワ | 阿里山 | ジャッキによる台車交換 |
| ポーランド：ロシア | 1435：1520 | ベルリン～モスクワ | ブレスト | ジャッキによる台車交換 |
| フランス：スペイン | 1435：1668 | パリ～マドリッド | イルン | FGT方式(タルゴ) |

日本では新幹線の延伸とともに、在来線に直通できるフリーゲージ・トレインの研究がＪＲの鉄道総合研究所で一九九四年に開始された。第三世代のテスト列車も完成して、各地で試験走行されてきた。したがってほぼ技術的な目途は立っていると思われるのだが、一向に実現しそうにもない。欧米と異なり、新幹線と在来線が併存する日本では、意思決定さえすれば新幹線から在来線に乗り入れ可能な接点や路線はいくらでもある。すなわち日本こそフリーゲージ・トレインの潜在需要が最大であるはずである。それでも安全志向の強い日本人にとって同一列車がゲージを変えて走ることには抵抗感も強いようで、着工中の長崎新幹線の一部区間に採用の掛け声はあったが、難航している。そんなややこしいことはしないで、すっきり全区間フル規格の新幹線を敷いて欲しいというのが本音なのであろう。

ちなみに、この狭い日本国内にも次のような四種のゲージが現存する。

- 一四三五ミリ：新幹線、主に関西私鉄など
- 一三七二ミリ：京王電鉄、都営新宿線など
- 一〇六七ミリ：ＪＲ在来線、主に関東私鉄など
- 七六二ミリ：軽便鉄道

フリーゲージ・トレインではスペインが突出している。その嚆矢《こうし》はアレハンドロ・ゴイコエチェアとホセ・ルイス・オリオールが開発した連接軽量列車したタルゴ列車である。タルゴとはTALGO＝Tren Articulado Ligero Goicoechea-Oriolの略称で、スペインで開発された一軸連接客車列車の呼称であり、これを開発した鉄道車両メーカーの名称にもなっている。一九四二年に試作車

が製造されて以来、いくつかの形式が開発されている。すべての車輪が独立しており、左右をつなぐ車軸が存在せず、車輪の間に通路などを設けるための空間が確保できるため、床面も車高もぐんと低くすることができている。

すべての車輪が独立していると書いたが、これには理由がある。スペインは山岳地帯が多いため、勾配や曲線区間が多い。一方スペイン国鉄では、とくにゲージ幅の広い広軌（一六六八ミリ）を採用している。つまり、曲線では狭軌や標準軌に比べて内側と外側のレール長の差が大きくなる。通常の車軸でつながれた車輪だと、内側も外側も同じ速度で回転するので、車輪とレールの摩擦が大きくなって曲がりにくい。車輪の独立化は、この問題を解決し、さらに低重心化による曲線通過速度の向上をねらってのことである。もう一つ、スペインに国境を接するフランスおよびその先のヨーロッパ諸国はほとんど標準軌を採用しているので、お互いに直通列車を走らせることができなかった。全輪独立のタルゴ列車なら両輪の幅は変えやすいはずだということで、タルゴ列車での軌間調節機構が一九六八年に完成したのである。

タルゴの一軸台車

## 日本のフリーゲージ・トレイン開発

日本はスペインとは諸事情は異なるが、異ゲージ間の自動直通運転のニーズは劣らず、むしろスペイン以上に高いかもしれない。一九六四年以降の新幹線の延伸により、標準軌の新幹線と狭軌の在来線の直通運転、すなわち「新在直通」の潜在ニーズは至る所にあるからである。そこを走行しながら自動的に広狭相乗り入れができれば、なんと便利なことであろうか。

国鉄からJRになってもこのテーマは一貫して研究・実験されてきた。ちなみに日本ではフリーゲージ・トレイン（Free Gauge Train = FGT）と呼ぶが、英語ではGauge Changeable Train（GCT）またはGauge Convertible Train（GCT）というケースが多い。国土交通省は日本鉄道建設公団（現・鉄道建設・運輸施設整備支援機構）へ委託して開発を進めてきたが、スペインのタルゴ方式と異なり、四軸ボギーの高速電車のゲージの自動変更はなかなか難しい。四軸ががっちりと踏ん張り、その車軸はモーターとつながっている状態なので、ゲージ変更のメカニズムはタルゴ形式よりはるかに複雑になるのである。

それでも第一次試験車両が一九九八年に完成し、アメリカ・コロラド州にある運輸技術センター・プエブロ実験線において、最高時速二四六キロ、累積走行距離六〇万キロ、軌間変換回数二〇〇〇回を実施したので、自信をもって日本に戻った。しかし、日本国内では日豊線や山陽新幹線での試験走行を行ったものの、新幹線上では時速二〇〇キロまでしか出せず、車輪が揺れる問題もあって、第一次試験車両は二〇一三年に廃車・解体された。

第二次試験車両は二〇〇六年に完成した。一次車両より軽量化され、振動・揺れも軽減されて乗り心地の改善が図られた。九州新幹線や予讃線で走行試験を行ったが、在来線のカーブ区間で問題があった。

第三次試験車両は二〇一四年にデビューした。新幹線区間を最高時速二七〇キロ、在来線区間を一三〇キロ走行の目標で、軌間変更装置の通過や走行試験をくり返したが、在来線の曲線区間においては既存の特急列車と同じ速度では走れず、振動や速度に問題が残っている。

そして知られるように、九州新幹線（長崎ルート＝武雄温泉〜諫早間）においてフリーゲージ・トレインの最初の実用化をめざしていたJR九州だが、開業予定の二〇二二年度までに実用化できる目処が立たず、断念している。ただし私鉄においては、東急多摩川線と京急空港線、近鉄の京都線・橿原線と吉野線の直行運転用に検討されている。

なお、今後フリーゲージ・トレインの実用化が可能になった場合、JRの新在乗り入れ候補路線として次のような線区が挙げられている。東海道新幹線と高山本線、関西本線、紀勢本線（名古屋接続）／山陽新幹線と伯備線、瀬戸大橋線（岡山接続）／山陽新幹線と日豊本線（小倉接続）／上越新幹線と羽越本線（新潟接続）／東海道新幹線・山陽新幹線と阪和線、紀勢本線（新大阪接続）／東北新幹線と磐越西線（郡山接続）などである。

## 山形新幹線と秋田新幹線

このようなフリーゲージ・トレインによるのではなく、在来線を標準軌に改軌して新在直通を果たしたのが山形新幹線と秋田新幹線である。

山形新幹線はミニ新幹線方式により一九九二年七月に福島から山形まで、一九九九年一二月に新庄駅まで延伸された。乗り入れ区間は在来線・奥羽本線の一部なので、踏切も残り、最高時速は一三〇キロに抑えられている。

事の発端はこうである。一九八一年に国鉄運転局長に就いた山之内秀一郎（のちJR東日本副社長、宇宙航空研究開発機構初代理事長）は、フランスのTGVが同じゲージの在来線に難なく乗り入れて地方都市に直通していることに着目し、ミニ新幹線構想を思いついた。山形国体を控えた山形県側に打診したところ、最初の反応は鈍かったが、一九八三年から積極化した。当初国鉄は、山形へは仙台からの仙山線経由を考えていたが、県の中心部を走らせて地域活性化したいとの県の意向を踏まえ、福島からの奥羽本線ルートになった。

日常列車を走らせながらの国内初の全面改軌工事であったが、既存設備を最大限活用して工事費と工期の短縮が図られた結果、「べにばな国体」に間に合って開業できた。約四年の工期で事業費は六三〇億円（地上三五七億円、車両二七三億円）であった。山形県はさらに山形駅～新庄駅間（六一キロ）の延伸を希望したが、特急利用者が一日往復二千人という赤字路線であったため、これは難渋した。それでもJR東日本と山形県間の予算按分が合意され、一九九七年五月から改軌工事に着手、七九ヵ所あった踏切を跨線橋などに置き換えて四一ヵ所にまで減らし、一九九九年一二月に開業した。

一方、秋田新幹線もやはりミニ新幹線方式により、盛岡から田沢湖線・奥羽本線経由で秋田に達するもので、一九九七年に開業した。途中、奥羽山脈を越えるためにトンネルや曲線区間が多く、この区間での高速運転は難しい。山形新幹線の動向に刺激された秋田県の誘致活動は一九八六年から始められ、前出の山之内秀一郎JR東日本副社長らに働きかけ、秋田県、岩手県、国もかなり費用分担することで合意された。

両新幹線の現状を整理してみたいが、まずは両新幹線の数値的現状は表10－6のとおりである（表10－6参照）。

山形のほうが近いだけあって、秋田に比べて鉄道が旅客をよく取り込んでいるように見えるが、両新幹線による波及効果を見ると、いろいろな現象が浮き彫りにされてくる。観光客の誘致という意味では山形は横ばいであるのに対し、秋田周辺は田沢湖、角館、男鹿半島などの観光地があって観光客の増加は顕著である。産業への波及効果も山形は少ないが、秋田では観光にまつわるビジネスに期待が集まっている。すなわちインパクトは秋田新幹線に軍配が上がるようである。

なお、せっかくの機会であるので、「新幹線」という言葉に三種あることを確認しておこう。

・フル規格新幹線（軌間一四三五ミリの高規格新線）：東海道、山陽、東北、上越、北陸、九州新幹線

最高速度320km/hを誇る秋田新幹線E６系

表10-6　山形新幹線と秋田新幹線の運行諸元比較

| 項目 | 山形新幹線 | 秋田新幹線 |
|---|---|---|
| 開業年 | 1992年 | 1997年 |
| 東京からの距離 | 366km | 663km |
| 東京からの最短時間 | ２時間26分 | ３時間37分 |
| 平均時速 | 150km/h | 183km/h |
| 運行本数/日 | 16本 | 15本 |
| 輸送能力/日 | 12,200人 | 10,100人 |
| 滞在可能時間 | 約10時間 | 約８時間 |
| 交通シェア | 鉄道87%、航空13% | 鉄道59%、航空41% |

- スーパー特急（軌間一〇六七ミリの高規格新線）：実例なし
- ミニ新幹線（軌間一四三五ミリの改軌在来線）：山形新幹線、秋田新幹線

新幹線鉄道規格新線（「スーパー特急」）とは、路盤やトンネル、高架橋といった構造物は新幹線規格（フル規格）で整備するが、軌道は在来線と同じ軌間の一〇六七ミリ、架線電圧も在来線と同じ交流二万ボルトとされている。最高時速二〇〇キロ以上で運行するため、法令（全国新幹線鉄道整備法）上もれっきとした新幹線であるが、狭軌であるため在来線との直通運転が可能で、車両基地や停車場なども在来線と共用できる。

ただ、工期や建設コストはフル規格とさほど変わらないことが難点である。当初スーパー特急方式として整備されていた区間は、途中ですべてフル規格新幹線に変更されているため（北陸新幹線、鹿児島新幹線、長崎新幹線の一部区間）、現在はスーパー特急方式の路線は存在しない。なお「スーパー特急」ではないが、在来線でも線形のよい高規格の線路にすれば、かつての北越急行ほくほく線の最高時速一六〇キロ、現行・京阪神地区の新快速などの一三〇キロ走行が可能である。

一方「ミニ新幹線」は前述したように、新幹線規格（フル規格）の線路を新規に建設することなく、既存の在来線を改軌して新在直通運転できるようにした方式で、「整備新幹線」に含まれない在来線として扱われる。標準軌化による速度向上効果は限定的で、改軌区間と非改軌区間で直通列車の運行が不可能となる。

# 3 中速鉄道のすすめ

東海道新幹線の開通以前、列車のスピードという点では、日本は鉄道先進国に見向きもされなかったが、一九六四年の開通以降、世界一の高速鉄道先進国に躍り出た。ということは、日本の在来線と新幹線との間にはきわめて大きなスピードのギャップがあったということであり、そのギャップはいまでも基本的には埋まっていない。ちなみに二〇二〇年時点で在来線と新幹線の表定時速で速いほうからベストテンを挙げると、次のようになる（次ページ、表10－7参照）。

## ヨーロッパの中速鉄道

このように並べてみると、鉄道史的、鉄道趣味的にいくつか興味深い点に思い至る。

まず新在直通列車の「こまち」や「つばさ」、つまり併結列車の在来線に乗り入れるE6系、E3系は最高時速が三〇〇キロであるのに、在来線区間ではぐんと遅いことが浮き彫りになる。もう一つきわめて大事なことは、一九五六年まで長距離幹線列車として日本最速であった東京〜大阪間の特急「つばめ」「はと」の表定時速六九キロは、いまでは在来線列車ランキング一〇〇位の「みどり」と同じ速さであること。当時の列車スピードは政治・経済・文化などの集積の度合いに従って、まずは東海道線、次は山陽線と序列が付けられた。どこでも最高時速は九五キロに抑えられ、またまだまだSL天国の時代であった。それに対して現在は電化、ディーゼル化、複線化も進み、またATC技術や車体傾斜技術も進歩したので、線形のよい区間をはじめ、在来線のスピードアップが

表10-7　在来線特急および新幹線の表定速度ベスト10

| | 順位 | 列車名 | 区間 | 距離 | 所要時間 | 表定速度 |
|---|---|---|---|---|---|---|
| 在来線 | 1 | サンダーバード | 大阪～金沢 | 268km | 2時間34分 | 104km/h |
| | 2 | ソニック | 博多～大分 | 199km | 2時間02分 | 98km/h |
| | 3 | ダイナスター | 福井～金沢 | 77km | 47分 | 98km/h |
| | 4 | ライラック | 札幌～旭川 | 137km | 1時間25分 | 97km/h |
| | 5 | しらさぎ | 米原～金沢 | 177km | 1時間51分 | 96km/h |
| | 6 | ひたち | 品川～いわき | 222km | 2時間22分 | 94km/h |
| | 7 | スーパーあずさ | 新宿～松本 | 225km | 2時間25分 | 92km/h |
| | 8 | スーパー北斗 | 札幌～函館 | 319km | 3時間27分 | 92km/h |
| | 9 | こまち | 秋田～盛岡 | 127km | 1時間23分 | 92km/h |
| | 10 | 近鉄甲特急 | 難波～名古屋 | 190km | 2時間05分 | 91km/h |
| （参考） | 27 | つばさ | 福島～新庄 | 149km | 1時間47分 | 83km/h |
| （参考） | 100 | みどり | 博多～佐世保 | 117km | 1時間42分 | 69km/h |
| 新幹線 | 1 | のぞみ | 東京～博多 | 1,069km | 4時間46分 | 224km/h |
| | 2 | みずほ | 新大阪～鹿児島 | 811km | 3時間41分 | 220km/h |
| | 3 | のぞみ | 名古屋～博多 | 727km | 3時間20分 | 218km/h |
| | 4 | のぞみ | 東京～新大阪 | 515km | 2時間22分 | 218km/h |
| | 5 | はやぶさ | 東京～新青森 | 675km | 3時間06分 | 218km/h |
| | 6 | はやぶさ | 東京～仙台 | 325km | 1時間31分 | 215km/h |
| | 7 | はやぶさ | 東京～新函館 | 824km | 4時間02分 | 204km/h |
| | 8 | さくら | 新飯坂～鹿児島 | 811km | 4時間02分 | 201km/h |
| | 9 | とき | 東京～新潟 | 301km | 1時間37分 | 186km/h |
| | 10 | かがやき | 東京～金沢 | 454km | 2時間28分 | 184km/h |
| （参考） | 24 | こだま | 東京～新大阪 | 515km | 3時間54分 | 132km/h |

表10-8　在来線から新幹線への最高速度の推移

| | 在来線 | | | 新幹線 | | |
|---|---|---|---|---|---|---|
| | 区間 | 表定速度 | 最高速度 | 区間 | 表定速度 | 最高速度 |
| 1965年 | 東京～大阪 | 86km/h | 120km/h | 東京～新大阪 | 163km/h | 220km/h |
| 2020年 | 大阪～金沢 | 104km/h | 130km/h | 東京～博多 | 224km/h | 300km/h |

著しい。

この点に着目して、一九六五年時（一九六四年の東海道新幹線が開業後、一年間の地盤馴らしが終わって、翌年に本領を発揮開始した）と二〇二〇年時の在来線および新幹線の最速列車同士の表定時速と最高時速を対比すると表10－8のようになる（表10－8参照）。

一方、高速鉄道をもつヨーロッパ主要国において在来線と高速鉄道の最速列車の表定時速を比べると、その格差はずっと小さい。その理由は明白である。ヨーロッパでは鉄道開業当初からゲージは標準軌で、概して曲線や勾配は緩い。とくに主要幹線の線路を見ると、その後の改良も加わり、線路条件はかなり高速新線に近いのである。当然スピードも輸送力も乗り心地もよくて、その分、日本の新幹線のような高速新線をどうしても早急に造らなければならないというニーズと意欲はそれほど高くなかった。日本の新幹線の開業が突出して早かった理由と裏腹の関係にある。

彼らは日本で新幹線が開通して確かに「ああ！　先にやられちゃったなあ」と刺激を受けたが、ショックは受けなかった。だからけっして慌てて追いかけなくてはならないというスタンスではなく、線路条件のよい在来幹線の上に「インターシティ（ＩＣ）」というビジネス特急を頻発させるようになった。ドイツ、フランス、イタリア、イギリスなどでは、日本のエル特急のようにネットワークを拡充していったのである。ＩＣのスピードという面では、量的にはフランスが目立って表定時速一二〇キロ以上の列車は枚挙に暇《いとま》がない。戦後、電化も高速化も遅れていたイギリスは、すでに述べたようにＨＳＴというディーゼル特急網を築き上げ、表定時速一三〇〜一四〇キロといったＩＣ列車を頻発させてきた（表10－9参照）。

表10-9　欧州主要区間の在来線と高速新線の速度比較

| 国名 | 在来線 | | 高速新線 | |
|---|---|---|---|---|
| | 区間 | 表定速度 | 区間 | 表定速度 |
| イギリス | ロンドン〜エディンバラ | 146km/h | ロンドン〜アシュフォード | 174km/h |
| | ロンドン〜ブリストル | 141km/h | | |
| フランス | パリ〜シェルブール | 123km/h | パリ〜リール | 220km/h |
| | パリ〜アミアン | 123km/h | パリ〜リヨン | 217km/h |
| ドイツ | ケルン〜ハンブルク | 114km/h | ウルツブルク〜ハノーファー | 161km/h |
| | シュトゥットガルト〜ミュンヘン | 107km/h | ベルリン〜ハノーファー | 153km/h |
| イタリア | ローマ〜ピサ | 130km/h | ローマ〜ミラノ | 196km/h |
| スペイン | バルセロナ〜バレンシア | 111km/h | マドリード〜バルセロナ | 248km/h |

彼らは在来線も高速新線も同じ標準軌であるから、お互いに乗り入れ自在である。だから高速新線上だけを走る高速列車もあれば、高速新線から在来線に乗り入れる高速列車もあって、高速新線上だけが突出して速いということがないのである。それに引き換え日本では、在来線と新幹線はゲージが異なるため、相互乗り入れは難しい。相互乗り入れを可能ならしめようと、日本ではフリーゲージ・トレインの開発に尽力してきたが、まだ実現化の目途が立っていない。山形新幹線、秋田新幹線と新在乗り入れの実例はあるが、在来線の乗り入れ区間のゲージを狭軌から標準軌に広げただけで、曲線や勾配はほぼ在来線の線形を踏襲しているから、スピードは基本的に狭軌の在来線と変わらない。

その結果、極端にいえば、日本には新幹線上の高速列車と在来線上の低速列車の二種類しかなく、列車スピードは二極分化しっぱなしなのである。だから在来線しか通っていない地方からは新幹線誘致運動が起こり、交通量が多いルートからだんだんと敷設されて、現在、開通済区間の総延長が二七〇〇キロ程度に達したところである。

述べてきたように、中速鉄道は以前からヨーロッパに広く数多存在し、日本にもその概念と必要性が伝わり、ようやく理解されはじめたところである。

## 中国、ロシア、インドなどの中速鉄道

中速鉄道に関しては、きめ細かく列車の速度区分を行ってきた中国の動向も見ておきたい。第二次世界大戦終戦時の中国の鉄道の総延長は二万キロ程度しかなかった。大きな人口を抱えた広い国土にはとても不足である。しかも国民政府軍と共産党軍の内戦が一九五〇年あたりまで引きずり、また文化大革命もあって、鉄道の伸長・発展は順調には進まなかった。それでも一九九七年から本格的に列車の高速化に取り組み、大きな時刻改正、すなわち「大提速」が二〇〇七年まで六回行われた（113ページの表5－1参照）。

二〇〇七年には中国初の高速鉄道が開通し、その質・量とも長足・急速な進歩を遂げているが、それは第8章でご説明した。その後も高速新線の拡充・延伸は著しく、二〇二〇年現在、高速線列車と在来線列車は速度別に全部で次の六つのカテゴリーに仕分けされている（表10－10参照）。

列車の表定時速は最高時速よりも当然低くはなるが、もう中国では在来線のZ列車、T列車あたりは十分に中速列車に該当しそうである。

表10-10　中国の高速線・在来線列車のカテゴリー

| 区分 | 列車呼称 | 列車種別 | 最高速度 |
|---|---|---|---|
| 高速線列車 | G列車 | 超特急長距離列車 | 350km/h |
| | D列車 | 特急長距離列車 | 250km/h |
| | C列車 | 特急近距離列車 | 200km/h |
| 在来線列車 | Z列車 | 急行長距離列車 | 160km/h |
| | T列車 | 普通長距離列車 | 140km/h |
| | K列車 | 幹線区間列車 | 120km/h |

中国の例は非常に大規模で衝撃的であるが、中速列車はその他の国々でも広範囲にいろいろな動きが見られる。中国同様、広大な国土をもつロシアの高速鉄道、中速鉄道も注目される。ロシアにおける鉄道の高速化は一九七〇年代から始まり、最初は国産の電車を最高時速二〇〇キロでモスクワ～サンクトペテルブルク間に走らせたが性能や運行は安定しなかった。本格的な高速化は一九八九年の改革開放後、西欧の技術を入れて進められ、現在モスクワ～サンクトペテルブルク間では最高時速二五〇キロで、サンクトペテルブルク～ヘルシンキ線では時速二二〇キロ運転が実施されている。ただし両線とも在来線の補強改良で対応しているので、これらの列車はむしろ中速列車といえそうである。したがって現在モスクワ～サンクトペテルブルク間とモスクワ～カザン間に最高時速三五〇キロの高速新線の建設に取りかかったところである。その結果、現在および近い将来も含めて、ロシアの高速鉄道のスピード区分は次の三段階に分類して考えられているようである。

- ランク1：最高速度が時速三〇〇～三五〇キロ
- ランク2：最高速度が時速二五〇キロ
- ランク3：最高速度が時速一六〇～二〇〇キロ

これらのなかでランク3はもちろん、ランク2の一部の列車はまさに中速列車に該当する。

インドは、高速鉄道計画を進めつつ、一方で中速鉄道にも注力しはじめている。高速鉄道計画としてはJR東日本の援助でボンベイ～アーメダバード間の標準軌高速新線計画が進んでいるが、インド政府は国産技術で在来線の広軌ゲージ上を走らせる中速列車をデビューさせている。現在インド最速を謳《うた》う準高速列車バンデバラト・エクスプレス（Vande Bharat Express）は、モディ政権の重要政策「メーク・イン・インディア（Make in India）」の一環として国内で建造され、就行している。最高時速は一八〇キロで、インドで二番目に速い列車を二〇パーセント上回っている。これによりニューデリーとバラナシ間の所要時間は従来の一四時間から八時間に短縮される。

東南アジアの大国、インドネシアとベトナムも大いに注目される。ジャカルタ〜スラバヤ間の高速鉄道計画は日本が中国に完敗したと思われていたが、時間的要素と金銭的要素が最大のネックとなって、在来線の補強強化と最新性能の車両の投入で中速鉄道にしようという現実案が浮上し、インドネシア政府は二〇一六年に日本に協力を要請してきた。メートル・ゲージの既存鉄道約七二〇キロの列車の速度を最高時速一六〇キロに引き上げ、所要時間を現在の半分の五時間半に短縮する目標である。ジャカルタから中ジャワ州の州都スマランまでの約四四〇キロに特急用の線路を追加、スマランからスラバヤまでの約二八〇キロは既存線路を改良する方針で、これこそまさに中速鉄道の一つの典型である。

ベトナム鉄道公社は二〇〇七年、中国との国際列車運行が予定されているパンアジア鉄道建設に絡んで、ハノイからホーチミンを結ぶ高速鉄道建設計画を発表した。まずは日本からの技術導入で日本の政府開発援助（ODA）が投入される線で交渉が始まった。最初は標準軌の高速新線を建設し、最高速度三〇〇キロでの運行が目標であった。

しかしやはり時間と金銭がかかり過ぎると白紙撤回になった。二〇一三年、時速三〇〇キロの高速鉄道建設計画を中止して、在来線の補強整備をベースにして時速二〇〇キロ以下の準高速鉄道化を行う案を発表した。時間とコストだけでなく、パンアジア鉄道との高速鉄道の連結によって中国の影響が強くなることを警戒したものでもあった。二〇一八年に提出された報告書では、全長一五五九キロの全線の六〇パーセントが高架区間、三〇パーセントは地上区間、一〇パーセントはトンネル区間で、二四駅と五つの車両基地を設置する。建設区間は二〇三〇年完工の第一期と二〇四五年完工の第二期に分けるという。これもまさに中速鉄道の一典型であり、ここまでレベルダウンしても鉄道建設には長期間を要するものだと痛感される。

中央アジアの内陸国は日本から見て距離的・位置的にきわめて縁遠く感じてしまうが、シルクロードのタシュケント・サマルカンド高速鉄道で、中速鉄道よりランクが上の列車が走りはじめている。全走行距離は三四四キロと短く、一日一本の運行であるが、最高時速二五〇キロ、約二時間で運行するので、表定時速は約一七〇キロと非常に高速である。さらに二〇一五年に路線はカルシまで延長し、全区間約六〇〇キロを三時間二〇分で走破しており、表定時速は一八〇キロとスピードアップされている。

## 日本における中速鉄道のすすめ

日本国内での高速鉄道と低速鉄道の二極分化、それに対比した海外でのそのギャップを埋める中速鉄道の進展を述べてきたので、中速鉄道の意味するところはおわかりいただけたと思う。いまや日本はやたらと新幹線を誘致する社会環境ではなくなっていることは万人に周知されている。しかし産業停滞、人口過疎化に悩む地方自治体から見ると、その打開策の一つとして新幹線の誘致は完全に放棄された問題ではない。とくに先にリストアップした「新幹線の基本計画線」の沿線の人々から見れば、いったんは新幹線が来るぞと期待した時期もあった手前、まったくの白紙撤回には応じられないであろう（173ページの表8-1参照）。

とりわけ四国新幹線計画と東九州新幹線計画については、JR四国とJR九州は簡単に降りるわけにはいかないようである。従来まったく新幹線と縁のない四国ではあるが、徳島〜高松〜松山間の東西線と高知〜高松〜岡山の南北線を高松で交差させて、岡山で山陽新幹線に接続するものである。後者はいわゆる日豊線の新幹線化で、費用対効果を問われると、全線の実現は難しい。しかし交通量が多く、久大線への乗り入れもあり、複線化されている小倉〜大分間が俎上《そじょう》に上るかどうかであろう。

そこで考えられるのが、既存の在来線を下敷きにするが、曲線や勾配などの線形を大幅に改良して、最高時速で一六〇〜二〇〇キロの中速列車を走らすことである。

最近「中速列車」論を熱っぽく展開しているのが曽根悟（東京大学教授、工学院大学教授、JR西日本社外取締役を歴任）である。工学院大学公開講座で「日本には中速鉄道というカテゴリーが存在しない。在来線では、京成スカイライナーの一部区間に時速一六〇キロ運転が存在するだけ。低速か高速しかない、いびつな関係」と伝え、在来線の高速化について語った。「リニア（中央新幹線）は、東京・名古屋・大阪を結ぶもの。そう割り切るべき。そうしたなか、中央東線や常磐新線は、中速鉄道にすることも考えられる。最高時速二〇〇キロ、表定時速一五〇キロぐらい、現状の曲率半径でも、踏切がなくなれば、部分的には可能性がある」とも語っている。

「中速鉄道」という言葉がマスコミに登場したのはいつ頃のことであろうか。最近のニュースでは、二〇一五年九月の朝日新聞の記事で「中速鉄道」という表現が使われている。日本と中国が受注争奪戦を繰り広げてきたインドネシア高速鉄道計画の経過について、「ジョコ大統領は高速鉄道ではなく、時速二〇〇～二五〇キロの中速鉄道で十分だという判断だ」という具合である。

　いま議論が盛り上がっているのは「羽越新幹線計画」絡みというか、その対案ではなかろうか。

　羽越新幹線は、富山～糸魚川～長岡～新潟～新発田～酒田～秋田～青森を結ぶ新幹線計画で、一九七三年に「基本計画路線」の一つとして告示された。これが完成すると、日本海に沿って大阪～青森間が直通できるようになる。ご多分に漏れず、地元は最初フル規格新幹線を要望し、その後はミニ新幹線方式やＦＧＴ（フリーゲージ・トレイン）方式も検討されたが話はまとまらず、技術的現実性、建設費用、建設時期をふまえて、より廉《やす》く、より早い柔軟な妥協案も検討されるようになった。二〇一六年には「山形県庄内地区羽越新幹線整備実現同盟会」、二〇一七年には「羽越・奥羽新幹線関係6県合同プロジェクトチーム」が発足している。

　こうした動きに対し、「中速鉄道」方式を提唱する曽我悟や阿部等（ＪＲ東日本退職後、株式会社ライトレールを創業。鉄道交通コンサルタント）らは、「在来線改良＋画期的車両」をベースにした提案を

羽越新幹線のルート

ぶつけている（聞こえの良さからか、最近は「中速新幹線」と呼ばれている）。具体的な基本コンセプトは次のようなものである。

- ルート：上越高原～（現行信越線の強化）～長岡～（上越新幹線上の三線ないし四線軌条）～新潟～（現行羽越線の強化）～秋田
- 線路強化：踏切削減、踏切安全強化、カントの増大、緩和曲線の延伸
- 車両：低全高、低床面、低重心、軽量、傾斜方式、小断面、空力造形、連接構造

少なくとも車両に関しては、一九五二年に鉄道技術研究所の三木忠直部長がぶち上げた、在来東海道線上の「東京・大阪・四時間四五分計画」に非常に類似している。ただしこのような画期的な車両の運行をJR東日本が認めるかどうかが懸念されるところである。この点を識者に確認したところ、「以前の国鉄ならとても期待できないことではあるが、JR側にあまり資金負担をかけなければ、鉄道技術的にも合意するのではなかろうか」という反応であった。高速鉄道のなかでも最も大きな図体の新幹線車両とは別に、曲線の多い狭軌上を小ぶり軽快な車両が相当な高速（中速）で走る姿に、私は最近とみに関心を寄せている。

中速鉄道の概念は日本国内向けだけでなく、海外への輸出でも注目されてきて

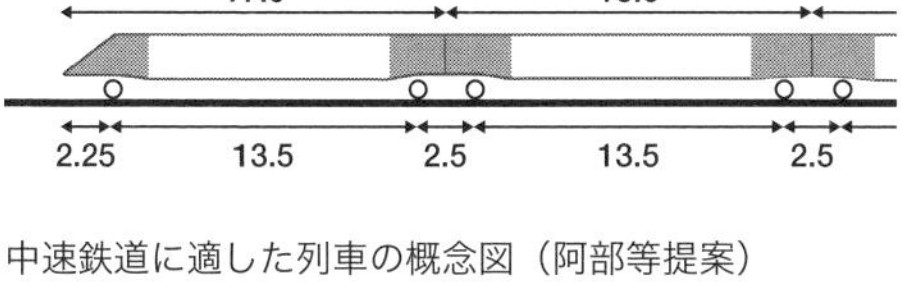


中速鉄道に適した列車の概念図（阿部等提案）

いる。日本とインドは首脳会談において、ムンバイ〜アーメダバード間の高速鉄道案件で日本の新幹線方式を採用し、二〇一八年着工、二〇二三年開業というスケジュールを確認している。インドにはこの線区以外にもデリー〜チェンナイ間、デリー〜ムンバイ間など複数の高速鉄道計画がある。これらに対しては日本の独走は許されず、中国や欧州勢が受注をめざして躍起になっている。

一方、新幹線の国際標準化をめざす国際高速鉄道協会（ＩＨＲＡ）の国際会議が京都で開催され、インド、タイ、マレーシア、シンガポール、アメリカなど新幹線に関心をもつ国の鉄道関係者が参加した。会議において「高速鉄道が拓くインドの未来」を講演したシンディア下院議員は「インドでは高速鉄道だけではなく、在来線のバージョンアップによる〝準高速鉄道〟も並行して計画を進めている。日本は準高速鉄道への参入を考えていくべきだ」と発言した。シンディア議員は商工業大臣や電力大臣を務めた大物政治家で、父は一九八〇年代に鉄道大臣としてインドで初めて高速鉄道の導入を提案した人でもあり、その発言はけっして軽視できない。

インドの中速鉄道計画とは、橋梁の強化や急カーブ区間の改修、信号システムの改良などの投資を行い、在来線でも時速一六〇〜二〇〇キロメートルで走れるようにすることである。「ゼロから高速新線を建設すれば、一キロメートル当たり三〇〇〇万ドルの建設費がかかるが、在来線のアップグレードなら一キロメートル当たり二〇〇万ドルで済む」という。二〇一九年四月には最高時速一六〇キロメートルで走るインド初の準高速列車「ガティマン・エクスプレス」がニューデリー〜アグラ間で運行を開始している。「三年半あれば総延長六五〇〇〜七〇〇〇キロの在来線を準高速化できる」といわれている。

# 第11章 リニア新時代をどう見るか

# 1 「リニア新幹線」の定義

## リニアの分類

われわれには「リニア新幹線」という言葉が定着しているが、これは正確ではなく、誤解を招きやすい。というのは、いま日本で注力している方式は「リニアモーター」によって浮上や走行の動力を得ているが、もう一方、「超電導」システムによって十分浮上できることがより重要で、この二つが組み合わさって機能するからである。したがって厳密には「超電導磁気浮上リニアモーター方式」と言わなければならない。そして超電導技術のほうがリニア技術よりもずっと高度な先端技術なのである。

前者のリニアモーター技術については、地下鉄車両で日常的に利用されている方もいるであろう。いわゆる鉄輪式リニアであるが、これを含め、リニアモーター推進による車両は概念的に次の三種に分類される。俗称「リニア新幹線」は③のケースで、①および②と混同しないように仕分けしておきたい。

①鉄輪式リニアモーターカー……レール上を車輪で走るが、通常の回転モーターでなく、リニアモーターで駆動するもの（例：大阪メトロ長堀鶴見緑地線・今里筋線／都営地下鉄大江戸線／神戸市営地下鉄海岸線／福岡市地下鉄七隈線／横浜市営地下鉄グリーンライン／仙台市地下鉄東西線／その他、広州市、北京市、バンクーバー、トロント、クアランプール、ニューヨークＪＦＫなどの地下鉄または高架の都市交通にみられる）

②常電導浮上式リニアモーターカー……常温下の常電導作用で、クリアランス（浮上する高さ）は

小さいが、浮上させて走行するもの（例：ドイツのトランスラピッド計画／上海空港線などの高速型／愛知リニモのような在来線並みの速度のものがある）

③超伝導浮上式リニアモーターカー……極低温の超伝導作用のもとで、高いクリアランスで浮上させて走行するもの（例：現在は日本のリニア新幹線計画のみ）

これらのうち、鉄輪式リニアモーターカーは鉄道先進国ならどこでも造れるもので、世界的に見ても日本からの技術輸出の目玉となるものではない。高速鉄道の革新的技術としては、常電導式であれ、超電導式であれ、磁気浮上する高速リニアモーターが注目されてきた。その理由は前述したように、鉄輪式鉄道のスピード限界がはっきりと認識されているからである。

近年高速テストが数多《あまた》行われており、二〇〇七年にはフランスのＴＧＶが時速五七五キロというとてつもないスピード記録を樹立したことはたしかであるが、あくまで周到に準備され、選ばれた気象条件下における高速テストの瞬間的な記録であり、「いつでも、どこでも、何度でも」日常の営業列車で容易に再現できるものではない。鉄輪式鉄道の場合、すでに説明したように、スピードアップに際して、車輪とレールとの間の粘着力の問題が立ちふさがる。とくに豪雨時などはこの粘着力が下がり、加速しようとしても車輪が空回りし、減速しようとしても滑空してしまう。

それらを避けてさらに高速で走るには、車体を地面より浮上させて進む方式しかなかろうと、ドイツでは常電導浮上方式が、日本では超電導方式が研究されてきたのである。システム的には日本方式のほうがドイツ方式より一段と高度であるので、ドイツ方式から説明を始めるほうがわかりやすいであろう。

## ドイツの常電導方式＝「トランスラピッド計画」

いまから一世紀前の一九二二年、ヘルマン・ケンペルが磁気浮上式鉄道の研究を始め、一九三四年に磁気浮上鉄道の基本特許（DPR 643 316）をドイツで取得した。戦前の鉄道先進国はイギリス、アメリカ、ドイツの三ヵ国であったが、一九二〇年代以降はドイツの発展が目覚ましく、プロペラ推進列車や高速ディーゼル列車の開発で世界の先陣を切っていた。

しかし第二次世界大戦の暗雲が立ち込める頃から、鉄道新技術の研究はいったん中止され、再開されるのは一九六〇年代に入ってからであった。一九六六年からＭＢＢ社が常電導浮上方式の本格的な研究を始め、一九七一年には試作車が時速九〇キロの記録をマークした。さらに一九七五年には車両を一四ミリ浮上させることに成功し、水蒸気ロケット推進ながら時速四〇一キロをマークしている。その後、シーメンス社、クラウス・マッファイ社も加わって研究と試走が盛んになっていった。

西ドイツ政府はそれまでバラバラに行われていた磁気浮上式鉄道のプロジェクトの一本化をはかり、ドイツの常電導方式鉄道の研究は一九七八年にトランスラピッドを中心とした高速輸送の技術開発プロジェクトへと集約された。

早くも一九七九年には、西ドイツ・ハンブルクで開催された国際交通博覧会でＴＲ－05による一般試乗が行われ、三週間の会期中、五万人以上の乗客を輸送した。

一九八〇年から始まったエムスランド実験線の建設は一九八三年に完了し、ＴＲ－06による走行試験が始まる。試験は一九八八年から一九九三年まで重ねられ、時速四五〇キロを達成した。

一方、二〇〇三年一二月にはドイツのトランスラピッドシステムを採用した世界初の営業線が開通している。上海トランスラピッドこと、上海浦東国際空港アクセス鉄道である。

しかし本家ドイツでは、二〇〇六年九月二二日に大事故が発生してしまう。エムスランド実験線で試運転中のトランスラピッドが工事用車両と衝突し、死傷者が出た。これを受け、ドイツのティーフェンゼー運輸・建設相は二〇〇八年、事業費の大幅な増大を理由にトランスラピット計画の断念を発表することとなった。開発は二〇一一年に終了し、二〇一四年には実験線が取り壊されている。

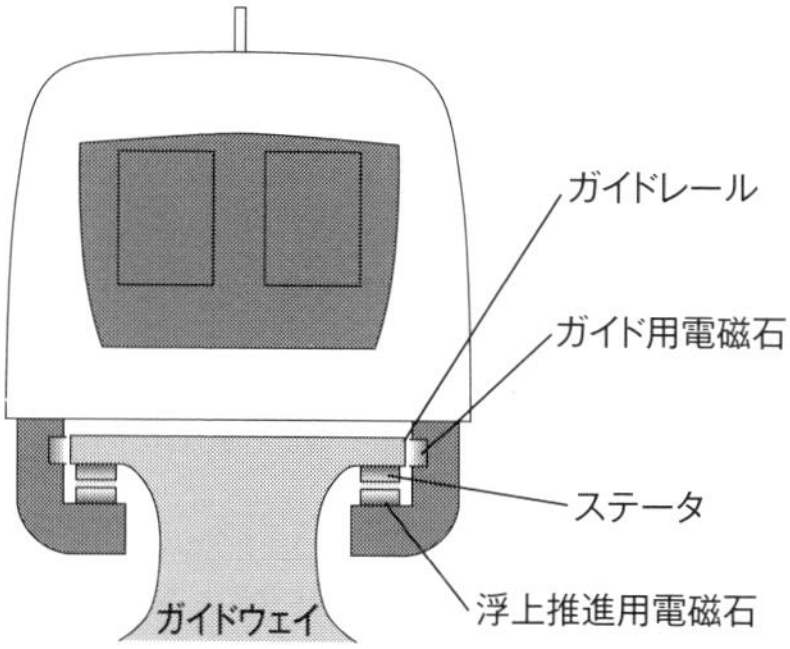

トランスラピッドの軌道概念図

この計画に採用された常電導磁気浮上システムは、常温化で最も強力な電磁力により浮上させるため、低コストでの導入、運用が可能である。また、停止時も浮上しているため、常時車輪を必要としないというメリットもある。しかし、浮上クリアランスが一センチ以上はとれず、運行に不安がつきまとう。とくに地震国の日本ではとても採用できないシステムである。浮上、走行、ガイドの仕組みは日本のリニアのような側壁ガイド式ではなく、一見羽田モノレールのような跨座式で浮上して電磁吸引支持するところはまったく異なる。ただ、走行は地上側のコイルの磁性切り替えによって行われる点は日本と同じである。

従来、ドイツ以外ではアメリカの北東回廊（ボストン～ニューヨーク～ワシントン）、ロスアンジェルス～ラスベガス間、イランのテヘラン～マシュハド間、イギリスのロンドン～グラスゴー間、スイスのベルン～チューリッヒ間などで導入が検討されていたが、本家のプロジェクト停止によりすべて水泡に帰している。

とはいえ、先にも述べたように、本家ドイツで終焉《しゅうえん》した計画は中国で引き継がれている。上海浦東国際空港と都心の高速連絡線として二〇〇四年に運行を開始した上海トランスラピッドは、毎日最高時速四三〇キロを出して運行されている。いまのところ事故は報告されておらず、順調のように思われる。

ただ、前述したように、中国の高速鉄道網を検討する際に選ばれたのは、結局、従来の鉄輪式高速鉄道であった。日本同様、トランスラピッド方式では地震などの異常時に浮上クリアランスが不足する可能性が高いせいであろう。本家ドイツでは幕引きをした理由を明言してはいないが、やはり同じ考え方、同じような懸念に基づくものと思われる。

## 2 世界で独走する技術

### 日本の超電導方式

ここまでの記述でもちらちら触れたように、日本のシステムは「超電導磁気浮上」方式と呼ばれ、超電導作用が核心である。まずはその基本原理をご説明しよう。

「超伝導」とは、特定の金属物質を超低温へ冷却したときに電気抵抗が急激にゼロになる現象で、一九一一年に発見されている。金属は温度が下がると電気伝導性が上がり、逆に温度が上がると伝導性は減少する。これは温度の上昇にともなって伝導電子がより散乱されるためである。この性質から、絶対零度に向けて金属を冷却してゆくと電気抵抗はゼロになるであろうと昔から予想されていて、それが実証されたのである。一方、超低温下で電気抵抗がゼロとなったときにこの物質に電流を与えれば、ほかでは得られないほど強力な磁場が得られることも判明した。コイル状の超伝導体回路に大電流を流せば超強力な磁場が発生するわけで、リニア新幹線ではこの強力な電磁力を使って車両を浮上させるのである。

したがって超電導作用を実現するには、一つは超低温環境をどうやって作りだすか、もう一つは、その環境下で強力な電磁力を発揮する物質を見つけられるか、この二つが技術的な課題になる。

一つめの問題に関しては、一八世紀の「気体の液化」研究にさかのぼる。一七九九年にファン・マイムがアンモニアの液化に成功して以来、ヨーロッパ各国では、より液化温度の低い気体の液化が研究されてきた。その結果、一〇九年をかけて、一九〇八年にハイケ・オンネスがヘリウムの液化に成功し、すべての気体の液化が完結したのである。

気体の液化ができたということは、その液体を気化させれば、液化温度での冷却環境を作れるということである。気体を液化するにはいろいろな方法があるが、加圧圧縮、断熱膨張（急激に圧力を下げる）、その気体より液化温度の高い別の液体を冷媒として途中まで温度を下げるなどの方法を合わせ技として使う。液化された気体を膨張させて気化させれば、その超低温の環境が作れる。この原理そのものは、日常家庭の冷蔵庫やエアコンにおいてフレオン・ガスの圧縮→液化・膨張→気化のサイクルが継続的に働いている現象とまったく同じである。

二つめの問題、超伝導体物質については、現在、元素・化合物が約三〇種が発見されている。気体の液化研究では、液化温度の高い気体から始まって、液化温度の低い気体の液化へと進んでいったが、超電導物質の発見では、臨界温度の低い物質の発見から始まって、臨界温度の高い物質へと移行している点が重要である。

現在、超電導リニアの研究と実験における究極の目標は「強力な超電導コイルを簡単に、安全に、安く実現する」ことにある。要は、冷媒と超電導物質のベストなマッチングを見つけることである。冷媒についていえば、アメリカのほぼ独占状態にあるヘリウムの入手難とコスト高を何とか回避したいが、最も安定して得られる液化気体は何といっても窒素である。しかし窒素の場合、液化温度がマイナス二六九度から一挙に七三度も上がってマイナス一九六度になってしまう。その温度でも超電導状態を作れる物質はもう発見されてはいるが、まだ実用の詰めが十分にできていないという。

二〇一三年時点においてJR東海は、超電導物質としてチタン・ニオブ合金製のコイルを冷却媒体である液体ヘリウム（液体窒素も外側で補助断熱効果をねらって併用されている）によって4K＝マイナス二六九度まで冷却する方法をとっている。しかし科学の発展は無限でもあり、超電導リニアの開通まではまだ時間もあるので、理想をいえば、液体窒素の冷却で済む、よりよい超伝導物質の発見が期待されるところである。

日本における超電導の研究は、実は一九五〇年代から始まっている。まずは超電導状態を作りだす装置が必要で、一九五四年に東北大学がアメリカから装置を輸入し、一九五八年には東京大学の永野弘教授らが苦心して国産第一号機を造り上げている。こうした基礎研究の段階で一九六〇年代に国鉄がいち早く「超電導リニア」という目標を掲げたのだから、長期的将来を見据えた大英断であったといえよう。

新幹線をはじめ、世界の高速鉄道には最新の鉄道技術が注入され、熾烈な競争にさらされているが、ライバルに圧倒的な差をつけるような鉄道技術はそこにはない。しかし磁気浮上鉄道の技術となると別である。その基本的原理こそ主要国で共有されているものの、それを具現化する工業技術的蓄積はいまや日本をおいてほかにない。

## リニア研究の歴史

日本が研究を開始したのは一九六二年であるから、もう半世紀以上の蓄積がある。ここで大きなエポックを抽出しておこう。

一九六二年：国鉄が鉄道技術研究所を中心に研究開始
一九七二年：国鉄が国立の鉄道技術研究所でＭＬ１００による試験走行を公開
一九七七年：宮崎実験線（直線七キロ）を建設、無人走行車両の走行試験を開始
一九七九年：ＭＬ５００が無人走行で時速五一七キロをマーク
一九八〇年：宮崎実験線を跨座式からＵ字型に改良し、有人走行車両ＭＬＵ００１を導入

一九八七年：国鉄の民営化時、国鉄から独立した鉄道総合技術研究所（鉄道総研）が研究開発を継続

一九九六年：ＪＲ東海が研究開発を継承。山梨実験線（全長一七キロ）を開設し、ＭＬＸ01（有人走行車両）による走行試験を開始

一九九七年：ＭＬＸ01が開発目標の時速五五〇キロを達成（無人走行実験）

二〇〇三年：ＭＬＸ01が有人走行で時速五八一キロを記録

二〇〇七年：中央リニア新幹線の東京〜名古屋間の二〇二五年開業予定を公式発表

二〇〇九年：山梨実験線が将来営業線の一部となることが確認され、延伸工事を開始

二〇一三年：実験線の延長工事が完成して四三キロになり、新型車両で走行試験開始

二〇一五年：Ｌ０系が有人走行で時速六〇三キロを記録

このように日本における本格的研究と実験は、鉄道技術研究所（現在の鉄道総合技術研究所）が主導して一九七七年から宮崎実験線で行い、一九九六年以降はＪＲ東海により山梨実験線で研究開発と実験が進められてきたのである。

## ガイドウェイ方式の変遷

とくに注目していただきたいのは、列車が走る走行ガイドウェイの方式である。一九七九年に無人運転ながら時速五一七キロをマークした時までは、逆Ｔ字形のガイドウェイを大きく跨ぐ「跨座方式」であった。これだと車体断面を大き

ML100

ML500

MLU001

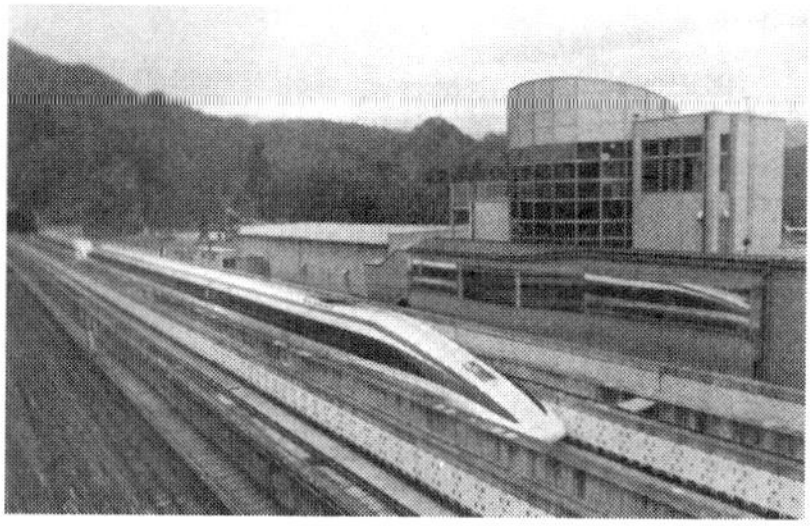

MLX01のエアロウェッジ形先頭部

MLX01のダブルカプス形先頭部

L0系

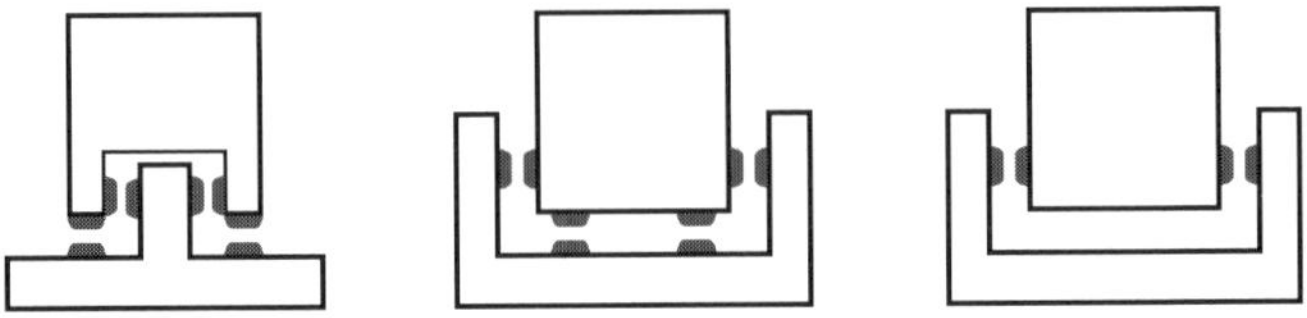

リニアモーターカーの軌道

くしないと人の乗るスペースが採れない。

　そこで一九八〇年からは、乗車スペースの確保を目的としてガイドウェイがU字形に変更された。U字形ガイドウェイにおいては、底面に浮上用のコイル、両側面に推進・案内用のコイルが配置される。一方、車上の超電導電磁石は浮上・推進・案内を一つの磁石でこなせるようになり、車体の両側面下部に配置される。この方式により、一九九五年には有人で四一一キロをマークしている。

　山梨実験線以降は、側壁式で実験が進められた。コンクリートで造られた道床全体の外観は一見U字形と似ているが、床面にあった浮上コイルは側面に移動し、浮上、走行、ガイドの三作用とも側面のリニアモーターが受けもつようになったのである。

　浮上と走行のメカニズムを簡単にまとめるとこうである。

　車両の下部（通常の鉄輪式車両でいえば、台車のある位置）に極低温に冷やされた短冊状の超伝導コイルが設置されて、コンクリートの側壁にプラス・マイ

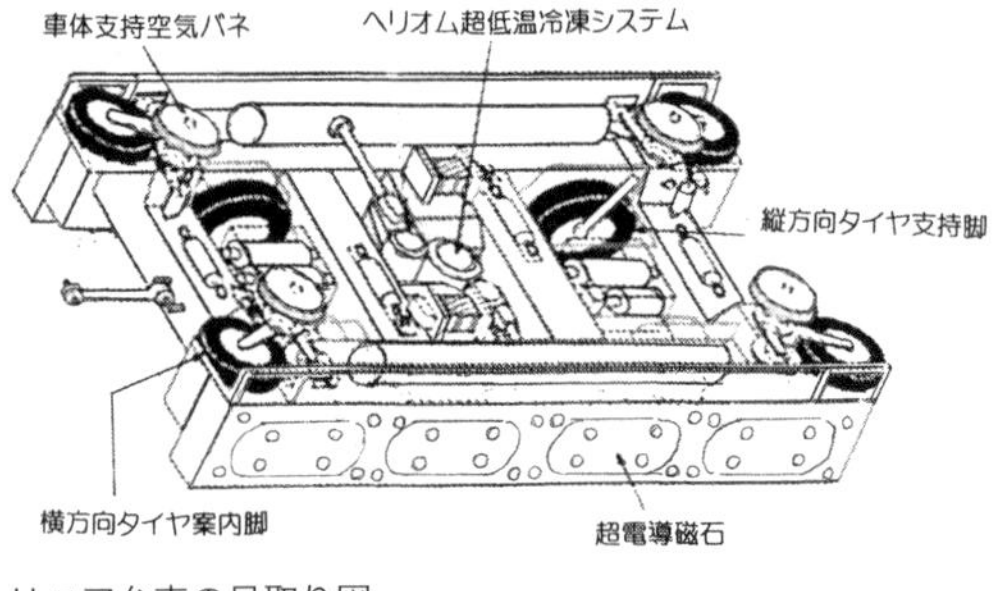


リニア台車の見取り図

ナスの電極を帯状に相対峙させる。車両側の超伝導状態の電磁コイルにいったん通電すると、超強力な磁力が発生する。一方、側壁側の電極にも通電すると、ここにも強力な磁力が発生する。この側壁側の磁力をＩＴ技術（最新型新幹線に採用されているＶＶＶＦ制御機と同じメカニズム）を駆使して制御すると、リニア車両の浮上、走行、方向ガイドという三つの機能が始動する。浮力はリニア車両の走行速度によって変わり、一定速度以上（時速一五〇キロ程度）に達すると浮上し、それ以下に減速されたときは、浮力は弱まり、ゴム・タイヤ車輪での走行になる。

## リニア新幹線の特性

このようなシステムで浮上走行するリニア新幹線は、現在の新幹線に対比すると、次のような特徴をもつ。

車輪とレールの接触回転によって起きる転動音が皆無であることは、騒音要素としては大きな利点である。また、浮上、走行、ガイドがすべて磁力によって行われているので、レール上を高速で走る鉄輪式高速車両に比べて、地震など、大きな衝撃による脱線・転覆の危険が低減する。さらに、車両側の超伝導コイルには始動前にいったん通電するだけで強力な磁力を発揮し続けるので、新幹線のような集電装置は一切不要である。リニア新幹線の明かり区間は少ないが、騒音は列車速度の六乗に比例するから、パンタグラフがないことはきわめて大きな福音となる。ただし、新幹線同様、トンネル微気圧波の問題は悩ましい。新幹線以上にトンネル区間が多く、列車速度の三乗に比例するこの衝撃音を抑えるには、やはりノーズを長くとって圧力勾配を最小化しなければならない。同時に車体断面積を極小化することも不可欠である。

## 3 海外展開の模索

リニア中央新幹線は、二〇二七年の開業をめざして動き出している。当面は日本での開業が最優先であるが、将来的にはこの独自技術を海外に展開することも模索もされている。最大のターゲットは、旅客鉄道が斜陽してしまったアメリカである。とくに沿線の人口、都市、産業、文化などの集積度が圧倒的に高い北東回廊（ボストン～ニューヨーク～フィラデルフィア～ボルティモア～ワシントン間）の約七〇〇キロ区間が有望視される。ここにはすでにTGV方式の「アセラ・エクスプレス」が補強を施された在来線を走っているが、そのスピードは高速鉄道ではなく、中速鉄道レベルである。

ここにリニア鉄道計画を推進しようとしているのがワシントンのノースイースト・マグレブ社である。諮問委員会に、元州知事、元運輸長官、元・米上院多数党院内総務といった、民主党と共和党双方の有力メンバーを勢揃いさせている。リニア鉄道路線の最初の一区間として、ワシントン～ボルティモア間六四キロを建設し、両都市を一五分で結ぶことを目論んでいる。距離は短いが、それでも建設費用は一〇〇億ドル（約一兆八〇〇〇億円）と見積もられている。

この計画の実現にとって何よりも明るい材料となっているのは、安倍前首相が、建設費用の約半分にあたる五〇〇〇億円規模の融資を行うと約束している点である。ドイツのシーメンス社、フランスのアルストム社、カナダのボンバルディア社、中国の中国南車股份有限公司との競争にあたり、日本政府は自国の鉄道車両メーカーを支援しており、この融資もその一環であるといわれている。

しかし、アメリカにおける高速鉄道の計画は、これまで何度も現れては頓挫している。このリニア鉄道路線の計画も、連邦政府による財政支援が受けられるのか不明であるし、多額になると見られる用地買収費用の問題もあり、実現は容易ではない。

なお前述したように、中国はドイツのトランスラピッドを導入して「常電導方式リニア」で経験を積み、今度は「超電導方式リニア」への挑戦を開始した。二〇二〇年九月の新華社通信は次のように伝えている。

「時速六〇〇キロ磁気浮上式試験車両、年末ラインオフ」

中国の時速六〇〇キロの高速磁気浮上〈リニア〉式交通システムの研究開発は事業化応用の「最終段階」を迎えており、試験車両は年末までにラインオフする。……五両編成の時速六〇〇キロの高速磁気浮上式試験車両は中車四方股フン公司で総組立の段階を迎えており、年末までにラインオフし、高速磁気浮上式交通システムの全面的技術力と事業化能力が形成される。……二〇年近い研究開発を経て、中国は常電導磁気浮上式列車の基礎理論と重要技術を掌握して全面的な事業化ソリューションを見つけ、自力で試験車両を開発することに成功しており、高速磁気浮上式交通システムは事業化応用の「最終段階」を迎えている。……高速鉄道、磁気浮上式列車分野の専門二〇〇人余りが中国の高速磁気浮上式交通システム事業発展の道筋と方向性をさぐり、研究した。（新華社通信、二〇二〇年九月一一日）

今回は間違いなく「超電導方式」をめざし、日本を追いかけているが、日本の研究動向を参考にできるので、中国にとってはまことに便利であるということのようである。

## 4 高速化から最適化へ

ここまで、一八三〇年のイギリスにおける鉄道開業から二〇二〇年時点の最新の超電導リニアまで、一九〇年間の鉄道高速化の足跡をレビューしてきた。鉄道開業以来、人々は鉄道のスピードに驚き、ときめき、さらに高速化を求め、鉄道もそれに応えるべく高速化を追求してきた。その結果、欧米を中心に鉄道技術は着実に進歩を遂げ、一定の高速化を遂げた。同様に日本の鉄道技術も着実に進歩していたが、二〇世紀前半までは欧米の鉄道先進国から見ると後発国であり、少なくとも高速化の点ではさしたる注目を浴びてはいなかった。

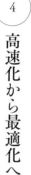

しかし、一九六四年に日本で新幹線が開業すると、状況は一変した。新幹線は世界の鉄道高速化のトップに立ち、追われる立場となった。少なからぬ追随者、競争者が現れ、フランスでは試験走行ながら時速五七五キロといったハラハラするようなスピード記録も樹立された。

こうしたなか、日本はさらなる高速化を求めて、磁気浮上式鉄道への挑戦を決意した。鉄輪式鉄道では粘着力に限界があるが、磁気浮上式鉄道にはそれがないからである。その挑戦の軌跡は第3節で述べたばかりなのでくり返さないが、日本のリニア新幹線はその独自技術により孤高の存在であるといえよう。

一方で、高速鉄道至上主義を見直す気運も生まれてきている。建設費用や建設期間を冷静に見つめると、高速鉄道がベストとはいえない場合も多いからで、近年では、費用対効果や実現に至るプロセスを重視した「中速鉄道」という概念が提唱されている。実際、アジア諸国では国威発揚的な高速鉄道計画が立てられたが、インド、インドネシア、ベトナム、マレーシアなどの鉄道後進国では、高速化へのギアを一段落として、在来線を強化した中速鉄道計画を推進する動きがある。

他方、鉄道先進国であるドイツでは、最高速車両のＩＣＥ３に加えてＩＣＥ４シリーズをデビューさせ、強化した在来線も対象にして最高時速二〇〇～二五〇キロの運行を視野に入れている。イタリアは、バラスト軌道の砂利飛散の弊害を懸念し、これ以上の高速化は現実的でないと発表した。いまや立派な鉄道先進国である中国では、最新型「復興号」シリーズには最高時速三五〇キロ対応シリーズもあるが、二五〇キロ／二〇〇キロ／一六〇キロのシリーズも設定し、現実的に仕分けした構成になっている。

このように、海外では「中速鉄道」が推進されつつあるが、中速鉄道は今後、日本においてこそ最も重要な意義をもってくるかもしれない。日本で提唱されている中速鉄道の詳細はもうご説明してあるが(第10章参照)、要は在来線を強化し、軽量、低重心、小断面、空力造形、連接構造……といった革新的車両を造って最高時速二〇〇キロ、表定時速一三〇～一四〇キロ程度をめざすというものである。鉄道技術的には十分実現可能であるが、革新的な発想といえよう。かつて「新幹線の基本計画線」という掛け声がかかっただけで、何も具体化していない地方にとっては、きわめて現実的なアプローチになるはずである。山形、秋田新幹線の在来線乗り入れ区間のスピードは単なる在来線特急と同じレベルであり、一方、一時は新在直通の切り札ともいわれたフリーゲージ・トレインも難航していることを考えると、中速鉄道は推進されてしかるべきと思われる。

あえていうならば、在来線や地下鉄といった日常的に使われる鉄道は「低速鉄道」となり、新幹線は「高速鉄道」、リニア新幹線は「超高速鉄道」となる。そしてここに「中速鉄道」が加わる。どれが一番ということはなく、それぞれに持ち場とはまり場所がある。

人間の本性として鉄道高速化の追求は今後も続くであろうが、人々の哲学は「最速化から最適化」へとシフトしはじめていることもたしかである。

# あとがき

鉄道に関しては、快適化、安全化などいろいろなテーマがあろうが、なかでも「高速化」は鉄道ファンにとって最大の関心事で、最もときめくテーマではなかろうか。実際、この領域では「最新の高速車両」「新幹線の歴史」「昔の特急列車」「最新の電車の仕組み」「リニア新幹線の問題点」といった題名の佳本が多数ある。ただ、日本を中心にしつつも、適宜海外との関連も含めた時間的・空間的通史はほとんどないように見受けられ、今回はその点を念頭において執筆した。

こうした意識のもと、できるだけ多面的に鉄道高速化を論じるため、高速化の数値データ、雑駁ではあるが技術原理の説明、鉄道文化・文明史的側面など、いろいろ盛り込むこととなった。欲張りすぎて、知恵と神経が総身に廻りかねた点もあろうかと心配になるが、その点は読者のご寛容をお願いしたい。

前回の『鉄道快適化物語』に続き、編集は創元社の堂本誠二氏に大変お世話になった。コロナ禍のため、直接面会する機会はなかったが、楽しく対応できた。あらためて謝意を表したい。

## 主要参考文献

日本国有鉄道『日本国有鉄道百年史・通史』成山堂書店、一九九七年
川上幸義『新日本鉄道史（上）（下）』鉄道図書刊行会、一九六七年
三崎重雄『物語日本鉄道史・前篇』（復刻版）アテネ書房、一九九三年
渋沢誠次『物語日本鉄道史・後篇』（復刻版）アテネ書房、一九九三年
島隆監修『島秀雄の世界旅行 一九三六－一九三七』技術評論社、二〇〇九年
島秀雄ほか『島秀雄遺稿集』日本鉄道技術協会、二〇〇〇年
島秀雄『D51から新幹線まで』日本経済新聞社、一九七七年
澤寿次、瀬沼茂樹『旅行一〇〇年』日本交通公社、一九六八年
毎日新聞社『旅情一〇〇年』毎日新聞社、一九六八年
原田勝正『日本鉄道史』刀水書房、二〇〇一年
牧野光雄『流体抵抗と流線形』産業図書、一九九一年
山本利三郎『電気運転の話』萬世書房、一九四七年
ルチアーノ・グレッジオ著／青木栄一、海野裕子訳『図説 世界の蒸気機関車』講談社、一九八一年
斉藤晃『蒸気機関車の興亡』NTT出版、一九九六年
市原善衛『満鉄 特急あじあ号』原書房、二〇一〇年
高成鳳『植民地の鉄道』日本経済評論社、二〇〇六年
前間孝則『弾丸列車』実業之日本社、一九九四年
マレー・ヒューズ著／管建彦訳『レール300 世界の高速列車大競争』山海堂、一九九一年

久保田博『蒸気機関車のすべて』グランプリ出版、一九九九年
久保田博『日本の鉄道史セミナー』グランプリ出版、二〇〇五年
久保田博『日本の鉄道車両史』グランプリ出版、二〇〇一年
住田俊介『世界の高速鉄道とスピードアップ』日本鉄道図書、一九九四年
三浦幹男、秋山芳弘『世界の高速列車』ダイヤモンド社、二〇〇八年
ヴォルフガング・シヴェルブシュ著／加藤二郎訳『鉄道旅行の歴史』法政大学出版局、二〇一一年
青田孝『ゼロ戦から夢の超特急』交通新聞社新書、二〇〇九年
原口隆行『鉄路の美学』図書刊行会、二〇〇六年
原口隆行『時刻表でたどる特急・急行史』JTBキャンブックス、二〇〇一年
石井幸孝ほか『幻の国鉄車両』JTBキャンブックス、二〇〇七年
長船友則『山陽鉄道物語』JTBキャンブックス、二〇〇八年
福原俊一『日本の電車物語・旧性能電車編』JTBキャンブックス、二〇〇七年
福原俊一『日本の電車物語・新性能電車編』JTBキャンブックス、二〇〇八年
三浦幹男、原口隆行『世界のスーパーエクスプレス』JTBキャンブックス、一九九五年
三浦幹男、秋山芳弘ほか『世界のスーパーエクスプレスII』JTBキャンブックス、二〇〇〇年
三宅俊彦、寺本光照、曽田英夫、澤井弘之『電化と複線化発達史』JTBキャンブックス、二〇一一年
エリック・シノッティー著／湧口清隆訳『ヨーロッパの超特急』文庫クセジュ、二〇〇一年
曽我誉旨生『時刻表世界史』社会評論社、二〇〇八年
海外鉄道技術協力協会『世界の鉄道』ダイヤモンドビッグ社、二〇〇五年
松平乗昌『図説 日本鉄道会社の歴史』河出書房新社、二〇一〇年
吉川文夫『東海道線一三〇年の歩み』グランプリ出版、二〇〇二年
奥田晴彦『関西鉄道史』鉄道史資料保存会、二〇〇六年

作間芳郎『関西の鉄道史』成山堂書店、二〇〇三年
浅妻金平『ディーゼル・エンジンの機構的特性』グランプリ出版、二〇〇九年
『ディーゼルカー・ディーゼル機関車全史』学習研究社、二〇〇六年
『運転協会誌』一九八三年一一月号（スピードアップ特集号）運転協会
所澤秀樹『面白いほどよくわかる電車のしくみ』日本文芸社、二〇〇九年
鉄道総合技術研究所『二〇三〇年の鉄道』交通新聞社、二〇〇九年
横田順弥『百年前の二十世紀』筑摩書房、一九九四年
長山靖生『日本ＳＦ精神史』河出ブックス、二〇〇九年
片野正巳『1号機関車からC63まで』ネコ・パブリッシング、二〇〇八年
『ポピュラ・サイエンス』一九五四年一月号（東海道線弾丸列車）、イブニング社
列車ダイヤ研究会『列車ダイヤと運行管理』成山堂、二〇〇八年
Alfred B. Gottwaldt, Stromlinie, Deutcche Dampflokomotiven der 30er Jahre, Transpress, 1998
Yves Broncard, *Les plus belles annees des Trains Francais*, Selection du Reader's Digest, 1997
Thierry Nicolas, *Trains de chez nous*, MDM, 1996
Brian Hollingsworth, *North American Locomotives*, Crescent Book, 1984
Robert C Reed, *The Streamline Era*, Golden West Books, 1975
Tom Nelligan and Scott Hartley, *Trains of the Northeast Corridor*, Quadrant Press, 1981
Brian Solomon, *Amtrak*, MBI RAILROAD COLOR HISTORY, 2004
Geoffrey Freeman Allen, *The World's Fastest Trains*, Patrick Stephens, 1992
*Eisenbahn Journal*, 1/94, 60 Jahre Schnellverkehr in Deutschland
*Eisenbahn Journal*, 3/98, Mit 250 km/h durch Europa
*Eisenbahn Journal*, 1/04, Rekordloks, Supersprinter und Giganten

**小島英俊**（こじま・ひでとし）

1939年東京都生まれ。東京大学法学部を卒業後、三菱商事㈱の化学品部門で国内外に勤務したのち、㈱セデベ・ジャポン（食品事業）を起業、代表取締役を務めた。鉄道史学会会員。著書：『文豪たちの大陸横断鉄道』（新潮新書）、『外貨を稼いだ男たち――戦前・戦中・ビジネスマン洋行戦記』（朝日新書）、『鉄道技術の日本史――SLから、電車、超電導リニアまで』（中公新書）、『帝国議会と日本人――なぜ戦争を止められなかったのか』（祥伝社新書）、『昭和の漱石先生』（文芸社文庫、第２回歴史文芸賞最優秀賞）、『鉄道快適化物語――苦痛から快楽へ』（創元社、第44回交通図書賞［一般部門］）ほか多数。

# 鉄《てつ》道《どう》高《こう》速《そく》化《か》物《もの》語《がたり》
## 最速から最適へ

2021年２月20日　第１版第１刷発行

著　者……………………………………………
小　島　英　俊

発行者……………………………………………
矢　部　敬　一

発行所……………………………………………
株式会社 創　元　社
https://www.sogensha.co.jp/
本社　〒541-0047 大阪市中央区淡路町4-3-6
Tel.06-6231-9010㈹
東京支店　〒101-0051 東京都千代田区神田神保町1-2 田辺ビル
Tel.03-6811-0662㈹

印刷所……………………………………………
株式会社 太洋社


ISBN978-4-422-24101-2 C0065